전쟁철학

강현우 · 박규백 · 박재필 · 이승렬 · 이원희
이종호 · 이지경 · 조찬래 · 허동욱

서 문

　모든 인간은 '사색'(思索, to philosophize)한다. 사실상 정도와 깊이, 논리의 개인적 차이는 있겠지만, 인간은 보다 나은 삶을 추구하려고 끊임없이 사색하고 합리적 선택을 하기 위해 노력한다. 모든 인간은 자기 자신의 생활세계의 뜻을 표현하려고 한다. 행복을 보장해 주는 삶이 좋은 삶이며, 정치의 목적은 좋은 삶을 현실의 세계에 실현하는 데 있다. 이런 면에서 정치는 내세에서의 좋은 삶을 추구하는 종교와는 다르다. 정치에서 좋은 삶은 자기 혼자만 잘 사는 그런 이기적인 삶이 아니라, 동료 시민들과 더불어 잘 사는 협동적 공동체 삶을 의미한다. 더불어 잘 산다는 것은 공동선이며, 정의는 다름 아닌 공동체 '공동선'의 중요한 기준이다. 정치는 정의에 입각해 시민에게 좋음과 행복을 부여하려는 과정이다. 정치철학자들은 끊임없이 인간의 본성, 행복, 좋은 삶, 공동선, 정의, 국가, 전쟁과 평화 등의 관념에 관하여 고민해 왔고, 나름대로 해결책을 제시하기도 하였으며, 이러한 고민은 현재도 계속되고 있다. 좋은 삶에 대한 성찰은 우리의 행복과 직결된다. 여타 학문이 지니지 못하고 있는 미래 지향성(이상적인 정의사회의 추구)을 그 본질로 하고 있는 정치학은 좋은 삶에 대한 과거의 역사적·철학적 고찰을 통해 21세기의 정치세계에서 실현 가능한 좋은 삶의 모습을 제시할 기본적 책임이 있다.

　2008년 2학기 충남대학교 대학원 군사학과 박사과정 '전쟁철학 세미나' 강의를 하면서 한국전쟁사 연구와 동서양 전쟁이론 연구의 중요성을 인식하였다. 전쟁사, 전쟁이론, 전쟁사례 연구, 관련 고전의 탐독·완미의 과정에서 전쟁철학 강의교재 및 사례연구의 교재개발 필요성을 절감했다. 그래서 현역 장교로 근무하면서 육군, 해군대학, 해군사관학교에서 군사학 교수요원 또는 실무 고급장교들이 대부분인 수강생들과 전쟁철학 책 출판에 뜻을 같이하는 동학들의 글을 모아『전쟁철학』이란 책을 출판하는 시도를 하였다. 여러 저자들의 단편 글을 모아 책으로 출판하는 어려움과 글을 표현하는 방식이 달라 비록 부족함은 많으나 많은 강호제현의 질책 및 충고를 바탕으로 더 좋은 책이 될 수 있도록 계속 수정 작업을 할 생각이다.

끝으로 어려운 경제사정과 사회과학의 출판사정이 힘들면서도 책 출판을 기꺼이 허락해 주신 김철미 사장님과 편집 담당자 선생님께 진심으로 감사의 인사를 전한다.

2009년 時下 花春之節에
趙燦來, 李志慶

전쟁철학 / 차례

서 문 · 3

| 서 장 | 전쟁철학과 전략 서설 / 조찬래 · 이지영 ·················· 9

제1부 전쟁철학

| 제 1 장 | 『손자병법』의 군사사상과 전략적 함의 / 이 종 호 ············· 19
  1. 서 론 · 19
  2. 시대적 배경 · 21
    1) 손자의 가문 · 21
    2) 춘추시대의 국제질서와 전쟁양상 · 23
    3) 춘추시대의 군대와 병법 · 24
  3. 손자의 군사사상 · 26
    1) 과학적 · 합리적 군사사상 체계 · 27
    2) 정략적 차원의 국가 총력전 사상 · 30
    3) 군사이론의 변증법적 접근방법 · 31
    4) 기와 정의 배합전 사상 · 34
    5) 정보 우위 사상 · 36
  4. 손자병법 13편의 전략적 함의 · 38
  5. 손자병법의 현대적 함의 · 47
    1) 현대 국제사회의 '전쟁과 평화' 문제에 관한 지침서 역할 · 48
    2) 동서양의 근대국가에서 클라우제비츠 군사사상의 대안으로 손자병법을 인식 · 49
    3) 전쟁지도 이론의 현대적 적용 · 50

4) 속전속결 기동전의 원리 제시 · 51
　　5) 전장 주도권 장악의 이론 정립 · 52
　6. 결 론 · 55

| 제 2 장 | 톨스토이의 『전쟁과 평화』에 나타난 전쟁관 / 강현우 ········· 59
　1. 서 론 · 59
　　1) 연구 목적 및 범위 · 59
　　2) 선행 연구 분석 · 61
　2. 톨스토이와 전쟁과 평화 · 62
　　1) 톨스토이의 생애와 『전쟁과 평화』의 저술 · 62
　　2) 『전쟁과 평화』의 내용 · 63
　3. 『전쟁과 평화』에 나타난 톨스토이의 전쟁관 · 64
　　1) 러시아의 초기 대나폴레옹 전쟁(아우스테르리츠 전역) 이전 · 65
　　2) 러시아의 초기 대나폴레옹 전쟁(아우스테르리츠 전역) · 68
　　3) 러시아의 후기 대나폴레옹 전쟁(보르디노 전투) · 73
　4. 결 론 · 77

| 제 3 장 | 『노자 도덕경』의 전쟁철학에 관한 연구 / 허동욱 ············· 81
　1. 머리말 · 81
　2. 노자 도덕경 · 82
　3. 노자의 전쟁론 · 84
　4. 노자의 용병술 · 87
　5. 노자의 치국론 · 90
　6. 맺음말 · 94

제2부 전쟁과 전략 사례연구

| 제 4 장 | 세종 시대 공세적 국방안보 대마도 정벌에 관한 연구 / 이 지 경 ·····101
  1. 서 론 · 101
  2. 세종 시대 공세적 국방안보: 대마도 정벌 · 104
    1) 세종 선행 연구의 비판적 검토 · 104
    2) 조선 초기의 안보 상황 · 106
  3. 세종 시대 왜구의 침입과 대마도 정벌 · 110
    1) 대마도 정벌의 원인과 왜구침입 현황 분석 · 110
    2) 대마도 정벌 정책결정과정 논의 · 114
  4. 결어: 대마도 정벌의 결과 · 129

| 제 5 장 | 미국의 대아프간 전쟁 교훈 — 클라우제비츠의 삼위일체론 적용 측면을 중심으로 — / 이승렬 · 박규백 ···137
  1. 서 론 · 137
  2. 분석의 틀 · 141
    1) 전쟁의 본질 · 141
    2) 삼위일체론: 전쟁 본질론의 핵심 · 143
    3) 삼위일체론의 현대 · 미래적 의미: 전쟁 패러다임의 변화 · 145
  3. 미국의 대아프간 전쟁 개요 · 158
    1) 9·11테러 개요 · 158
    2) 전쟁 개요 · 160
  4. 전쟁 교훈 분석 · 165
    1) 인적 요소 측면 · 165
    2) 지적 요소 측면 · 168
    3) 우연성과 개연성 요소 측면 · 175
  5. 결 론 · 180

| 제 6 장 | 해양통제권이 한국전쟁에 미친 영향 / 박 재 필 ·················· 183

  1. 문제제기 · 183
  2. 한국전쟁 전황 개관 · 186
  3. 한국전쟁 참전국가의 해군력 수준과 역할 · 190
    1) 북한 해군력 수준과 역할 · 190
    2) 중국 해군력의 수준과 역할 · 192
    3) 소련 해군력의 수준과 역할 · 195
    4) 한국 해군력의 수준과 역할 · 197
    5) 유엔군 해군력의 수준과 역할 · 199
  4. 한국전쟁 전황에 해상통제권이 미친 영향 · 203
    1) 제1기: 개전 · 203
    2) 제2기: 유엔군의 북진과 중국군의 개입 · 207
    3) 제3기: 38선의 공방과 전선의 교착 · 210
    4) 제4기: 휴전교섭의 시작과 진지전 · 212
    5) 제5기: 휴전 직전의 공방과 휴전으로 향한 길 · 215
  5. 결 언 · 217

| 제 7 장 | 북한의 핵무기 위협과 한국의 대응방향 / 이 원 회 ············· 221

  1. 서 론 · 221
  2. 북한의 핵무기 개발 배경 · 225
    1) 비대칭전략 수행 · 225
    2) 핵무기 개발의 배경과 의도 · 228
  3. 북한 핵무기의 위협과 국제사회의 반응 · 232
    1) 북한 핵무기 개발의 현황과 위협 · 232
    2) 2·13합의와 10·3합의 · 243
    3) 동북아 4개국의 반응 · 248
  4. 북한의 선택과 한국의 대응방향 · 254
    1) 북핵개발의 유·불리점 · 254
    2) 선택 가능한 시나리오 · 255
    3) 한국의 대응방향 · 258
  5. 결 론 · 268

| 서 장 |

전쟁철학과 전략 서설

조찬래* · 이지경**

인간은 탄생 이래 끊임없이 전쟁을 해 왔다. 이제 전쟁은 인간 파괴의 범위가 극에 달하고 있고, 핵무기의 개발은 그 파괴력이 워낙 크므로 전쟁억제 효과도 동시에 지니고 있다.

또한 핵무기 보유국은 국제정치의 현실주의적 관점에서 군사적 강국의 의미를 가지고 있다. 북한 역시 핵보유국이라는 점에서 한반도 평화체제 구축에 매우 중요한 시사점을 주고 있다. 도대체 지도자들은 왜 전쟁을 하는 것일까? 무엇이 그들을 '전쟁 시작'이라는 버튼을 누르게 하는 것일까? 누가 국가를 전쟁으로 이끄는가? 존 G. 스토신 저는 『전쟁의 탄생』에서 전쟁의 원인을 다음과 같이 소개하고 있다.

왜 전쟁은 일어나는가? 전쟁의 원인에 대한 대부분의 이론은 대체로 인간이 통제할 수 없는 어떤 힘이 근본적으로 작용한다는 공통적 관점을 보여 왔다. 민족주의나 군국주의, 동맹체제처럼 국가의 문제

---

* 충남대학교 정치외교학과 교수, 충남대학교 국제교류본부장.
** 충남대학교 정치외교학과 외래교수.

나 이념, 또는 경제적인 원인, 정치지도자의 상황 등이 전쟁을 가져오 온다는 견해가 대부분이다.

그러나 미국 캘리포니아 샌디에이고대학 국제외교학과의 존 G. 스토신저 교수는 『전쟁의 탄생』(임윤갑 역, 플래닛미디어, 2009)에서 실제로 전쟁을 일으키는 것은 다름 아닌 '인간'이라는 관점에서 지도자들이 전쟁하겠다고 결심하는 바로 그 순간을 몰고 오는 요인에 대해 주목한다. 유엔에서 7년간 일한 국제외교 문제 전문가인 저자는 이를 위해 20세기와 21세기에 일어난 10개의 주요 전쟁을 분석한다.

제2차 세계대전과 한국전쟁, 베트남전쟁, 발칸전쟁, 인도·파키스탄전쟁, 아랍·이스라엘전쟁, 사담 후세인의 이란과 쿠웨이트 공격, 오사마 빈 라덴과 테러와의 전쟁, 미국 주도의 이라크전쟁에 이르기까지 각 전쟁의 경과를 분석한 그는 모든 전쟁에서 지도자의 성격이 사실상 전쟁의 발발과 평화의 유지를 가르는 가장 중요한 요인이라는 결론을 내린다.

전쟁과 평화의 갈림길에서 지도자를 전쟁으로 기울게 하는 가장 중요한 요인은 '잘못된 지각'으로 지적된다. 잘못된 지각은 우선 지도자가 바라보는 자신의 이미지에서 비롯된다. 대부분의 지도자는 단기 결전에서 승리하고 자신만만하게 완전한 승리를 거머쥐기를 기대하는데, 이는 통상 전쟁 자체와 국가에 대해 지도부가 사로잡혀 있는 자기기만에서 비롯된다. 북한이 남한을 침략했을 때 북한 지도부는 2개월 내에 전쟁에서 승리하리라고 생각했으며, 베트남전쟁 당시 미국은 조금 더 많은 폭탄과 조금 더 많은 부대의 투입이 결정적인 승리를 가져오리라는 희망에서 지상전과 공습을 확대했다.

잘못된 지각을 가져오는 두 번째 요인은 적을 보는 지도자의 관점이다. 1914년 독일 황제의 슬라브 민족에 대한 증오심은 그가 전쟁을 결심하는 데 영향을 미쳤고, 소련에 대한 히틀러의 무자비한 증오와 경멸은 2차대전을 낳았다. 또 미국의 베트남 군사개입 역시 아시아 공산주의의 성격에 대한 미국 지도부의 잘못된 인식에서 비롯됐으며 아랍과 이스라엘, 인도와 파키스탄의 전쟁 역시 상호 경멸과 증오에서 시작된 것이다.

세 번째 요인은 자신을 향한 적의 의도를 보는 지도자의 관점이다. 전쟁에 임하는 지도자가 적이 자신을 공격하리라 생각할 때 전쟁이 일어날 확률은 매우 높아진다. 특히 양측의 지도자가 서로 상대방의 의도를 이같이 인식할 때 전쟁은 필연적인 것이 된다. 코소보에서 알바니아인들이 세르비아인들을 추방하려 한다는 밀로셰비치의 믿음은 유고슬라비아 연방의 내전으로 이어졌으며, 미국의 이라크전쟁 역시 이라크가 미국을 공격할 대량살상무기를 보유하고 있다는 생각에서 비롯됐다.

마지막 요인은 지도자가 적의 능력과 힘을 보는 관점이다. 적의 능력을 잘못 인식하는 것이 전쟁의 원인이 될 수 있다는 것이다. 1914년 독일과 오스트리아는 러시아의 힘을 얕잡아 보았으며, 맥아더가 한국전쟁 당시 압록강을 향해 북진했던 것은 중국이 전쟁에 개입할 능력이 없다고 믿었기 때문이다. 마찬가지로 5대에 걸친 미국 대통령들은 조금만 더 압력을 가하면 호치민을 무너뜨릴 수 있을 것으로 생각했다.

이처럼 인간으로부터 전쟁이 비롯됨을 지적한 저자는 바로 그 때문에 희망을 품는다. 전쟁은 인간의 공격성향처럼 근절시킬 수 없는 인간본성의 일부가 아니라 학습된 행동일 뿐이며, 이는 곧 학습되지 않을 수도 있으며 궁극적으로는 완전히 근절될 수도 있다는 의미를 지니고 있기 때문이다.

전쟁에 대한 해답은 스스로 만든 파국으로부터 배우는 인간의 능력에서 찾아야만 한다.…… 인류는 성당과 난민수용소 모두를 건설했다. 비록 우리가 우리 시대에 전례 없는 깊이로 내려갔다 하더라도 우리는 새로운 하늘로 기어오르고자 노력해 왔다(John G. Stoessinger, 540-541).

전쟁철학은 전쟁을 하지 않는 지구촌 영구평화의 유토피아 세계를 의미한다. 싸우지 않고 승리해야 한다. 그러나 전쟁의 탄생과 원인에서 "누가 국가를 전쟁으로 이끄는가?" 인류는 태초 이래 끊임없이 전쟁해 왔다. 불행하게도 전쟁의 과정에서 인간은 실수가 있다. 가장 큰 실수는 전쟁 그 자체이다. 그리고 수많은 인명피해와 지구촌 환경파괴 재앙을 가져왔다. 정치사상과 국제정치학에서 전쟁은 국가 간 갈등과 분쟁으로 인한 근본문제 중의 하나이다. 전쟁과 평화는 인류 역사상 사회과학에서 가장 중심적인 담론과제라 할 수 있다. 한 국가는 늘 전쟁과 평화에 대하여 고민하지 않으면 안 된다. 전쟁에 대하여 고민하는 국가만이 평화의 소중함을 알 수 있다. 요한 갈퉁은 평화란 단순히 '전쟁이 없는 상태'가 아니라며 평화의 보다 폭넓은 적극적 해석의 중요성을 제기하고 있다. 서구의 역사가와 국제정치학자들은 전쟁의 본질, 원인, 과정, 종결에 관한 이론 및 사례연구, 위기관리와 평화의 개념 및 이론에 대한 포괄적인 연구와 국제평화 유지를 위한 전략을 모색해 왔다.

전쟁철학의 본질적 의의를 보면 철학적 접근, 사회기능적 접근, 자연과학적 접근, 군사이론적 관점에서 분류해 볼 수 있다.

첫째, 철학적 접근에서 대표적인 것으로는 다음과 같은 것이 있다. 아리스토텔레스(Aristoteles): "선천적으로 피지배자의 운명에 있으나 복종하지 않은 자들(주로 야만인)에 대한 전쟁은 정당하다." 플라톤(Platon): "평화회복을 위한 전쟁(적의 무기 약탈, 그 해 수확량 몰수 정도)." 헤라클레이토스(Heraclitus): "전쟁은 만물의 아버지이다." 홉스(T.

Hobbes): "불순한 일기라는 말은 어느 특정 시간의 기상상태를 말하는 것이 아니라, 여러 날을 점검해 본 평균적 일기 상황을 말하듯이 전쟁도 실제적 분쟁상태라기보다는 평상시 그때까지 공개된 군사적 배비(配備)에 있다." 헤겔(G. W. Hegel): "전쟁은 신생국가에는 필연이며 선이다(必要善). 존재하는 것 전부는 합리적이다." 세네카(Seneca): "전쟁의 공포는 전쟁 자체보다도 나쁘다. 전쟁의 행운은 항상 불확실하다." 칸트(I.Kant): "전쟁은 최대의 악이다. 인류의 자연적 상태는 평화가 아니라 전쟁이다."

둘째, 사회기능적 접근의 주장에는 다음과 같은 것이 있다. 키케로(M. T. Cicero): "국가 간 분쟁해결 방법은 토론과 물리적인 폭력이 있는데, 전자는 인간의 방법이며 후자는 짐승의 방법이므로 토론으로 해결이 불가능한 경우에만 폭력에 호소해야 한다. 따라서 전쟁의 유일한 구실은 해를 입히지 않고 평화롭게 살고자 하는 데 있다. 전쟁은 힘에 의한 투쟁이다." 오거스틴(St. Augustine): "악을 제거하기 위한 제2의 악은 정당하다. 하나님의 사랑을 실현하기 위한 전쟁은 정당하다." 아퀴나스(T. Aquinas): "법적 관할 당국, 정당한 원인, 정당한 의도의 요건을 갖춘 전쟁은 정당성을 갖는다." 그로티우스(H. Grotius): "전쟁은 힘에 의한 투쟁의 상태이며, 국가주권에 의해 행해지는 모든 전쟁은 정당하다. 정당한 전쟁은 자기방위, 재산의 회복, 처벌의 경우이다." 라이트(Q. Wright): "전쟁은 둘 이상의 적대집단이 군대를 사용하여 투쟁하는 법적 상태이다. 집단생활을 유지하기 위한 사회적 상호작용 또는 집단적 행동이다." 마르크스(K. Marx): "전쟁은 생산수단의 사유를 유지·강화·확대시키기 위한 집단과 이것을 반대하기 위한 집단 간의 무력투쟁 형태이다." 마오쩌둥(毛澤東): "전쟁은 집단 간의 모순을 해결하기 위하여 취하는 최고의 투쟁형태이다. 전쟁은 유혈적이고, 정치는 무혈전쟁이다."

셋째, 자연과학적 접근의 주장에는 다음과 같은 것이 있다. 다윈(C. Darwin): "전쟁은 적자생존의 자연법칙에 따른 인류집단 간의 투쟁이다." 스펜서(H. Spencer): "우주가 분리와 통합을 통하여 무질서(chaos)에서 질서(cosmos)로 변하듯이, 전쟁도 이러한 인간적·사회적 진화에 적용한 상태이다."

넷째, 군사이론가들의 주장에는 다음과 같은 것이 있다. 손자: "전쟁은 나라의 지극히 큰일이다. 사람들의 생사가 달려 있고, 나라가 존속하고 망하는 갈림길이 될 것이니 잘 살펴야 할 것이다"(兵者國之大事 死生之存亡之道 不可不察也(孫子兵法 始計篇). 클라우제비츠(K. von Clausewitz): "전쟁이란 적을 굴복시켜 자기의 의지를 강요하기 위해 사용되는 일종의 폭력행위이다. 전쟁은 극한까지 추구되는 폭력행위이다." 리델하트(B. H. Liddell Hart): "전쟁의 목적은 적에게 자기의 의지를 강요함으로써 보다 나은 평화를 유지하려는 데 있다." 오스굿(R. E. Osgood): "전쟁은 서로가 자신의 의지를 관철시키려고 애쓰는 주권국가 사이의 조직화된 무력충돌이다." 가미카와(神川彦松): "전쟁이란 둘 또는 그 이상의 정치집단 사이에서의 유기적이고 유혈적인 무력투쟁이다."

이상과 같은 주장자들의 전쟁 개념의 철학적 의의를 종합해 보면, 전쟁이란 "동전과 같은 양면성을 갖는다. 동시에 인류사회에만 존재하는 특유의 조직적 행동이며, 모든 수단과 방법을 동원하여 자기 목적 달성을 위하여 정치집단 간에 벌어지는 조직적인 무력투쟁이다. 전쟁의 속성은 폭력의 무제한성(법, 도덕, 윤리, 종교 등을 무시하고 강제력으로 상대방에게 나의 의지를 강요), 통합성(정치, 경제, 군사, 사회, 문화 등 국가의 모든 자원과 역량을 전쟁 승리를 위하여 통합), 확산성(자원확보 목적, 전쟁명분 지지획득 목적, 복합적으로 상호 의존된 국제체제, 군사동맹 관계 등 전쟁의 지리적·국제적 확산), 자제성(인간의 이성적 요구, 전쟁자원의 부족, 인접국의 개입, 국제기구 및 여론 등 무제한적 전쟁에 대한 현실적 제한)을 특성으로 하고 있다."

서양의 전쟁철학과 전략으로서 클라우제비츠의 전쟁론, 리델하트의 전략사상, 보프르의 전략사상, 칸트의 영구평화론, 톨스토이의 전쟁과 평화, 현대 전략사상과 핵무기, 항공전략과 제공권, 해양전략과 제해통제권, 동양의 손자병법, 오자병법, 사마법, 육도삼략, 이위공병서, 삼국지, 도덕경, 유가, 묵가, 도가, 법가사상에 잠재된 무궁무진한 사상적 배경 등 탁월한 전쟁과 관련된 전략전술의 탁월한 문헌들이 있지만, 경험적 분석에서 이론적으로 체계화하고 발전시키는 데는 소홀했다. 뿐만 아니라 서양 사례분석의 압도성과 동아시아의 높은 전쟁의 빈도에 비해 한국은 역사적 조명과 동양전쟁사 및 사례연구의 미진함을 부인하기 어렵다.

'전쟁철학과 전략'은 국제정치학 영역에서 그간 연구가 미진했던 전쟁과 평화에 관한 연구이다. 전쟁철학의 고전 속에 나타난 전쟁철학과 전략의 새로운 해석과 더불어 제1부에서 전쟁철학의 한 단면이라 할 수 있는 손자병법의 군사사상의 전략적 함의(이종호), 톨스토이의 전쟁과 평화에서 전쟁관(강현우), 노자 도덕경의 전쟁관(허동욱)을 중심으로 전쟁철학을 조명하고자 한다.

제2부에서는 전쟁과 전략의 사례연구로서 세종 시대의 공세적 국방안보로서 대마도 정벌에 대해『세종실록』분석을 중심으로 연구하였고(이지경) , 해양통제권이 한국전쟁에 미친 영향(박재필) , 클라우제비츠의 전쟁론에서 삼위일체론 관점에서 미국과 아프가니스탄 전쟁 연구(이승렬, 박규백), 북한 핵무기 개발 위협과 대응방향(이원희)을 중심으로 연구하였다.

제1부

전쟁철학

| 제 1 장 |

『손자병법』의 군사사상과 전략적 함의

이 종 호*

1. 서 론

A. J. 토인비는 제1차 세계대전 때 느꼈던 위기의식이 BC 5세기경 투키디데스가 펠레폰네소스 전쟁 때 느꼈던 위기의식과 놀랄 만큼 유사하다는 것을 발견하고, '역사는 되풀이된다'는 역사의 반복성을 그의 대표적인 저서인 『역사의 연구』에서 주장하게 되었다.

2009년은 제2차 세계대전이 발발한 지 꼭 70년이 되는 해이다. 제1차 세계대전과 제2차 세계대전 사이에 과거 전쟁의 경험에만 기초하여 마지노선으로 대표되는 수세적인 군사사상을 발전시킨 프랑스군은 패배했고 개혁과 혁신을 통해 미래의 전장을 예측하여 나중에 전격전으로 불리는 공세적 군사사상을 발전시킨 독일군은 승리했다. 또 레이더 기술 같은 군사적 혁신으로 방공작전 체계를 발전시켜 영

---

* 육군교육사 교리발전처장.

국의 대전략과 군사교리를 통합한 영국군은 독일군과의 전쟁에서 승리했다.

지난 100년 동안 우리 민족은 고난의 역사를 뚫고 기적적인 발전을 해 왔다. 우리 군도 현대적인 군으로 거듭나고 있다. 그렇다고 해서 우리 민족의 삶의 조건이 완전히 달라진 것 같지는 않다. 세계 4대 강국에 둘러싸인 한반도와 언제 터질지 모를 뇌관과 같은 존재인 북한과 대치하고 있는 우리의 현실을 바라보면서 '민족의 생존' 문제에 대해 깊은 성찰이 있어야 할 때라고 생각한다. 특히 강한 군대를 만들고 싸워 이길 수 있는 군사이론과 군사전략을 연구하고, 이를 기초로 현대전에 적합한 전법을 개발해야 한다.

전쟁에서 승리하기 위해서나, 전쟁을 억제하기 위해서나 무엇보다 중요한 것은 전쟁의 속성을 파악하고, 군사문제에 정통해야 한다. 여기에는 물론 정치, 경제, 군사, 기술, 국민의식 등 수많은 요소가 내재돼 있지만, 이 중에서 가장 중요한 것은 인간의 지성이다. 동서양의 지성사에서 군사사상은 인류역사에 지대한 영향을 끼쳐 왔으며, 각국의 군사력 건설, 전략수립, 군사교리의 정립, 작전수행의 기틀이 되어 왔다.

그 중에서도 동양의 군사사상가 중 한 명인 손자는 고대로부터 현대에 이르기까지 인류의 전쟁역사에 미친 영향이 지대하므로, 그가 저술한 『손자병법』에 나타난 군사 사상적 의미를 분석해 보고 현대적 관점에서 전략적 함의를 찾아보는 것은 매우 중요한 지적 작업이라고 할 수 있다. 따라서 본 연구에서는 『손자병법』에서 제시하고 있는 13편의 핵심이론을 통하여 손자 시대의 전쟁과 그의 군사사상 그리고 전략을 핵심적으로 분석해 보고자 한다. 또한 그것의 현대적 의미를 도출함으로써 통일에 대비한 미래 우리 군의 군사사상 구상과 전쟁수행 전반을 포괄할 수 있는 전략과 전술의 발전방향을 모색해 보는 데 중점을 두고자 한다.

2. 시대적 배경

 손자가 살았던 시대의 전쟁과 그의 군사사상을 이해하기 위해서는 먼저 손자병법이 탄생하게 된 역사적 배경과 손자의 가문을 알아야 한다. 중국에서 주(周)왕조는 BC 1,120년경부터 시작되어 13대 평왕 때 수도를 호경에서 낙양으로 천도하게 되었는데, 이때부터 약육강식의 혼란한 시대가 시작되었다. 이를 춘추전국시대라고 하는데, 약 550년간 진나라가 중국을 통일할 때까지 지속되었고 노(魯)나라의 역사서인 춘추(春秋)에 기록된 BC 770년부터 BC 404년까지를 춘추시대, 유황의 전국책(戰國策)에 기록된 BC 403년부터 BC 221년 까지를 전국시대라고 한다. 춘추시대 중반기까지는 200여 개의 열국이 난립하였으나, 말기에는 10여 개 나라로 줄어들었다. 당시 천하의 패권을 다툰 왕들을 춘추오패라고 하는데, 제 환공, 진 문공, 초 장왕, 오왕 합려, 월왕 구천 등이다.

1) 손자의 가문

 춘추오패 중에서 오왕 합려가 패권을 잡는 데는 손무가 결정적 역할(BC 6세기 후반)을 했다고 전해진다.[1] 손무는 사마천의 사기 『손자

---

[1] 김기동 · 부무길, 『손자의 병법과 사상연구』(서울, 운암사, 1997), p.12.

열전』에 제나라 출신인데, 오자서에 의해 오왕 합려에게 발탁되었다고 한다. 송나라 때 쓰인 『신당서』(新唐書)에는 손자는 제나라 낙안 출신이고 조상은 진(陳)나라 왕족이며 BC 705년 진 여공의 소생인 위안이 조상 이라고 한다. 위안은 BC 627년 왕위계승 정변에 휘말려 제나라로 망명한 이후 전(田)씨로 바꾸어 전완(田完)으로 약 100년간 제나라의 유력한 가문이 되었다. 전안의 4대손인 전무우(田無宇)는 제 장공의 신임을 얻은 장수이고, 아들 전서(田書)는 장군으로 제 경공 때 거나라 정벌전에서 전공을 세워 낙안 지방을 식읍으로 받고 손(孫)씨의 성을 하사받았다. 그의 아들이 손풍이고 바로 손무의 아버지이다. 손자가 성장하던 시기에 제나라는 정권을 장악한 호족 세력 간에 상호 견제와 암투가 난무하였으며, 손자 가문은 세력을 상실하고 생존의 위협을 느껴 양자강 하류 이남의 오나라로 망명하였다. 따라서 손자는 군사학을 가학(家學)으로 하는 가계의 내력 덕분에 많은 교육을 받고 야심 많은 청년으로 성장 할 수 있었던 것이다.2) 또한 지금의 산동반도 지역에 있던 제나라는 인접국인 노나라와 대조적인 문화적 특징이 있었다. 손자와 비슷한 시대에 활동했다고 추정되는 공자의 출생지인 노나라는 문(文)을 숭상하였으나, 제나라는 개국자인 강태공과 군사가인 관중, 사마양저 등 많은 군사 이론가의 출현으로 수준 높은 병법서들이 탄생하였으며, 상무정신을 국가적 전통으로 했다. 따라서 손자병법은 제나라의 군사학 전통 속에서 탄생한 강태공의 『육도』(六韜), 관중의 『관자』(管子), 사마양저의 『사마양저병법』(司馬穰苴兵法) 등의 군사사상이 그 기저에 흐르고 있는 것이다.

---

2) 이정희, 『병학의 대가 손자의 일생』(마산: 동양, 1994), pp.13-14.

2) 춘추시대의 국제질서와 전쟁양상

주 왕실의 봉건제도는 몰락하고 흉작, 천재지변, 북방민족의 침입 등으로 춘추시대가 전개되면서 중국의 국제질서는 다국가체제 (multi-polar system)로 형성되었다. 국력과 군사력이 있는 강대국이 존왕양이 (尊王壤夷)를 주창하면서 맹주가 된 제후를 패주(覇主)라 불렀다. 이 시대에 공자는 패자에 의한 국제질서를 비판하면서 봉건질서로의 복귀를 주장하기도 하였다. 춘추시대 중국은 '춘추 12패'인 12개 대국과 수많은 중·소국 간의 교묘한 외교와 군사력의 균형으로 질서를 유지하였으며, 초기 200여 개 국에서 말기에는 10여 개 국으로 합병되는 등 냉혹한 힘의 논리가 국제질서를 지배하였다. 손자의 활동시기인 BC 6세기 말에는 패자인 초나라 외에 신흥 이민족 국가인 오, 월나라가 출현하면서 새로운 국제질서가 형성되었다. 즉 존왕양이의 이념적 명분이 약화되면서 현실적 국가의 힘이 중시되는 이 시기를 다국가체제 하 현실정치(real politics)의 전환기라고 할 수 있다.3)

춘추시대의 전쟁 양상 또한 전환기로서 주 왕실의 봉건적 이념에서 탈피하여 각국은 국력 신장으로 구축된 군사적인 힘을 바탕으로 헤게모니를 추구하였으며, '존왕양이'의 명분과 주 왕실에 대한 '예' 등 봉건적 질서에서 벗어나 힘으로 상대국을 굴복시키기 위하여 군대의 효율성과 용병술이 획기적으로 발전하였다.

춘추시대 초기에는 양군이 전투적 인사의 교환이나 전차전을 위해 평지에서 전투하는 것이 기본 틀이었으나, 말기에는 기습을 위해 복

---

3) 김광수, 『손자병법』(서울: 책세상, 2003), pp.490-491.

병을 사용하거나 수공전, 척후병 운용 등 다양한 전술이 등장하고 보병과 기병에 의한 야전과 포위전이 실시되었다.

결국 손자병법은 봉건제적 질서가 아직 잔존한 가운데 현실주의적 권력정치가 예법 존중의 기존 관념과 마찰을 일으키는 당시의 사회환경 속에서 많은 전쟁이 발생하고 대규모 전쟁으로 확대됨에 따라 뛰어난 재능을 보유한 군사 지휘관과 군비의 충실함이 요구되는 시대상을 반영한 것이다.

3) 춘추시대의 군대와 병법

춘추시대의 군대체제는 병농일치제였다. 즉 농민은 병인데, 손자는 이를 민(民)으로 표현하였다. 전차병은 사(士), 보병은 도(徒)라고 하였다. 지방관리는 장교가 되었는데, 손자는 이를 리(吏)로 표현하였다. 그래도 소규모의 상비군은 유지 하였는데, 귀족집단에서 보충하였다. 당시 전쟁의 주된 양상은 전차전, 보병은 부수적인 역할을 수행하였다. 전차 1승(乘)은 운전병, 창병, 궁병으로 편성되었으며 도(徒) 22명을 포함하여 1량(兩)이라고 하였다. 1량이 춘추 말기에는 약 100명으로 증강되었는데, 졸(卒)이라고 하여 전투의 기본단위가 되었다. 국가의 병력규모는 전차의 대수로 가늠할 수 있었는데, 만승지국, 천승지국, 백승지국이 출현하였다. 초와 진나라는 4천 승을 보유(4천×100=40만 명)하여 대규모 전쟁 수행이 가능한 여건이 조성되었다. 당시 군대의 조직은 5진법으로 오(伍, 5명), 량(兩, 25명), 졸(卒, 100명), 려(旅, 500명), 사(師, 2,500명), 군(軍12,500명)으로 편제되었다.

국가의 생산력과 인구 증가와 병행하여 무기체계도 발달하였는데, 청동제의 과(戈), 모(矛), 극(戟), 검(劍) 등이 철제로 발전하고 한층 개선된 쇠뇌(弩)와 공성무기인 운제(雲梯) 등이 발명되었다. 전쟁이 장기화되고 군대의 규모가 확대됨으로써 전문적인 군사 지도자와 군사이론가들이 출현하고 수많은 병법서가 세상에 나오게 되었다. 중국의 사상사에서 가장 위대하고 찬란한 시대였던 춘추시대 당시 제자(諸子)들이 내놓은 정치이론과 철학이론은 병법가들에게 많은 영향을 주었으며, 풍부한 군사사상은 또한 다른 제자들에게도 적극적인 영향을 주었다. 그 대표적인 인물로서 유가의 공자, 맹자, 순자, 도가의 노자, 묵가의 묵자, 법가의 관자, 상앙, 한비자 등이 있다.[4]

특히 노자의 높은 곳을 피하고 낮은 곳에 임하라는 피고거하(避高居下)는 물의 성질을 비유하여 "유약승강강"(柔弱勝剛强)의 전술사상을 제시하고 있는데, 이는 용병의 술책은 물과 같아야 한다(兵形象水)고 하여 물에 대한 관찰을 통하여 전쟁 승리의 방법을 탐구하고 있는 손자병법에 많은 영향을 미쳤다.[5] 또한 "부전이굴인지병"(不戰而屈人之兵)으로 설명되는 손자의 부전승(不戰勝) 사상은 바로 노자의 '부쟁'(不爭)과 같은 의미라고 할 수 있다.[6] 결국 손자병법은 당시까지 발전된 군사사상을 기반으로 전략적 사고와 시대정신에 맞는 군사이론 체계를 통합적으로 구축한 병법서라고 할 수 있다.

---

4) 김기동, 『중국병법의 지혜』(서울: 서광사, 1993), pp.123-124.

5) 이병호, 『손자·군사사상과 병법이론』(울산: 울산대학교 편집부, 1999), pp.65-66.

6) 부쟁 (不爭): 노자는 도덕경 제8장에서 "수선리만물이부쟁"(水善利萬物而不爭), 물은 만물을 이롭게 하면서도 다투지 않는다. 즉 "물은 자신을 낮추면서 흐르며, 암석을 만나도 비켜 나갈 뿐이다. 그러나 결국 거대한 바위도 물 앞에서는 가루가 되어 버린다"고 하여 부쟁을 쟁의 한 방법으로 인식하고 있었다.

3. 손자의 군사사상

　일반적으로 사상은 행동을 선도하며, 실천은 이론에 근거하여 행해진다. 군사사상은 전쟁의 지도 및 수행에 관한 신념 및 개념체계로서 군사이론의 토대가 된다. 군사사상은 두 가지 개념을 포괄하고 있는데, 첫째로 상위개념은 전쟁의 특성, 목적, 전승 요인을 밝히는 전쟁에 대한 올바른 인식과 의지를 말하며, 둘째로 하위개념은 군사력 운용과 소요의 기준으로서 효과적인 전쟁 수행 개념과 방법인 전략과 전술의 기준이며, 노력의 통합과 능력의 집중을 가능케 하는 근거가 된다.

　이러한 사상적 범주에 맞게 손자의 군사사상을 압축하여 제시하기는 대단히 어려운 문제이다. 손자는 시대적 변환기에 현실주의 국제정치 무대에서 상대국과의 생존게임에서 승리하기 위해 등장했던 무수히 많은 사상과 군사이론을 뚜렷하게 통찰하여 이를 고도로 추상화된 군사이론으로 재정립했기 때문이다. 즉 손자는 대전략적 사고를 바탕으로 변화된 시대적 상황에 맞는 전쟁이론, 용병술, 그리고 군사력 건설이론을 통합한 군사이론을 체계적으로 구성하였으나, 이를 자연의 이치에 순응해야 하는 숙명론과 인간 내면의 심오한 사색의 결과를 포괄할 수 있도록 손자 특유의 철학적 언어로 작성하였다.

　또한 지난 2,500년간 무수히 많은 인재가 자기들이 처한 현실적 관점에서 손자의 생각을 해석하고 정리하여 발표해 왔으므로 그 스펙트럼은 너무나 광범위하고 나름대로 시각이 다양하다. 그러나 그들의 다양한 해석을 심도 깊게 통찰해 보면 어느 정도 공통된 시각이 존재하고 있는 것으로 보인다. 이를 기초로 손자의 군사사상을 핵심적으로 축약해 보면 과학적·합리적 군사사상 체계, 정략적 차원의 국가총력전 사상, 군사이론의 변증법적 접근방법, 정과 기의 배합전 사상, 정보우위의 사상 등이라고 할 수 있다.

1) 과학적·합리적 군사사상 체계

손자는 전쟁과 관련된 현상과 전쟁의 본질을 깊이 통찰함으로써 전쟁의 인식론 차원을 넘어서 전쟁 지도론 차원의 이론을 집대성할 수 있었다. 먼저 전쟁을 어떤 시각으로 바라 볼 것인가 하는 전쟁관을 기초로 전쟁에 영향을 미치는 요소 간의 상호 관련성을 규명하고 전쟁을 수행해야 하는 군사 지도자가 갖춰야 하는 능력과 용병술을 제시하였다. 또한 전역과 주요 작전을 수행할 때 고려해야 할 전장의 원리와 원칙, 그리고 상황 유형별 적용 방법까지 대단히 광범위한 내용을 종합적이고 체계적으로 정립하였다.

손자병법 13편을 자세히 분석해 보면 시종일관 논리적이고 체계적으로 구성되어 있다. 전쟁기획 차원에서부터 전장에서의 전투 수행 차원으로 구체화되는가 하면 용병술의 전략적 수준에서 전술적 수준까지 포괄하고 있다. 각각의 편이 하나의 주제를 설명하는 완전한 작품이면서 또한 전편이 일관된 체계를 가지고 총론과 각론으로 잘 구성되어 있다. 손자병법을 크게 보면 세 부분으로 구분해 볼 수 있다.

제1편에서부터 제3편까지는 전쟁지도 이론으로서 전쟁을 결심하고 시행하기 위한 원칙을 제시하고, 전략적 시각에서 전쟁을 지도하는 전략과 책략의 개념을 포함하고 있다.[7] 제1편 시계(始計)는 총론

이면서 전쟁의 본질에 대해 논술하고 있다. 뒤에 오는 제2편부터 제12편까지 논리의 체계상 밀접한 연관성을 갖고 있으며, 마지막 제13편 용간(用間)과는 서론과 결론 같은 관련성을 갖고 있다. 제2편 작전(作戰)은 경제적 관점에서 전쟁의 승패 문제를 분석하고 있으며, 단기 결전을 주장하고 있다. 제3편 모공(謀攻)은 정치·외교적 측면을 고려한 책략으로 싸우지 않고 적을 굴복시키는 최상의 전략을 제시하고 있으며 부전승 사상을 중심으로 하고 있다.

제4편 군형(軍形)에서부터 제12편 화공(火攻)까지는 전쟁을 수행하기 위한 작전적, 전술적 수준에서 용병술의 기본 원리와 원칙, 그리고 다양한 상황에서의 적용방법을 제시하고 있다. 제4편 군형(軍形), 제5편 병세(兵勢), 제6편 허실(虛實)은 손자 용병이론의 핵심을 담고 있다. 사토 오켄시(佐藤堅司)는 『손자의 사상사적 연구』에서 형·세·허실을 손자병법의 삼위일체라고 주장하기도 했다.8) 군형 편의 "패하지 않을 위치에 선다"(立於不敗之地), 병세 편의 "정병술로 대치하고 기병술로 승리한다"(以正合, 以奇勝), 허실 편의 "적을 나의 의도대로 이끌되 적의 의도에 내가 끌려가지 않는다"(致人而不致於人), "용병은 강점을 피하고 약점을 친다"(避實而擊虛) 등은 작전술 차원에서 용병술의 기본원칙을 제시하고 있는 것이다.

제7편 군쟁(軍爭), 제8편 구변(九變), 제9편 행군(行軍)은 실제 전장에서 작전적·전술적 용병술을 다루는 부분이다. 제6편 허실까지는 용병의 추상적 이론을 제시했다면, 제7편 군쟁부터는 전장에서 맞닥뜨린 적과 아군, 그리고 전장의 환경을 고려한 실천적 용병술을 다룬

---

7) 강국주, 『주역과 전쟁윤리』, 국방사상사회 역(서울: 철학과 현실사, 2004), p.99.

8) 佐藤堅司, 『孫子の思想史的 硏究』(東京: 風間書房, 1962), p.116.

다고 할 수 있다. 제7편 군쟁은 우직지계(迂直之計)의 기동원칙을 고려한 대부대의 집중과 분산, 적과 아군의 병력 상태를 이용한 용병술을 중심으로 하고 있다. 제8편 구변은 무궁무진한 용병의 변화를 의미한다. 여기서 손자는 용병의 원칙에만 집착하지 말고 상황 변화에 맞춰 대응전술을 구사해야 승리할 수 있다고 주장한다. 제9편 행군은 작전 목적 달성을 위한 기동, 전투 등 작전행동을 의미한다. 손자는 주요 작전환경에 따른 부대 운용 방법과 적정을 살펴 적의 의도를 간파하는 방법과 대응책, 그리고 전장 리더십의 원칙을 제시하고 있다.

제10편 지형(地形), 제11편 구지(九地), 제12편 화공(火攻)은 전술적·전략적 작전환경을 고려한 용병의 원칙을 논하고 있다. 동시에 지휘통제의 실책으로 작전에 실패하는 6가지 유형과 원정작전에서 기만과 속도를 결합한 기동전, 그리고 장병들의 응집력을 고양하는 방법을 설명함으로써 용병과 치병(治兵), 그리고 지형의 삼박자가 맞아야 승리할 수 있다는 원리를 제시하고 있다. 화공 편의 후반부는 다시 제1편 시계에서 다루고 있는 전쟁의 신중론을 논하고 있다. 손자는 비위부전(非危不戰), 적국의 침공 위협이 없으면 전쟁을 하지 말아야 한다고 하여 평화가 위협받을 때만 전쟁을 개시하라고 주장하고 있다.

마지막 세 번째 부분이 제13편 용간(用間)이다. 손자 용병술의 핵심인 지피지기(知彼知己)를 달성하기 위해서는 정보전이 중시될 수밖에 없다. 손자는 전쟁에서 승리하기 위해서는 오늘날 현대적 군사력을 운용하고 있는 최고위급 부대 지휘관 및 참모들과 동일한 시각에서 '정보 우위 획득'이 전제되어야 한다고 결론을 내리고 있다. 이처럼 손자병법은 현대적 관점에서 보더라도 놀랄 만큼 과학적이고 합리적인 체계로 구성되어 있으며 실천적 지침서이므로 2,500년 동안 최고의 군사사상서로 명성을 유지하고 있는 것이다.

2) 정략적 차원의 국가 총력전 사상

손자는 "전쟁은 나라의 지극히 큰일이다"(兵者國之大事)고 하고, "국민의 생사와 국가의 존망이 기로에 서게 되는 것이니 신중히 검토해야 한다"고 하여 그의 군사사상을 한마디로 집약하고 있다. 시계편에서 오사(五事), 칠계(七計), 궤도(詭道)의 완비를 강조한 것은 승산이 있으면 개전에 임하라는 것이 아니라, 우리의 철저한 대비태세로 적국을 압박하여 싸우지 않고 이기라는 개념이다. 이와 같은 손자의 부전승(不戰勝) 사상은 대외적인 정략(政略)과 대내적인 정략을 함께 언급하고 있다. 손자가 주장하는 싸우지 않고 이기는 최선의 방법은 모공 편의 상병벌모(上兵伐謨)로 구체화된다. 이는 군사력뿐만 아니라 정치, 경제, 외교를 통해 국력을 확장하고 군비를 충실히 하여 적국이 감히 군사적 도발을 하지 못하게 하는 것이다. 그럼에도 불구하고 부득이한 경우 전쟁을 하게 된다면 국가의 이익이 될 수 있도록 장기전을 피하고 적국의 전쟁 의지를 파괴할 수 있는 속전속결로 해서 피아가 온전한 상태로 전승(全勝)을 해야 한다고 손자는 주장하고 있다.9) 손자의 전승전략은 적국의 전쟁의지를 사전에 파괴하는 벌모(伐謨)와 싸우지 않고 이겨서 정치적 목적을 달성하는 부전이굴인지병(不戰而屈人之兵)으로 함축되어 있다. 손자가 주장하는 부전이굴인지병은 현대적 관점에서 보면 국가 총력전 개념이라고 할 수 있다. 왜냐하면 이러한 목적을 달성하기 위해서는 먼저 가능한 조건을 창출

---

9) 양은식, "손자병법에 나타난 전쟁사상 연구," 경상대학교 행정대학원 석사학위논문(2005), p.31.

하고, 이를 성공적으로 확보해야 하기 때문이다. 손자는 그 조건을 다음과 같이 제시하고 있다. 첫째, 오사·칠계에서 말하는 도(道)라는 것으로서 도덕성을 바탕으로 한 올바른 정치를 통해 부국강병을 추구한다. 둘째, 유비무환 정신으로 사전에 전쟁 준비를 철저히 하고 군사력을 충분히 갖춰 적국이 먼저 도발하지 못하도록 억제한다. 셋째, 벌모(伐謀)·벌교(伐交), 즉 대외적인 정략을 통해 전쟁을 정치적으로 해결하든가 적국에 대한 위협, 혼란 조장 또는 외교적 수단으로 전쟁을 억제하고 국가이익을 쟁취한다. 넷째, 비위부전(非危不戰), 즉 정의의 전쟁, 명분이 있는 전쟁으로 국가의 이익을 극대화한다. 다섯째, 개전을 했으면 경제적 문제와 대외적 추가 위협을 고려해 속전속결로 전쟁을 종결한다. 이와 같이 손자는 국가 간의 갈등은 국가이익 창출을 위해 정략적으로 해결하되, 어쩔 수 없이 개전해야 할 경우 총력전 개념으로 준비하고 시행함으로써 전승(全勝)을 달성해야 한다고 주장하고 있다.

3) 군사이론의 변증법적 접근방법

변증법(dialetic)이란 사물의 대립과 모순을 극복하고 통일함으로써 더 고차원의 결론에 도달하는 사상이다.

군사이론의 변증법은 군사분야에서 모순운동의 일반적 원리로 전쟁과 전쟁지도의 원리를 탐색하고, 전쟁을 인식하고 전쟁을 지도하는 사상과 방법이다.[10] 손자병법 안에는 무수한 대비어를 통해 양편

---

10) 이병호, 『손자·군사사상과 병법이론』(울산: 울산대학교 편집부, 1999), p.107.

의 차이점을 분석·비교하여 최상의 결론에 도달하는 메커니즘이 숨겨져 있다. 즉 이(利)와 해(害), 졸속(拙速)과 교구(巧久), 허(虛)와 실(實), 정(正)과 기(奇), 우(迂)와 직(直), 일(佚)과 노(勞) 등이 대표적이다.

이러한 변증법적 군사이론의 등장은 춘추전국시대의 세계관과 음양오행사상 등이 당시 군사 이론가들에게 미친 영향이며, 그 중에서도 노자의 무위자연(無爲自然)[11] 사상은 손자의 변증법적 접근방법에 결정적인 영향을 주었다. 노자는 "우주의 근원인 도(道)에서 일원(一元)의 기(氣)가 생기고, 일원의 기에서 음기와 양기가 생기고, 음기와 양기에서 화합체가 생겨, 이 세 번째의 화합체에서 만물이 생성된다"고 하였다. 손자는 바로 노자의 무위자연 사상과 역경(易經) 음양론(陰陽論)의 영향을 받아 전쟁을 변증법적으로 관찰하였다.[12]

그는 손자병법을 통하여 도(道)의 정치를 강조하고, 천시와 지리 등 음양론에 입각한 자연의 이치와 '변화의 법칙'을 적용하였으며, 인간의 마음을 지혜로 다스리는 '용병지술'(用兵之術), '치병지도'(治兵之道)의 원리를 제시하였다. 또한 기·정, 허·실, 공격·방어는 '상황과 여건'에 따라 기가 정이 될 수 있고 정이 기가 될 수 있다고 설명하면서 그의 심오한 병법의 최고 경지를 보여주고 있다. 노자는 도덕경에서 "반복·순환하는 것은 도의 움직임이며"(反者, 道之動)라고 하고, 사물의 발전은 끝없이 순환한다는 정신을 기초로 "정은 기로 바뀌기도 한다"(正復爲奇, 제58장)고 하여 노자 군사사상의 단면을 보여주고 있다.[13] 즉 "정도로 나라를 다스리고 기책으로 용

---

11) 무위자연(無爲自然): 사람의 힘이 더해지지 않은 본디 그대로의 자연.

12) 이종학, 『전략이론이란 무엇인가 (손자병법과 전쟁론을 중심으로)』(경주: 서라벌군사연구소, 2002), p.57.

13) 이경숙, 『도덕경』(서울: 도서출판 명상, 2004), pp.210-211.

병을 한다." 이것은 손자의 기와 정의 배합 전략에 큰 영향을 주고 있다. 손자병법 병세 편에 "전세불과기정, 기정지변, 불가승궁야"(戰勢不過奇正, 奇正之變, 不可勝窮也, 작전수행 시 세라는 것은 기와 정 두 가지 요소에 불과하지만 기정의 변화에 따른 작전형태는 이루 헤아릴 수 없을 만큼 무궁무진하다)처럼 노자의 군사사상을 손자는 전장에서의 실체적인 모습으로 구체화시키고 있다.

앞에서 설명한 것처럼 손자는 그의 군사이론을 전개하면서 당대에 발전하고 보다 성숙해진 변증법 사상의 사유체계를 수용하고 이를 훌륭하게 접목시켰다. 첫째로 손자병법의 기본 범주인 기정(奇正), 허실(虛實), 형세(形勢), 공수(攻守) 등은 모두 상호의존과 상호관계라는 형식으로 존재하므로 피차간에는 모두 대립·통일의 관계가 형성된다. 손자는 이들 관계를 끊임없이 변하는 적의 의도와 불확실한 전장의 환경과 대비시킴으로써 승리의 조건을 찾아가고 있다.

1972년 산동성에서 출토된 죽간 손자병법에서는 "수칙유여, 공칙부족, 선수자장어구지지하, 동어구천지상"(守則有餘, 攻則不足, 善守者藏於九地之下, 動於九天之上)이라 주장하고 있다. "방어를 하게 되면 소수의 병력이라도 남게 되지만 공격을 하게 되면 대병력이라도 부족하게 마련이다. 방어를 잘하는 자는 마치 그의 병력을 땅속 깊숙이 감춘 것같이 하여 적에게 공격할 틈을 주지 않다가 높은 하늘에서 움직이는 것같이 하여 적에게 방어할 틈을 주지 않는다"는 의미이다.[14] 즉 손자는 방어와 공격을 둘로 나누는 것이 아니라 상호의존과 상호관계의 관점에서 보고 있는 것이다. 오늘날 공방 동시전투라는 개념과 일치한다고 볼 수 있다.

둘째, 동일한 사물 내부에서도 상이한 경향이 서로 대립하고 상호

---

14) 이종학, 앞의 책, p.70.

침투하는 속성을 지니고 있으며, 이를 전쟁지도 차원에서 적용하고 있다. 즉 "그러므로 전쟁의 해로움을 철저히 알지 못하는 자는 전쟁의 이로움도 알 수가 없다"(故不盡知用兵之害者, 則不能盡知用兵之利也, 작전편), 또한 "싸워서 이기는 것은 이익이 되기도 하지만 위험스럽기도 하다"(軍爭爲利, 軍爭爲危, 군쟁편). 이러한 손자 군사이론의 변증법적 접근방법은 전쟁을 종합적이고 논리적으로 이해할 수 있게 할 뿐만 아니라 이론의 융통성과 투철성을 부여하고 있다.15)

4) 기와 정의 배합전 사상

손자는 병세 편에서 "전세불과기정"(戰勢不過奇正)이라고 해서 용병술의 핵심이 기정에 있다고 주장했다. 기와 정을 일반적으로 설명하면, 먼저 공격하는 것은 정이고 후에 공격하는 것은 기다. 상식적인 방법은 정이고 변칙적인 방법은 기다. 정면공격은 정이고 측면공격은 기다. 정공법으로 공격하는 것은 정이고 기습적으로 공격하는 것은 기다. 방어가 정이면 공격은 기다. 기와 정은 서로 보완하면서 그 변화는 무궁무진하다. 손자는 "정병술로 대적하고 기병술로 승리한다"(以正合, 以奇勝)고 했다. 즉 정병술로 대적할 수 있는 전투력과 전투의지를 갖춰 놓고 정병으로 상황과 여건에 맞는 작전수행 조건을 창출한 후에 효과적인 기책을 사용하여 적에게 결정적인 승리를 달성하는 것이다. 다시 설명하면 정병은 전투능력(軍形), 부대편성(分數), 지휘통신(形名)으로 아군의 전투력이며, 예측 가능한 전력발휘의 규모와 모습이라고 할 수 있다. 기책은 전투력을 운용하는 다양한 묘

---

15) 이병호, 앞의 책, p.109-110.

책으로서 정병이 유리하면 기책의 방법이 무궁무진하게 되고 불리하면 상대적으로 제한될 수밖에 없다.

병법에 관하여 당 태종(이세민)과 이정의 대담으로 이루어진 이위공 문대(李衛公 問對)에도 손자병법에서 주장하는 기정의 개념과 그 변화를 설명하고 있다. "병산즉 이합위기, 합즉 이산위기"(兵散則 以合爲奇, 合則 以散爲奇), 즉 "분산된 부대가 집결하면 기병이 되고, 집결된 부대가 분산하면 이것도 기병이 된다," 또한 "오지정 사적시이위기, 오지기 사적시이위정, 고 정역승 기역승"(吾之正 使敵視以爲奇, 吾之奇 使敵視以爲正, 故 正亦勝 奇亦勝), 즉 "나의 정병이 적군이 볼 때 기병으로 보이게 하고 나의 기병이 적군이 볼 때 정병으로 보이게 한다. 그러므로 정병으로도 승리하고 기병으로도 승리하는 것이다"16)고 하여 기정의 변화와 상생, 그리고 기정의 일체를 통하여 적은 나의 의도를 알지 못하게 하고 나는 적의 의도를 간파하여 항상 유리한 작전여건을 조성할 수 있다는 것이다.

손자는 "종이복시 사이개생"(終而復始 死而更生)이라고 해서 작전상황에 맞게 계속 반복하면서 계속적으로 기책을 발휘해야 한다고 강조하고 있다. 그렇게 기정을 잘 활용함으로써 적의 취약점, 즉 허가 노출이 되면 아군의 전투력, 즉 실로써 적의 허를 타격할 수 있는 것이다. 손자는 바로 이 과정에서 세(勢)가 형성된다고 하였다.17) 세라는 것은 "고능택인이임세"(故能擇人而任勢, 병세편), 즉 "그러므로 능히 사람을 잘 선택하여 세를 만들게 한다," 또한 "여전원석어천인지산자"(如轉圓石於天仞之山者, 병세편), 즉 "마치 둥근 돌을 천길 산에서 굴러 내리는 것과 같이 하는 것"이다. 지휘관의 용병술은 세를 조성

---

16) 이정, 『이위공병서』, 강무학 역(서울: 집문당, 1997), pp.50-54.

17) 육군사관학교, 『군사사상사』(서울: 도서출판 황금알, 2006), p.37.

하는 것이고 전투는 조성된 세에 맡기는 것이다. 여기서 손자는 세를 형성하기 위해서 우선 사전에 승리할 수 있는 계획을 수립하고, 적을 우리의 의도대로 움직여 허점이 노출되도록 유도하며, 결정적 시간과 장소에서 압도적인 전력의 우세를 달성해야 한다고 하였다. 이렇게 해서 세가 형성되면 평소 비겁한 장병이라도 용감하게 변하여 전투를 잘 수행하게 된다는 것이다. 따라서 지휘관은 작전계획을 잘 이해할 뿐만 아니라 견제, 유인, 타격 등 각자의 역할을 가장 잘 수행할 수 있는 예하 지휘관과 병력을 적재적소에 배치하고 그 이후에는 세에 맡기라는 것이다.18) 그래서 손자는 "전세불과기정"이라고 해서 용병술의 핵심이 기정에 있다고 강조하였던 것이다.

5) 정보 우위 사상

손자의 정보 우위 사상은 손자병법 제13편 처음부터 마지막까지 일관성 있게 유지되고 강조되고 있다. 손자는 먼저 이겨 놓고 싸우는 "선승이후구전"(先勝而後求戰)의 전제 하에 전쟁을 구상하고 있는데, 이것은 먼저 승리할 수 있는 조건을 갖추어 놓고 나서 방책을 강구함으로써 승리에 대한 자신감을 갖게 되었을 때 '선승'이 된다는 의미이다. 따라서 선승의 핵심조건은 지피지기(知彼知己)라고 할 수 있다.

손자는 군사작전의 전략적 수준에서 오사, 칠계(五事, 七計)로 적국을 비교 평가하여 개전 여부를 판단하고, 군사작전의 작전적 수준에서 지천지지(知天知地), 즉 작전의 환경과 지세를 숙지하고 활용함으로써 작전적 우세를 달성해야 한다고 주장하고 있다. 또한 전술적 수

---

18) 김광수, 앞의 책, p.172.

준에서도 행군 편에는 적정과 관련한 징후 판단의 방법을 제시하고 있으며, 지형 편에서는 각종 전장상황에 맞는 지형의 전술적 판단기준을 설명해 줌으로써 지형정보의 중요성을 강조하고 있다. 현대전에서 정보 우위 달성의 중요성은 작전수행의 기반이 되고 있는데, 이미 손자는 이를 갈파하고 있었던 것이다.

그래서 그는 손자병법 용간 편의 결론으로 "차병지요 삼군지소시이동야"(此兵之要 三軍之所恃而動也), 즉 "이것이야말로 전쟁의 중요 요소이며 전군을 운용하는 근거"라고 주장하고 있는 것이다.

또한 손자는 정보 우위의 중요성을 제시하면서 간첩의 활용에 예산을 충분히 할당할 것을 강조하고 있으며, 현상만을 가지고 적정을 분석하거나 자신의 전투경험만을 믿고 사태를 판단해서는 안 될 뿐만 아니라 반드시 인간 정보수단을 통해 정확하게 적정을 획득해야 한다는 점을 주지시키고 있다.

손자병법 제13편 용간에서는 첩보원의 유형과 활용 개념을 구체적으로 제시하고 있다. 즉 향간(鄕間), 내간(內間), 반간(反間), 사간(死間), 생간(生間) 등 다섯 가지 간첩 유형을 잘 숙지하고 신묘하게 활용하여 적국의 첩보는 정확히 획득하고 우리의 첩보는 허위로 흘려보내 적을 교란시켜야 한다고 했다.

그리고 여기에서 한 발 더 나아가 선지(先知, 정보 우위)만이 성공을 보장하며, 이에 소홀한 지도자는 자격이 없다(明君賢將, 成功, 出於衆者 先知也)라고 하여 정보우위를 작전성공의 필수조건으로 확립하고 있다.

결국 손자는 정보를 지배하는 자가 그의 군사사상의 중심이 되는 부전이굴인지병(不戰而屈人之兵)을 달성할 수 있다는 원리를 밝히고 있는 것이다.

4. 손자병법 13편의 전략적 함의

(1) 시계(始計篇第一)

  손자병법의 총론부분으로써 시계란 시작 또는 최초의 근본적인 계책이라는 뜻이며, 뒤에 오는 12편의 내용과 논리적이고 체계적으로 연결되어 있다. 손자 전쟁전략의 개괄적인 내용이며, 전쟁의 심각성과 용병의 본질을 담고 있다.

  시계 편의 핵심주제는 첫째, 전쟁의 결정에는 신중을 기할 것(國之大事)을 제일 먼저 강조하고 있으며, 둘째, 전쟁을 결심하거나 시작하기 전에 튼튼한 국력에 바탕을 둔 군사력 확보의 중요성을 오사(五事),, 즉 도(道), 천(天), 지(地), 장(將), 법(法)을 통해 설명하고 있다. 또한 전쟁 지도자는 피아의 전력을 칠계(七計)로 비교 평가하여 유리한 태세를 조성할 것을 강조하고 있다. 셋째, 전쟁수행 시 전략적 우세 요소를 기반으로 적을 속임으로써 허를 조성하고 기습하여 승리하는 14궤도(詭道)를 설명함으로써 손자 용병술의 포괄적 개념을 제시하였다. 마지막으로 묘산(廟算), 즉 전쟁 최고 수뇌회의에서 객관적이고도 면밀한 전략판단에 기초하여 개전 시 승산이 있는지 여부를 심사숙고해야지, 감정이나 공명심으로 오판하면 안 된다고 경고하고 있다.

(2) 작전(作戰篇第二)

  손자가 말하는 작전은 "전쟁을 일으키고 수행하는 것"을 의미하며,

전장에서 군사력을 운용하는 '작전'(operation)보다 포괄적인 개념으로서 속전속결의 전쟁 지도전략을 근간으로 하고 있다.

작전 편의 핵심주제는 첫째, 전쟁준비와 수행이 국가재정과 국민 경제 생활에 미치는 소모성과 폐단을 경고하고 있으며, 둘째, 속전속결 전략과 점령지에서 식량, 물자 등 보급품의 현지조달과 관련한 중요원칙과 활용방안을 강조하고 있다. 손자는 결론적으로 "승적이익강"(勝敵易翼强), 즉 적과 싸워 이기고도 내가 더욱 강해지는 방법론을 제시하고 있다.

위나라 무왕인 조조는 "전쟁을 하고자 하면 반드시 먼저 그 비용을 계산하고 적으로부터 식량을 조달하는 데 힘써야 한다"고 하여 전비와 보급전략을 중시하였는데, 이는 손자의 영향을 크게 받은 것이다. 조조가 주해한 위무주손자(魏武註孫子)가 지금까지 전해 온다.

(3) 모공(謀攻篇第三)

모(謀)는 책략 또는 교묘한 전략을 의미한다. 국가전략 차원에서 싸우지 않고 적을 굴복시키는 것이 최상의 용병법이라고 보고 이를 달성하는 방법을 모공지법(謀攻之法)으로 설명하고 있다.

모공 편의 핵심주제는 승리론, 즉 전승(全勝)전략이다. 이는 대전략 차원에서의 용병원칙을 말하고 있는 것이다. 용병의 원칙으로 벌모(伐謀), 벌교(伐交), 벌병(伐兵), 공성(攻城)에 관한 개념을 제시하고 있다. 또한 전쟁지도의 지휘·통제의 원칙으로 십즉위지, 오즉공지, 배즉분지 등을 주장하면서 손자 용병론의 추상화된 결론으로 지피지기, 백전불태(知彼知己 百戰不殆), 즉 "적을 알고 나를 알면 백번 싸워도 위태롭지 않다"고 정립하고 있다.

(4) 군형(軍形篇第四)

형(形)이란 적과 아군이 상호 대치한 가운데 전력을 배비하는 것을 의미한다. 손자의 용병이론은 압도적인 형(形)의 형성에서 시작하여 세(勢)를 만듦으로써 승리하는 개념이다.

군형 편의 핵심주제는 적보다 압도적으로 우월한 형을 조성함으로써 승리의 조건을 확보하는 것이다. 여기서 도(度), 량(量), 수(數), 칭(稱), 승(勝)의 개념을 가지고 설명하고 있으며, 공격과 방어를 동시에 고려하고 있다.

현대적 관점에서 봤을 때 방어태세를 갖추어 놓고 공격함으로써 행동의 자유를 확보하고, 결정적 지점에 전투력을 집중하는 상대적 전투력 집중개념을 제시하고 있다. 손자는 이를 "약결적수어천인지계자, 형야"(若決積水於千仞之谿者, 形也), 즉 "천길 계곡 위에 막아 놓은 물을 터 놓는 것과 같은 것이니, 이를 형이라고 한다"고 이해하기 쉽게 설명하고 있다.

(5) 병세(兵勢篇第五)

세(勢)라는 것은 일의 진행을 한 방향으로 몰아가 버리는 힘의 작용(Momentum)을 의미한다. 손자는 형과 세를 허실의 연관성으로 그 개념을 설명하고 있으며, "세자, 불과기정"(勢者, 不過奇正), 즉 "세라는 것은 기와 정으로 모든 것이 설명된다"고 주장하고 있다.

병세 편의 핵심주제는 작전술의 기본요소인 분수(分數), 형명(形名), 기정(奇正), 허실(虛實) 등을 다루고 있다.

임세(任勢), 즉 용병은 세를 형성해 병사들이 그것을 타도록 만드는 것이라고 개념을 정의하고 있으며, 용병의 기본요소인 군의 운용, 진형 및 통제, 정병과 기병의 운용, 적의 허를 치는 것을 설명한 후 기・정의 원리를 논의하고 있다. 손자는 결론적으로 "이정합 이기승"(以正合 以奇勝), "여전원석어천인지산자, 세야"(如轉圓石於千仞之山者, 勢也)라고 하여 적군과 정상적인 방책으로 대처할 수 있는 능력을 가지고 있을 때 기책을 발휘하여 승리할 수 있으며, 천 길 낭떠러지에서 둥근 돌을 굴리듯이 그러한 맹렬한 기세를 조성해야 한다고 가르치고 있다.

(6) 허실(虛實篇第六)

허실(虛實)이란 취약점과 강점이다. 제3, 4, 5편의 형, 세, 기정의 개념과 허실의 개념을 동시에 사용하여 상호관계를 종합적으로 제시하면서 손자의 추상적 작전술 이론의 결정체를 정리하여 강조하고 있다.

허실 편의 핵심주제는 주도권의 확보를 통해 전승의 여건을 확보하는 것이며, 용병술의 본질을 병형상수(兵形象水)로 설명하고 있다.

"치인이불치어인"(致人而不致於人), 즉 "적을 나의 의도대로 움직이게 하고 나는 적의 의도대로 끌려 다니지 않는다"고 하여 주도권(initiative)을 강조하고, "형인이아무형"(形人而我無形), 즉 "적의 작전 기도와 배치는 노출시키고 나는 적이 알지 못하도록 한다"고 하여 융통성과 행동의 자유를 확보하여 유리한 상황을 조성할 것을 강조하고 있다.

손자는 "피실격허"(避實擊虛)라고 하여 내가 선정한 결정적 장소에서 우세한 전력으로 적을 격멸하는 전법을 구사해 나간다면 "인적이제승"(因敵而制勝), 즉 "적 상황의 변화에 따라 대응함으로써 승리할 수 있는 여건을 창출해 나간다"는 용병술에 있어서 신의 경지(謂

之神)까지 이를 수 있다고 결론을 내린다.

(7) 군쟁(軍爭篇第七)

군쟁(軍爭)이란 전쟁에서 군대가 적보다 유리한 위치를 점하기 위해 경쟁한다는 의미를 담고 있다. 허실 편까지는 용병의 추상이론을 다루고 있으나 군쟁 편 이후는 실제적 용병론을 설명하고 있다.

군쟁 편의 핵심주제는 우직지계(迂直之計), 즉 기동의 원칙을 제시하고 있다.

언뜻 보기에 쉬워 보이는 길을 피하여 어려운 길로 돌아감으로써 유리한 위치를 선점하는 것이 중요하다는 전장의 원리를 이야기하고 있는데, 치기(治氣), 치심(治心), 치력(治力), 치변(治變) 등 지휘의 원칙을 포함하고 있다. 손자는 적과 아군의 사기, 심리상태, 체력, 통제상태에 따른 지휘법 등 전쟁상황에서 적용할 수 있는 '전장 리더십'을 꿰뚫고 있는 것이다.

20세기 대표적인 현대 전략가의 한 사람인 바실 리델하트의 '간접접근 전략'도 손자병법 군쟁 편의 우직지계와 동일한 맥락이라고 볼 수 있다.

(8) 구변(九變篇第八)

변(變)이란 용병의 변화, 융통성 있는 용병을 뜻하며, 구(九)는 고대 중국의 수(數)의 극한 관념을 의미한다. 따라서 구변은 다양한 전장환경에서 장수가 용병술의 무궁무진한 변화의 이점을 잘 살릴 수 있어야 한다는 것을 뜻한다.

손자는 용병의 10가지 원칙을 제시하고 있다. "비지무사"(圮地無

舍), 즉 "움푹 팬 땅에는 숙영하지 않는다," "군명유소불수"(君名有所不受), 즉 "군주의 명령에도 따르지 말아야 할 명령이 있다" 등 장수가 상황에 따라 적용해야 할 원칙을 들고, 이것에 통달하여 분별력 있게 활용하라고 강조하고 있다.

전쟁은 임기응변적으로 대처해야 하므로 군주의 명령을 듣지 못할 때도 있다는 상황적 복종 의무를 그 당시의 관념 추구 방식으로 설명하고 있으며, 또한 승리를 획득하기 위한 5가지 원칙, 오리(五利)와 장수의 5가지 위험, 오위(五危)를 제시하고 있다.

구변 편의 핵심주제는 임기응변이다. 손자는 용병(用兵), 치병(治兵), 지형 활용의 원칙을 알아야 하며, "상황에 따라 변칙을 활용할 수 있어야 한다"고 하여 용병술의 극치를 보여주고 있다. 불후의 명저 전쟁론의 저자인 클라우제비츠가 '군사적 천재'를 "상황에 따라 가장 적합하게 결심하고 실행에 옮기는 능력"으로 묘사하고 있는 것을 비교해 볼 때 용병술에 있어서 동·서양의 유사성을 음미해 볼 수 있다.

(9) 행군(行軍篇第九)

손자가 이야기하는 행군(行軍)이란 현대적 개념과 다소 차이가 나는 것으로서 기동, 전투, 행군, 숙영 등 제반 작전행동을 일컫는다. 행군 편에서는 산지, 하천, 소택, 평지 등 4가지 작전환경에서 군 운용의 방법을 제시하면서, 적의 의도와 상태를 파악하는 32가지 방법과 아군 내부의 통합을 달성하기 위한 지휘통솔 방법을 설명하고 있다.

행군 편의 핵심주제는 "유무무진, 족이병력료적, 취인이기"(惟無武進 足以併力料敵, 取人而已)로 요약된다. 지형과 적정을 고려치 않고 무작정 진격하는 무모한 용병은 피해야 하며, 적정을 정확히 파악, 감화와 위엄을 겸한 지휘법으로 군의 결속을 유도해야 하고 부대의 힘을 모아 승리하면 그뿐이라고 결론을 내리고 있다.

(10) 지형(地形篇第十)

지형(地形)이란 땅의 형상에 따른 용병의 원칙, 즉 '전술적 지형론'을 의미한다. 여섯 가지 지형(通, 掛, 支, 隘, 險, 遠)의 특성에 따른 용병의 원칙을 제시하면서 장군의 지휘통제 능력 부족, 계층 간 관계 악화로 작전에 실패하는 6가지 경우를 주병(走兵), 이병(弛兵), 함병(陷兵), 붕병(崩兵), 난병(亂兵), 배병(北兵)으로 설명하고 있다.

지형편 의 핵심주제는 "지피지기 승내불태"(知彼知己 勝乃不殆), "지천지지 승내가전"(知天知地 勝乃可全)으로 요약된다.

손자는 완전한 승리를 달성하기 위해서 지피지기 외에 피·아 군대의 내적인 상태, 기상·기후와 전장의 지세, 주변국과의 관계를 포함, 거시적으로 전략지리를 파악해야 한다고 주장하면서 이와 같은 분야에 대한 장수의 책무와 능력을 중시하고 있다.

(11) 구지(九地篇第十一)

구지(九地)란 아홉 가지 전략적 지세에 따른 용병술을 의미하고 있으며, 구지편은 손자의 실제 용병론의 정수가 압축된 부분이다. 군쟁편을 용병론의 "서론"이라고 한다면 구지편은 용병론의 "결론"이라고 할 수 있다.

전장에서 전략적 지세의 특징은 군사전략 방향을 결정하는 핵심적인 요소이므로 손자는 전장에서 발생할 수 있는 아홉 가지 작전지역의 형태별 개념과 장병들이 맞닥뜨릴 심리상태 그리고 장수가 적용해야 할 전법을 구체적으로 제시하고 있다.

〈표 1〉 아홉 가지 작전지역에서의 전법[19]

종 류	개 념	전 법 (유의사항)
산지(散地)	자국 내에서 전쟁하는 곳 (고향이 가까워 도망하기 쉽다)	산지에서는 전투하지 말라(장병들의 마음을 하나로 단결시켜야 한다)
경지(輕地)	적국에 들어갔지만 깊이 들어가지 않은 곳	오래 머물지 말라(심리적 동요 때문), 끊어지지 않도록 상호 연락 유지
쟁지(爭地)	피아 획득함으로써 유리한 지역	공격하지 말라(적의 후방을 공격)
교지(交地)	피아 공격하기 편리한 지역	차단되지 않도록 하라(신중한 수비)
중지(重地)	적국 깊숙한 지역, 도시들이 배후에 있는 지역	전략물자를 약탈하라(현지 조달)
구지(衢地)	여러 국가가 인접해 있는 지역, 사방팔방으로 통할 수 있는 지역	사귀어 합하라(외교관계 유지) 제3국과 외교관계를 견고히 해야 한다
비지(圮地)	산림, 소택지, 험한 곳(행군 곤란)	정지하지 말고 빨리 행군 (신속히 우회)
위지(圍地)	들어가는 길이 좁고(애로 지역), 돌아 나오는 길도 험악하여 소수의 적이 다수의 아군 공격 가능 한 곳	꾀를 써서 활로를 개척하라 탈출을 스스로 막고 장병들로 하여금 결사 분전케 한다
사지(死地)	빨리 전투를 종결하면 생존할 수 있으나, 그렇지 못하면 패배할 수 있는 지역(탈출구가 없는 곳)	결전하라 (죽을 각오로 싸울 것을 지시)

　손자가 주장하는 아홉 가지 작전지역에 대한 전법을 도시해 보면 <표 1>과 같다.
　구지편의 핵심주제는 전략적 지세에 따른 용병술과 장병들의 전의를 고양하고 단결을 유지하기 위한 지휘통솔 방법 등이다.
　특히 위객지도(爲客之道)라고 하는 적국의 영토에서 싸우는 원정작전 위주로 서술하고 있는 것을 봐서 손자는 수세적 소모전략(attrition strategy)보다는 공세적 기동전략(maneuver strategy)에 중점을 두고 있으며, 이를 위한 패왕지병(覇王之兵), 즉 패왕의 자격조건과 용병술을

---
19) 김영일, 『동양병학의 사상체계연구』(국방대학교, 연구보고서, 1985), p.96.

구체적으로 제시하고 있다.

(12) 화공(火攻篇第十二)

화공 편의 전반부는 화공의 목표, 시행 조건, 일반적 공격작전 방법을 화인(火人), 화적(火積), 화치(火輜), 화고(火庫), 화대(火隊)로 설명하고 있으며, 후반부는 전쟁의 결정과 지도에 있어 주의할 점을 제시하고 있다.

화공 편의 핵심주제는 비류와 비위부전으로 요약된다.

비류(費留)란 "아직 치러야 할 비용이 남아 있다"는 의미이며, 전쟁을 치르고도 그 결과가 정치적인 이익으로 연결되지 못하고 처리에 많은 곤란을 겪게 되는 경우를 묘사하고 있는데, 이는 손자의 당시 상황뿐만 아니라 근·현대의 전쟁사를 통해 볼 때 무수히 많은 사례에서 나타나고 있다.

비위부전(非危不戰)은 상대가 아측에 대해 불의의 침략의도를 갖지 않는 한 전쟁을 일으키지 말라는 뜻이다. 이것은 전쟁에 대한 손자의 근본적인 입장으로서 개전(開戰)은 신중히 해야지 한때의 감정으로 해서는 안 된다는 것이며, 국가의 이익에 합치하면 행동하고 합치하지 않으면 중지해야 한다는 것이다.

(13) 용간(用間篇第十三)

용간(用間)은 간첩을 운용한다는 의미이다. 손자는 정보 우위를 강조하면서 손자병법의 마지막 결론 부분에서 이를 제시하고 있다. 간첩을 활용한 첩보의 획득(Information collection), 첩보의 분석 및 평가(Information analysis and evaluation), 간첩을 활용한 역정보

전달, 기만작전(Deception Operation) 등을 자세히 묘사하고 있다.

용간 편의 핵심주제는 선지(先知), 즉 승리를 이루는 것은 전쟁 전에 적을 아는 것이라고 할 수 있다. 손자는 향간(鄕間), 내간(內間), 반간(反間), 사간(死間), 생간(生間) 등 다섯 가지 간첩 운용법을 설명하면서, "오간구기, 막지기도"(五間俱起, 莫知其道), 즉 "다양한 역할을 하는 간첩을 복합적으로 운용, 적이 모르게 해야 한다"는 간첩 운용의 실천적 전략을 제시하고 있다.

끝으로 손자는 정보를 지배하는 자가 전장을 지배한다는 정보 우위의 원리를 제시하면서 손자병법을 마무리하고 있다.

5. 손자병법의 현대적 함의

약 2,500년 전에 저술된 병법서가 오늘날까지 전해 내려오는 이유는 무엇일까? 그리고 그 책이 우리에게 주는 함의는 무엇일까? 부전승 사상(不戰勝思想), 즉 싸우지 않고 이기는 전략을 지향하고, 전쟁 시에는 총력전 체제를 전제로 하여 필승의 용병술을 제시하고 있는 손자병법은 현대에도 동일하게 국가 및 군사 지도자의 필독서가 되고 있다.

그 이유는 손자병법이 전쟁과 관련하여 전략, 작전술, 그리고 전술 차원에서 보편적이면서도 심오한 철학적 진리와 전장의 원리를 제시하고 있기 때문이다. 또한 그것을 고도로 추상화된 이론으로 제시하고 있기 때문에 군사 전문가들 간에 현재까지도 많은 논쟁을 야기하고 있으나, 오히려 그 때문에 시대적 변화에 관계없이 실천적 지침서가 되고 있는 것이다.

1) 현대 국제사회의 '전쟁과 평화' 문제에 관한 지침서 역할

리처드 심킨은 "손자병법은 미래를 위한 책"이라고 하였다. 현대의 군사 이론가들은 제1, 2차 세계대전을 겪고 나서야 손자의 폭넓은 전략개념을 이해하게 되었다. 서양의 전쟁과 평화에 대한 이분법적 사고, 군사와 외교 영역 구분에 대한 근본적인 문제의식을 인식한 가운데 손자의 "용병, 벌모, 벌교, 벌병, 부전이굴인지병" 개념에 비로소 관심을 갖게 된 것이다.

따라서 손자병법은 현대 세계의 '전쟁과 평화' 문제 해결을 위한 지침서가 될 수 있다. 왜냐하면 무정부상태인 국제사회에 있어서 손자는 강대국의 '국가이익' 추구에 대응할 수 있는 것이 제한된다는 현실을 직시하고, 이를 극복할 수 있는 개념을 제시하고 있기 때문이다. 즉 손자는 강대국들이 '국가이익'의 한계를 지나치게 확대하지 않도록 이상주의적 가치추구를 요구하고 있는데, 비위부전(非危不戰), 비리부동(非利不動), 비득불용(非得不用)이라는 국제관계에 있어서 불변의 원리를 통해 설명하고 있다.

현대의 국제관계에서도 최소의 희생으로 승리하고 전쟁 이외의 수단으로 전쟁을 회피한다는 손자의 전승(全勝) 개념을 적용할 필요가 있다. 또한 손자의 속승(速勝)과 지구(持久) 개념을 오늘날 적용해 볼 때 대주변국 관계, 현재 및 잠재적 군사력 사용, 이해득실 등의 논리 수용이 가능하며, 기정의 개념, 우직지계, 허실 등 용병개념을 적용한 군사이론은 현대전에서도 동일하게 사용되는 전장의 원리이다.

2) 동서양의 근대국가에서 클라우제비츠 군사사상의 대안으로 손자병법을 인식

동서양의 근대국가에서 손자병법을 이해하는 과정을 살펴보면 다양한 모습을 볼 수 있다. 일본의 통수강령(1920년대), 마오쩌둥의 지구전론, 16자 전법 등이 손자병법의 영향을 굉장히 많이 받은 것이다. 서양에서 손자병법이 처음 소개된 것은 프랑스 신부 아미오의 손자병법 번역(1772년)을 통해서이다. 또 러시아의 수레즈네브스키가 손자병법을 번역(1860년)하였으며, 영국의 칼스롭 대위가 손자병법을 최초로 영문 번역(1905년)하였고 독일 브루노 나바라가 손자병법을 번역(1910년)한 것이 알려지고 있다. 미국의 패튼 장군은 사관생도 시절 영국 번역본의 애독가로 유명하며, 미군에서는 1944년 웨스트포인트의 교재 『전략의 뿌리』(Roots of strategy)에 손자병법을 포함한 것이 최초이다. 또한 손자병법은 리델하트의 '간접접근 전략' 이론의 형성에 큰 영향을 끼쳤으며, 미군은 월남전 패배 후 『야교 3-0 Operations』에 최초로 교리적 차원으로 손자병법을 반영하였다.

현대에 와서 서구에서는 클라우제비츠 군사사상의 대안으로 손자병법을 인식하고 있다. 클라우제비츠의 절대전 사상의 영향으로 제1차 세계대전에서 발생한 엄청난 대량살상은 서구의 군사 이론가들에게 자연스럽게 손자의 군사사상을 주목하게 하였다.

특히 바실 리델하트, 반 크레펠트, 리차드 심프킨 같은 대표적인 군사 이론가들은 강점 대신 약점을 타격하고 물리적 타격보다는 심리적 와해를 지향하라고 주장하는 손자병법을 현대의 전략·전술 발전에 필요한 귀중한 지적 자산으로 인정하고 있다.

3) 전쟁지도 이론의 현대적 적용

현대전은 총력전 체제에 의하여 수행되므로 정치, 경제, 사회, 군사 등 여러 분야의 전력을 통합·조정·통제·운용하는 국가적 메커니즘이 원활하게 작동되어야 한다. 그 수행방법이 바로 '전쟁지도'이며, 전쟁에서 승리하기 위해서는 전쟁지도 체제와 전쟁지도 능력이 극대화되어야 한다. 손자는 전쟁이란 국지대사(國之大事)라고 하여 신중론을 펼치고 있으며, 오사(五事), 칠계(七計)에 따라 군비를 확충할 것을 제기하고 있다. 이는 전쟁준비기의 전쟁지도 지침으로 오늘날에도 전쟁목적을 설정하고, 외교적 조치와 군사력 운용의 개념정립, 그리고 총력전 준비지침을 발전시키는 데 그대로 적용되고 있다.

또한 손자는 묘산(廟算), 즉 전쟁 최고 수뇌회의에서 객관적인 전략 판단에 기초하여 개전 시 승산이 있는지 여부를 심사숙고해야 하며, 일단 개전이 결정되면 제승지형(制勝之形)이라고 하여 승리를 만들어 나가는 형태, 즉 초기 주도권 장악의 중요성을 강조하고 있다. 이는 개전 시의 전쟁지도 지침으로 전쟁 주도권 장악을 위해 개전시기, 결전의 장소 및 시간, 전쟁지역의 범위 및 한계 설정, 화평의 조건 예측 등을 주동의 입장에서 선정해야 한다는 것이다. 손자는 "졸속(拙速), "기세험 기절단"(基勢險 基節短)이라 하여 군사작전은 적시적으로 개시하여 조기 타결하되 결전장소에서는 전투력의 압도적 우세를 통해 속전속결해야 한다고 주장하고 있다. 이는 전쟁 수행기의 전쟁지도 지침으로 서전(緖戰), 결전(決戰), 종전(終戰) 단계에서 오늘날에도 적극적으로 수용해야 하는 중요한 개념이다.

전쟁의 종결과 관련하여 손자는 "비류"(費留)라고 하여, 아직 치러야 할 비용이 남아 있는 상태, 즉 전쟁에 이겼더라도 점령지 통치에 엄청난 자원과 비용이 소요된다면 전쟁지도에 실패한 것이라고 비판한다. 이러한 대표적인 경우를 우리는 1980년대 소련의 아프가니스탄전쟁, 현재 미국의 이라크전쟁에서 볼 수 있다. 따라서 전쟁 종결기에 전쟁지도는 전쟁목적 달성을 기준으로 하여 종전시기의 판단, 종전의 방법 등을 합리적으로 모색할 수 있는 지혜가 중요하다고 손자병법은 시대를 초월하여 우리를 가르치고 있다.

4) 속전속결 기동전의 원리 제시

현대전에서 전쟁수행의 비용은 막대하여 국가경제를 근본적으로 와해시킬 수 있으며, 조기에 전쟁목표를 달성하지 못한다면 국제적 간섭과 압력으로 국가주권의 침해 또한 예측할 수 없게 된다. 따라서 최근 영국의 포클랜드전쟁, 미국의 걸프전쟁, 러시아의 남오세티야 침공 등을 관전해 볼 때 모두 속전속결 기동전을 통해 전쟁을 종결하고 있는 것을 알 수 있다. 과학기술의 발전과 함께 정밀타격을 기반으로 하는 화력의 우위가 전장을 지배할 것이라고 주장하고 있는 군사 이론가들도 있으나, 현대전의 양상을 볼 때 향후 상당기간 기동전의 중요성은 간과할 수 없을 것이다.

손자는 병문졸속(兵聞拙速, 작전 편)이라 해서 "전쟁은 다소 미흡하더라도 속히 끝내야 한다"는 단기 속결전을 군사전략의 기본개념으로 정립하고 있다. 왜냐하면 전쟁이 발생하면 대규모 병력과 자원을 동원해야 하고(日費千金), 날이 갈수록 전력과 사기가 약화되며(鈍兵挫銳), 국력 저하로 인접국의 침공위협이 우려(諸侯乘其弊而起)되므로 "병귀승, 불귀구"(兵貴勝, 不貴久), 즉 전쟁은 속전속결로 승리하는 데 가치가 있는 것이지, 결코 지구전을 하는 데 가치가 있는 것이 아니라고 강조하고 있다. 이는 우리나라같이 국토가 좁고 세계적 강대국들과 인접해 있는 지정학적 현실 차원에서 깊이 음미해 볼 대목이다.

손자는 "출기소불추, 출기소불의"(出其所不趨, 出其所不意, 허실편), 즉 적의 수비가 약한 곳으로 나아가고, 적들이 뜻하지 않는 곳으로 공격한다고 했다. 또한 "아전이적분"(我專而敵分, 허실 편), 즉 아군은 집중하고 적은 분산시킨다고 했다. 그리고 "인리제권"(因利制權, 구변 편), 즉 유리한 형세를 이용한다는 기동전의 원리를 이해시키면서 "병형상수"(兵形象水, 허실 편)와 "우직지계"(迂直之計, 군쟁 편)의 추상화된 개념을 통해 절묘한 기동전의 인식론과 방법론을 제시하고 있다. 이와 같은 손자의 기동전 개념은 현대에 이르러 리델하트의 간접접근 전략 구상에 큰 영향을 미쳤으며, 1991년 걸프전쟁에서 슈와츠코프 장군의 100시간 지상작전 모습으로 구현되고 있는 것을 볼 수 있다. 또한 기동전 군사이론 전문가인 리처드 심프킨, 로버트 레오나드 등은 미 육군이 기동전 위주의 전투수행 방식으로 회귀하고자 한다면 반드시 손자의 군사사상을 이해하고 적용해야 한다고 주장한다.[20]

5) 전장 주도권 장악의 이론 정립

주도권이란 전장 공간 내에서 아군이 행동의 자유를 갖고 적군은 나의 의지에 따라 수세적인 대응을 하게 되는 상태로서 작전상황을

---

20) Robert R. Reonhard, 『기동전 대해부』, 최상철 역(대전: 문경출판사, 2001), pp.67-70.

나의 의지대로 지배할 수 있는 능력을 의미한다. 전쟁에서 승리하기 위해서는 주도권의 장악 및 유지가 필수적이며, 이는 피·아 전투력과 전투의지에 좌우된다. 기본원리는 기동, 집중, 기습으로 이를 통해 주도권을 장악해야 하는데, 이러한 근본원리를 손자는 이미 실증적 관점에서 기(奇)와 정(正), 무형(無形), 치인(致人), 병형(兵形), 제승(制勝)을 통하여 "능위적지사명"(能爲敵之司命), 즉 "능히 적의 운명을 장악할 수 있다"고 결론을 내리고 있다.

손자는 기(奇)와 정(正)의 변화 있는 대처로 적이 전장의 상황을 잘못 판단하게 하고, 그렇게 해서 잘못 행동하도록 유도할 것을 강조하고 있다.

클라우제비츠가 주장했던 "전쟁은 가장 간단한 것이 가장 어렵게 만든다," 미국의 남북전쟁 시 잭슨 장군이 주장했던 "신비화하라(mistify), 오도하라(mislead), 기습하라(surprise)" 등의 개념은 모두 손자의 무형(無形), 치인(致人)이라는 개념과 동일한 것이다. 적으로 하여금 잘못 판단케 하여 우리는 유리하게, 적은 불리하게 유치(誘致) 하느냐에 승패가 달려 있다는 것을 개념화한 것이다.

손자는 기정(奇正)의 변화와 우리의 무형(無形)으로 적은 유치(誘致) 되고, 이러한 변화와 상태, 즉 "무형치인"(無形致人)에서 공방(攻防)은 하나가 되어야 한다고 하면서 용병상의 여러 문제는 병형(兵形)이므로 변화 있는 전략·전술(기동, 집중, 기습)을 구사할 것을 강조하고 있다. 이를 통해 결국 전장의 주도권을 장악하는 지휘관이 결정적인 승리를 획득한다는 절묘한 용병술의 원리를 이론화하였다.

전략적 차원에서 주도권은 "상대적 전력의 우세를 확보하는 것"이다. 이를 위해 손자는 "우승열패가 지배하는 전장에서 이대제소(以大制小)가 원칙이므로, 만약 적이 강하다면 사전에 궤도(詭道)로 약화시켜야 한다"고 강조하면서 주도권의 확보 과정인 제승지형(制勝之

形의 개념과 중요성을 제시하고 있다.

작전적 차원에서의 주도권은 "결전의 시간과 장소를 선택하여 아군 전투력은 집중하고 적 전투력은 분산시킴으로써 전술제대가 유리한 상황에서 전투를 수행할 수 있도록 하는 것"이다. 이를 위해 손자는 "기세험 기절단"(其勢險 其節短)이라고 하여 결전장소에서는 전투력의 압도적 우세를 통해 속전속결해야 하며, 피실이격허(避實而擊虛), 즉 적의 강점은 피하고 약점에 지향하여 기습을 달성함으로써 적을 교란하고 기동의 자유를 박탈하여 "치인이불치어인"(致人而不致於人) 상태, 즉 주도권 장악이 가능하다고 주장한다. 또한 우직지계(迂直之計)의 간접접근으로 종심 깊은 우회 기동을 함으로써 적 지휘관의 치심(治心)에 주력하도록 가르치고 있다.

따라서 손자의 주도권 장악은 간접접근으로 적 지휘관의 심리적 마비와 적 부대의 교란을 달성함으로써 최소전투에 의한 승리를 추구하는 것이다.

여기서 손자가 말하고 있는 것은 전쟁술에서 고정된 규칙은 없으며, 군사 지휘관의 직관이 중요하다는 것이다.[21] 전장에서 승리를 획득하는 근본원리는 현대전에서도 변함없이 주도권의 조기 확보문제이므로 손자는 우리에게 승리의 여건을 창출하는 제승(制勝)의 개념과 중요성을 인식하고 상황과 여건에 맞는 조화로운 용병술을 구사하는 능력을 갖출 것을 강조하고 있다.

또한 손자가 오늘날 우리에게 가르치고 있는 것은 전장에서의 창의적인 지략이다. 이는 상대적인 전력의 열세를 극복하고 장군의 술(術)을 발휘하여 불확실성과 우연성이 지배하는 전장에서 주도권을

---

21) Michael I. Handel, 『클라우제비츠, 손자 &조미니』/ 박창희 역,(서울: 평단문화사, 2000), pp.93-94.

장악함으로써 결정적인 시간과 장소에 상대적으로 우세한 전투력을 집중하여 최소전투로 승리를 달성하라는 것이다.

손자병법의 많은 부분은 작전수행의 기본요건 중에서 가장 중요한 주도권 장악의 본질적인 사고와 방법에 대하여 실천지침을 주고 있다.

6. 결 론

손자병법은 동양 병학사상의 원류이므로 그의 사상체계와 한국 군사사상과 전략화의 과정을 설명하고 분석하는 학문적 노력과 현대적인 관점에서 이해하는 것이 우리의 군사이론 발전에 매우 유익할 것으로 생각된다.

손자병법을 활용한 사례는 고대로부터 많은 실증자료와 문헌에서 발견되고 있다. 고구려는 AD 1세기부터 조정의 전략회의에서 인용하였으며, 백제와 신라는 AD 4~5세기부터 활용하였다는 것이 삼국사기에 등장한다. 고려 및 조선시대에서는 유금필, 김방경, 최영, 유성룡, 이순신, 곽재우 장군 등이 손자병법의 전략적 가치를 이해하고 실전에서 사용한 전쟁의 대가라고 할 수 있다. 일본은 백제 멸망 후 망명자들에 의해 전해졌는데 곡나진수(谷那晉首), 목소귀자(木素貴子), 억례복유(憶禮福留), 답발춘초(答㶱春初) 등의 이름이 남아 있다.22) 이와 같이 손자병법은 우리의 역사 속에 군사전략적 가치로써 중요한 위치를 차지하고 있는 것이다.

---

22) 김광수, 앞의책, p. 460.

손자는 당시 시대적 상황과 사상가, 수많은 병법가들로부터 영향을 받아 손자병법을 보완하고 집대성한 것으로 짐작할 수 있다. 그러나 무엇보다 손자 자신의 전쟁경험과 실제의 전쟁사례를 토대로 작성했을 뿐만 아니라 이를 추상적 개념으로 형상화함으로써 오늘날 군사전략에 적용하는 데 무리가 없을 것으로 본다. 물론 이러한 이론을 실전에 적용하는 데는 극복하기 어려운 시대적인 격차가 있다. 현대적 시각으로 봤을 때 비합리적인 부분도 다수 있는 것이 사실이다. 그러나 동서고금을 포괄하여 변함없는 전쟁원리와 그 속에서 고뇌하는 인간의 심리를 분석하여 이론적으로 체계화한 손자의 탁월함은 시대를 초월하여 현대전에서도 많은 시사점을 제공하고 있다.

한편으로 손자의 군사사상과 전략을 동시대에 적용한다는 것은 신중한 접근이 필요하다. 1894년 청일전쟁 시 중국의 군사 지도자들은 손자의 말처럼 싸우지 않고 이기기를 기대하여 수세적인 작전으로 대응하였다가 패배하였으며, 일본의 군사 지도자들은 손자의 속전속결 개념 하에 단기결전을 추구하여 승리함으로써 근대 동아시아 국제질서를 재편하고 제국주의 국가로 발전해 나가게 되었다.[23]

따라서 손자병법이 위대한 병법서임에는 틀림없으나, 오늘날 어떠한 시각에서 이해하고 어떻게 적용해야 할 것인가 하는 문제는 전쟁과 군사문제를 연구하는 많은 연구자들에게 끊임없는 탐구의 대상과 방법이 된다.

---

[23] 강성학 편, 『용과 사무라이의 결투: 청일전쟁의 국제정치와 군사전략』(서울: 리북, 2006), pp.85-87.

참고문헌

1. 단행본

강국주, 『주역과 전쟁윤리』, 국방사상사회 역, 서울: 철학과 현실사, 2004.
강성학 편, 『용과 사무라이의 결투: 청일전쟁의 국제정치와 군사전략』, 서울: 리북, 2006.
김광수, 『손자병법』, 서울: 책세상, 2003.
김기동, 『중국 병법의 지혜』, 서울: 서광사, 1993.
김기동·부무길, 『손자의 병법과 사상연구』, 서울: 운암사, 1997.
김영일, 『동양병학의 사상체계 연구』, 국방대학원, 1985.
노병천, 『도해 손자병법』, 서울: 연경문화사, 2003.
모리야 아쓰시, 『불패전략 최강의 손자』, 이정환 역, 서울: 국일증권경제연구소, 2002.
모리야 히로시, 『중국 3천년의 인간력』, 박화 역, 서울: 도서출판 청년정신, 2004.
야경유·장휘, 『마오쩌둥, 손자에게 길을 묻다』, 전병욱 역, 서울: 홍익출판사, 2004.
이경숙, 『도덕경』, 서울: 도서출판 명상, 2004.
이병호, 『손자·군사사상과 병법이론』, 울산: 울산대학교 편집부, 1999.
이정·강무학 역, 『이위공병서』, 서울: 집문당, 1997.
이정희, 『병학의 대가 손자의 일생』, 마산: 동양, 1994.
이종학, 『군사이론과 군사교육의 연구』, 경주: 서라벌 군사연구소, 1997.
이종학, 『전략이론이란 무엇인가』, 경주: 서라벌 군사연구소, 2002.
이종학 역주, 『손자병법』, 서울: 한국자유교육협회, 1973.
육군사관학교, 『군사사상사』, 서울: 황금알, 2006.
이용웅, 『전쟁 연구』, 해군대학, 2008.

佐藤堅司, 『孫子の思想史的 硏究』, 東京: 風間書房, 1962.
Handel, Michael I., 『클라우제비츠, 손자&조미니』, 박창희 역, 서울: 평단문화사, 2000.
Hart, Liddell, 『전략론』, 육군본부 역, 육군본부, 1978.
Leonhard, Robert R., 『기동전 대해부』, 최상철 역, 대전: 문경출판사, 2001.

2. 논문 및 간행물

국방부전사위, "무경칠서," 전사편찬위원회, 1987.

김병관, "군사적 관점에서 본 손자병법 해설," 제7기동군단, 2004.

양은식, "손자병법에 나타난 전쟁사상 연구," 경상대학교 석사학위논문, 2005.

홍성태, "한국전의 기동전 분석," 육군교육사령부, 1996.

홍성태, "동북아 전략균형," 한국전략문제연구소, 2005.

| 제 2 장 |

톨스토이의 『전쟁과 평화』에 나타난 전쟁관

강 현 우*

1. 서 론

1) 연구 목적 및 범위

전쟁이란 "상호 대립하는 2개 이상의 국가 또는 이에 준하는 집단 간에 있어서 군사력을 비롯한 각종 수단을 행사하여 자기의 의지를 상대방에게 강요하려는 행위 또는 그러한 상태"1)인데, 인류 역사와 함께 시작되었고 우리가 좋아하든 싫어하든 인류의 역사가 존재하는 한 지속될 것이다. 이러한 전쟁은 손자가 "전쟁은 국가의 중대한 일이다. 국민의 생사와 국가의 존망이 기로에 서게 되는 것이니 신중히 살피지 않으면 안 된다"(兵者, 國之大事, 死生之地, 存亡之道, 不可不察

---

* 육군대학 교관.
1) 육군본부, 『군사용어사전』(육군본부, 2006), p.556

也)2)고 말했듯이, 전쟁의 올바른 현상인식과 이에 대한 대비의 정도가 국가의 존망을 좌우했음을 역사가 증명해 주고 있다. 우리가 전쟁을 올바르게 인식하려면 전쟁을 경험하고 이를 연구하는 것이 가장 좋은 방법이겠지만, 이는 현실적으로 매우 제한되기 때문에 대부분의 군사학도들은 과거의 경험이 기록된 전쟁사 자료와 유명한 군사학자들의 인식 및 해석을 바탕으로 전쟁 현상을 간접 체험하고 있다.

군사학도들에게 많이 읽혀지고 있는 클라우제비츠의 『전쟁론』, 조미니의 『전쟁술』, 리델하트의 『전략론』 등은 전쟁의 본질과 양상, 군사이론 등 많은 부분을 우리에게 제시해 주고 있지만, 어느 정도의 군사적 소양을 갖추지 못하면 이해하기 힘든 부분이 많다. 반면 전쟁문학은 보다 쉽고 실감나게 전쟁의 실상을 표현함으로써 전쟁을 이해할 수 있는 훌륭한 수단이 되며, 대중들에게 널리 읽혀질 수 있기 때문에 매우 큰 사회적 파급효과를 가지고 있다. 특히 전쟁을 직접 경험하였거나 많은 독자층을 확보하고 있는 작가들의 글은 많은 대중들에게 작가가 생각하는 전쟁에 대한 인식과 해석을 제공하며, 이 중에서도 많은 사람들이 책이나 영화를 통해 한 번쯤 접해 본 세계적 대문호인 톨스토이의 『전쟁과 평화』가 백미일 것이다.

톨스토이는 크림전쟁에 참전한 경험이 있으며, 나폴레옹 전쟁기의 러시아를 배경으로 많은 사람들이 전쟁을 겪으면서 변화하는 과정을 다룬 『전쟁과 평화』를 집필하였다. 본고에서는 이러한 『전쟁과 평화』에 나타난 톨스토이의 전쟁관을 집중 조명함으로써 많은 사회적 영향력을 발휘한 톨스토이의 전쟁에 대한 인식을 살펴보도록 하겠다.

---

2) 노병천, 『도해 손자병법』(한원, 1990), p.26.

2) 선행 연구 분석

톨스토이에 대한 연구는 주로 톨스토이의 순수한 작품세계로부터 작가의 역사철학, 민중성 측면 등 다양한 각도에서 연구가 되어 왔으며, 정위용의 『똘스또이의 "전쟁과 평화": 작가의 역사철학과 작품의 통일성에 관한 연구』, 이은경의 『삶에의 순응, 그 자연스러움에 대한 예찬: 톨스토이 "전쟁과 평화"의 메시지』, 이준형의 『똘스똘이와 리얼리즘』, 『똘스또이의 소설연구』, 최인선의 『전쟁과 평화의 구성 시학』 등이 대표적 사례이다. 이러한 글은 순수문학적 관점에서 『전쟁과 평화』를 분석하고 있으며, 역사의식과 사물에 대한 인식 등을 통해 간접적으로 톨스토이의 전쟁관을 느낄 수 있게 한다. 한편 전쟁관에 대해 직접 언급하고 있는 글은 성심외국어전문대학에서 1990년 발간한 논문집에 수록된 김기열의 『전쟁과 평화에 나타난 똘스또이의 전쟁관: 아우스트렐리쯔 전투와 보로지노 전투를 중심으로』 1편이 있다. 김기열은 프랑스군과 러시아군 사이에 벌어졌던 1805년의 아우스테르리츠 전역과 1812년 러시아 전역 중 보르디노 전투를 중심으로 톨스토이의 전쟁관을 설명하였는데, 아우스테르리츠에서는 러시아 알렉산드로스 1세의 정치적 야심에 의해 전쟁이 발발하여 러시아군이 패배하였으며, 러시아 전역에서는 민중의 힘이 결합되어 전쟁에서 승리하였다고 분석함으로써 민중성을 강조하고 있다.[3]

---

3) 김기열, "전쟁과 평화에 나타난 똘스또이의 전쟁관: 아우스트렐리쯔 전투와 보로지노 전투를 중심으로," 『성심외국어전문대학 논문집』 9, 1990.

2. 톨스토이와 전쟁과 평화

1) 톨스토이의 생애4)와 『전쟁과 평화』의 저술

톨스토이는 1828년 9월 러시아 야스나야 폴랴나에서 세습귀족의 넷째 아들로 태어나 어려서 부모를 잃고 친척집에서 자랐다. 톨스토이는 카잔대학교 법학과에 다니다가 인간의 자유롭고 창의적인 생각을 억압하는 대학교 교육방식에 실망을 느끼고 중퇴하였고, 고향으로 돌아가 합리적인 농장 관리와 영지 내의 농민 생활을 개선하려 하다가 실패하였다. 이후 3~4년간 방탕한 생활을 하다가 군에 입대하여 크림전쟁을 경험하였고, 이 시기부터 문학에 정열을 쏟아 소설 창작을 시작하여 『전쟁과 평화』, 『안나 까레리나』, 『부활』 등 수많은 작품을 남기고, 1910년 11월 사망하였다.

톨스토이는 세계적인 대문호이자 사상가, 설교가로서 매우 복잡하고 많은 것을 담은 작품을 남겼다. 특히 세계적인 명작으로 손꼽히는 『전쟁과 평화』는 톨스토이가 6년이라는 세월에 걸쳐 집필하여 1866년 가을 무렵 완성하였으나, 출판사와의 문제로 책을 출판하지 못하고 2년여에 걸친 수정작업 끝에 1868~69년에 걸쳐 완성하여 출간한 것5)으로, 나폴레옹 전쟁을 배경으로 러시아를 무대로 한 작품이다.

---

4) http://www.seelotus.com/gojeon/oe-kuk/novel/jeonjaeng-peyng-hwa.htm.(검색일 2008. 11. 29)

5) 레프 톨스토이, 『전쟁과 평화 1』, 류필하 역(이룸, 2001), p.6.

2) 『전쟁과 평화』의 내용6)

1805년 나폴레옹 통솔 하에 유럽을 석권한 프랑스군과 러시아 사이에 전쟁이 일어나고, 청년 공작 안드레이 볼콘스키는 영지 벽촌에 은둔하고 있는 아버지와 누이동생 마리아에게 만삭이 된 아내를 맡기고 쿠투초프 장군의 부관으로 전선으로 출발한다. 안드레이의 친구로서 유학에서 갓 돌아온 피에르는 모스크바 굴지의 자산가 베즈호프 백작의 사생아였지만, 백작의 사후 그의 유언에 따라 전 재산을 상속받고 일약 사교계의 총아가 되었다. 여기에 눈독을 들인 후견인 역인 크라긴 공작은 자기의 딸 에렌을 피에르와 결혼시키려고 획책하여 성공한다. 하지만 피에르는 결혼 후 친구 드로포프와 아내 에렌 사이에 이상한 소문이 돌았기 때문에, 명예를 지키기 위하여 결투를 신청하여 상대를 쓰러뜨린 후 아내와 별거를 한다. 그리고 나서부터 그는 새로운 신앙생활에 들어간다. 한편 안드레이는 아우스테르리츠의 결전에서 단신 군기를 들고 적진에 돌격하여 중상을 입었으나, 프랑스군의 치료로 회복된다. 안드레이가 영지의 벽촌으로 돌아온 바로 그날 밤 아내 리자는 사내아들을 낳고 그대로 숨을 거둔다. 안드레이는 이미 자기의 인생은 끝난 것으로 생각하고, 영지에서 일생을 보내기로 결심한다.

1807년 6월 러시아와 프랑스는 틸지트 조약을 통해 나폴레옹의 유럽 지배권을 확인하는 강화조약을 맺고 러시아에 평화가 다시 찾아

---

6) http://www.seelotus.com/gojeon/oe-kuk/novel/jeonjaeng-peyng-hwa.htm.(검색일 2008. 11. 29).

온다. 1809년 안드레이는 귀족회의 용무로 로스토프 백작의 집을 방문하고, 생명력이 넘쳐흐르는 백작의 젊은 딸 나타샤를 만나 마음이 강하게 끌린다. 그 해가 저물어 가는 어느 날 두 사람은 무도회에서 다시 만나 곧 사랑하게 되고 약혼을 하지만, 안드레이 부친의 완강한 반대로 1년간의 유예기간을 두기로 하고, 안드레이는 외유를 하게 된다. 그러나 젊은 나타샤는 외로움을 이기지 못하고, 피에르의 아내 에렌의 오빠 아나톨의 유혹에 빠져 사랑의 도피를 할 약속을 하게 되고, 이로써 안드레이와의 약혼은 파기되고 만다.

1812년에 다시 프랑스와 전쟁이 일어나고, 안드레이는 모스크바 근방 보르디노의 결전에서 중상을 입는다. 보로지노 전투 이후 러시아군은 패주를 거듭하고, 마침내 모스크바를 적에게 내주게 된다. 이와 함께 모스크바를 떠나는 로스토프가의 나타샤는 부상병들 속에서 반사 상태의 안드레이를 발견하고, 자기의 죄를 사과하고 필사적으로 간호를 한다. 한편 피에르는 모스크바에 머물며 농민으로 가장하고, 나폴레옹을 암살할 기회를 노리다가 프랑스군의 포로가 된다.

전쟁은 러시아의 승리로 끝나고, 모스크바에서 나타샤를 만난 피에르는 그녀를 깊이 사랑하고 있는 자신을 깨닫고, 그녀와 결혼한다. 안드레이의 여동생 마리아도 나타샤의 오빠 니콜라이와 결혼하고, 각각 행복한 가정을 이끌어 간다.

3. 『전쟁과 평화』에 나타난 톨스토이의 전쟁관

톨스토이의 『전쟁과 평화』에서 전쟁이란 1805년에서 1814년간 나폴레옹이 러시아를 침공한 시기의 전쟁을 의미하며, 톨스토이는 이 작품에서 러시아의 다섯 개 가문을 중요한 축으로 삼아 이야기를 풀어 나간다. 이 속에서 시간 전개에 따른 주요 인물의 심리 변화와 전장 상황 묘사를 통해 톨스토이는 자신의 전쟁에 대한 인식을 표현하였다. 따라서 시대별 구분에 따라 당시 전략적 상황과 작품에 나타난 전쟁에 대한 인식을 살펴보겠다.

1) 러시아의 초기 대나폴레옹 전쟁(아우스테르리츠 전역) 이전

(1) 전략적 상황

1803년 5월 아미안 조약의 붕괴에 따라 영국은 오스트리아, 러시아와 제3차 대불동맹을 체결하여 프랑스에 대하여 해상봉쇄를 하였고, 나폴레옹은 프랑스 블로뉴 해안에서 영국을 침략하기 위한 준비를 하였으나, 1805년 트라팔가 해전에서 영국의 넬슨 제독에 의해 패하여 영국에 대한 공략을 단념하게 된다.[7] 이러한 가운데 나폴레옹은 오스트리아와 러시아를 공격하기로 결심하고, 우선 8월 말 육군을 프러시아로 진군시켜 울름에서 오스트리아군을 포위하여 항복을 받아냈다. 이어 나폴레옹은 러시아군을 격파하기 위해 현재는 체코의 땅인 아우스테르리츠 지역으로 이동하였다.

(2) 전쟁에 대한 인식

클라우제비츠는 그의 저서 『전쟁론』에서 "전쟁의 위험을 알기 전에는 보통 그 위험을 무섭다기보다는 매력적이라고 생각한다. 흥분

---

[7] 해군본부, 『전쟁백과사전』(해군본부, 2007), p.238.

에 빠져 질풍처럼 적진으로 밀고 들어갈 때 누가 총알과 쓰러지는 자들의 수를 헤아리겠는가? 차디찬 죽음에 몸을 내던지는 순간 잠시 눈을 감는다. 우리가 죽음에서 벗어나게 될지 아니면 적이 죽음에서 벗어나게 될지 불확실하다"[8]고 전쟁의 위험에 대해서 표현하였고, 현 시대 최고의 군사사학자로 손꼽히는 영국의 존 키건은 『전쟁의 얼굴』에서 전쟁의 비인간적 면모에 대해서 언급[9]하였듯이, 전쟁은 위험하고 무자비하며 온갖 권모술수가 난무하는 현장이라는 것이 작품 서두에서 언급되는 톨스토이의 주된 생각이다. 또한 당시 나폴레옹 전쟁기를 배경으로 소설을 썼기 때문에 나폴레옹에 대한 상반된 평가를 주요 등장인물의 대화를 통해 표현하고 있다.

"만일 보나파르트가 1년 더 프랑스 왕위에 머문다면……."
자작은 다른 사람의 말은 전혀 듣지 않고 자신이 그 문제에 관한 한 그 누구보다도 가장 잘 알고 있다는 듯한 태도를 보이며, 그 무엇에도 신경 쓰지 않고 이야기를 계속해 나갔다.
"그렇게 된다면 사태는 수습할 수 없는 지경에 이를 것입니다. 온갖 음모, 폭력, 추방, 처형으로 인해 사회는, 여기서 사회는 물론 프랑스의 훌륭한 사회를 의미합니다. 영원히 파괴돼 버릴 것입니다. 그렇게 된다면?"[10]

"사람들은 우리의 친애하는 황제 폐하께서도 페테르부르크를 버리고 전쟁 중에 직접 그 귀하신 몸을 내던지시리라 생각하고 있어요. 제발 신이 도우셔서 우리의 지배자이신 천사의 손이 유럽의 평화를 어지럽히고 있는 코르시카의 괴물을 쫓아낼 수 있게 해 주시기를 기원합니다. 제 오빠들 이

---

8) 클라우제비츠, 『전쟁론 제1권』, 김만수 역(갈무리, 2007), p.148.

9) 존 키건, 『전쟁의 얼굴』, 정병선 역(지호, 2005), pp.378-391.

10) 류필하 역, 앞의 책, pp.59-60.

야기를 하지 않더라도 이 전쟁은 제게서, 제 가슴속 가장 가까이에 있는 사람들 중 하나를 빼앗아갔습니다."11)

"진정한 의미는 인간의 권리, 편견으로부터의 해방, 시민의 평등에 있습니다. 이 모든 이데아를 나폴레옹은 자신의 온 힘을 다해 지켰습니다."12)

"그의 행동에 대해서는 정치인으로 행동할 때, 개인으로서, 또는 군인으로서, 그리고 또 황제로서의 행동으로 구분하지 않으면 안 됩니다. 제 생각으로는 그렇습니다."13)

안드레이 공작이 말했다.
"단지 제가 이해할 수 없는 건 아버지가 어떻게 보나파르트를 그런 식으로 평가하시느냐는 겁니다. 어떻게 생각하시든 그건 아버지 마음입니다만, 보나파르트는 위대한 지도자임에는 틀림이 없습니다!"14)

이렇게 나폴레옹의 프랑스군과 러시아군의 최초 전쟁인 아우스테르리츠 전역 이전의 소설 전개 속에서 톨스토이는 "음모, 폭력, 처형 등 사회를 어지럽히고 파괴시키는 것이 전쟁"이라는 전쟁의 본질에 대해서 언급하였다. 또한 대부분 러시아 귀족들은 나폴레옹을 강탈, 학살 등 자유를 짓밟는 인물로 간주하여 이러한 나폴레옹에 대항한 전쟁을 정당한 전쟁으로 여기고 있지만, 소설의 주인공인 피에르와 안드레이 공작의 표현을 통해 오히려 인간의 권리와 평등을 위한 나

---

11) 위의 책, p.236.
12) 위의 책, p.60.
13) 위의 책, p.62.
14) 위의 책, p.259.

폴레옹의 노력에 동조하며, 이를 위한 전쟁을 정당한 전쟁으로 제시하고 있다.

2) 러시아의 초기 대나폴레옹 전쟁(아우스테르리츠 전역)

(1) 전략적 상황

1805년 10월 나폴레옹이 울름 전역에서 마크군 5만 명을 격파하였으나, 이들이 오스트리아군의 주력은 아니었다. 주력은 찰스 대공의 부대이었다. 따라서 나폴레옹은 오스트리아의 수도 비엔나를 점령한 후 이탈리아 방면에 있는 찰스 대공군과 티롤 방면의 존 대공군의 오스트리아군, 그리고 오르뮤쯔까지 후퇴하여 러시아 본국으로부터의 증원병력과 합류한 알렉산더 1세의 러시아군과 동년 12월 대결하는 아우스테르리츠 전역을 수행한다.15)

(2) 전쟁에 대한 인식

본격적인 대나폴레옹 전쟁인 아우스테르리츠 전역의 발발에 따라 보다 구체적인 전쟁의 모습이 표현되면서 톨스토이의 전쟁에 대한 인식을 알 수 있게 한다. 톨스토이는 정치적 이해관계로 발발한 아우스테르리츠 전역이 러시아인들의 전쟁과는 거리가 멀다는 것을 작품에서 표현하고 있으며, 이러한 전쟁이 가치가 없음을 강조하고 있다.

"저 사람은 가장 뛰어난 사람 중 하나지만, 내가 가장 싫어하는 사람 중

---

15) 노병천, 『나쁜 전쟁 더 나쁜 전쟁』(양서각, 2008), p.100.

하나이기도 하지. 저 사람은 폴란드인 챠르토리쉬스키공작이라네."……
"바로 저 사람들이 우리 민중의 운명을 결정한다네."16)

11월 15일 연합군은 다섯 종대를 편성하여 한 명도 러시아 이름을 가지고 있지 않은 장군들의 지휘를 받으며 올뮤츠로부터 행군을 시작했다.17)

"이 전투는 단지 러시아 황제의 뜻에 의해서만 결정될 수 있는 것입니다. 그리고 물론 전투가 일어날 가능성은 매우 높지요."18)

믿을 수 없고, 들어본 적도 없고, 불가능한 사건의 원인이 발견되었고, 러시아 군대는 패배했으며, 모스크바 전역에서 그 패배의 원인이 연구되고 고안되고 그리고 덧붙여졌다. 그 원인은 다음과 같았다. 오스트리아 군대의 배신, 형편없는 보급, 폴란드인 프르제비세프스키와 프랑스인 랑제롱의 배신, 쿠투초프의 무능력, 그리고 사람들은 작은 목소리로 어리석고 형편없는 사람들을 믿었던 황제의 젊음과 미숙함에 대해 이야기했다.19)

이러한 작품 속의 표현처럼 아우스테르리츠 전역은 당시 젊고 혈기 왕성한 알렉산더 1세의 의지와 주변 연합국들에 의해서 수행되었으며, 이러한 소수 러시아 최고 지도부와 타 국가들이 러시아의 운명을 좌우한다는 것을 의미하였다. 그리고 아우스테르리츠 전역이 러시아군의 패배로 귀결되었음을 고려해 볼 때, 소수의 지도부와 외부 세력에 의한 전쟁이 가져오는 결과가 부정적임을 우회적으로 표현하

---

16) 류필하, 앞의 책, p.123.
17) 위의 책, p.124.
18) 위의 책, p.125.
19) 위의 책, pp.228-229.

고 있다.

톨스토이는 작품 속에서 계속적으로 전쟁의 구체적인 모습을 묘사하고 있고, 아우스테르리츠 전역 이전에는 전쟁의 참혹함에 대해서 언급하였는데, 아우스테르리츠 전역이 이루어지는 과정 속에서는 전쟁의 무가치성에 대해 지속적으로 강조하고 있다.

"하나도 우습지 않다니까. 4만 명이 전사했고, 우리의 동맹군은 완전히 박살이 났어. 그런데 어떻게 그런 걸 가지고 농담을 할 수 있지……."[20]

이러한 대화를 통해 수많은 전사상자가 발생했음에도 불구하고, 이를 농담처럼 표현하는 사람에 대해 비판하고 있다.

부상병이 소리쳤지만 그래도 그를 들어 올려 들것 위에 실었다. 그의 머리에서 군모가 떨어졌다. 니콜라이는 마치 무엇인가를 찾기라도 한 듯 몸을 돌려 먼 곳을 바라보았다. 도나우 강물과 하늘과 태양을. 하늘은 얼마나 환하고 엄숙하게 비치는가! 멀리 흐르는 도나우 강의 강물은 얼마나 부드럽고 우아하게 반짝이는가! 또 멀리 도나우 강 저편에 검푸르게 바라보이는 산, 수도원, 비밀스런 협곡, 나무 끝까지 안개가 낀 소나무 숲…… 얼마나 조용하고 행복한가.……
'만일 내가 저곳으로 갈 수만 있다면 나는 아무 것도, 그 어떤 것도 바라지 않을 거야.' 니콜라이는 생각했다.[21]

니콜라이는 병사의 말을 듣지 않았다. 그는 불빛 위로 떨어지는 가는 눈송이를 바라보며 러시아의 겨울과 따뜻하고 환한 집, 풍성한 모피 코트와

---

20) 위의 책, p.317.

21) 위의 책, pp.369-370.

빠르게 달리는 썰매, 건강한 몸과 가족의 사랑과 보살핌을 떠올렸다.
'무엇 때문에 나는 이곳으로 왔을까? 이제 모든 것이 끝났다. 나는 혼자서 죽어간다' 그는 생각했다.22)

니콜라이가 전투 중에 부상을 입고 쓰러지면서 느끼는 자연의 모습과 눈송이를 바라보면서 기억하는 가족의 사랑과 보살핌 속에 전장에 서 있는 이유에 대한 본질적인 질문을 통해 전쟁이 부질없음을 표현하고 있다. 더욱이 이러한 전쟁의 무가치성은 작전계획을 토의하는 자리에서 러시아 사령관 쿠투초프의 모습을 통해서도 강조되고 있는데, 다음과 같다.

안드레이 공작이 들어왔을 때 옷깃에서 살찐 목이 삐져나올 것만 같은 군복 단추를 풀어헤친 쿠투초프는 볼테르식 안락의자에 앉아 뚱뚱하고 늙은 두 팔을 손잡이 위에 단정하게 걸치고 거의 잠들어 있었다. 그는 하나뿐인 눈을 간신히 뜨고 침이 섞인 목소리로 말했다.
"자자, 시작합시다. 안 그러면 늦어질 테니까."
그는 고개를 끄덕였고, 고개를 숙이고는 또다시 눈을 감았다. 보고가 진행되는 동안 그가 코로 내고 있는 소리는 그 순간 총사령관에게는 작전명령에 대해 자신의 반대의견을 이야기하거나, 다른 무엇을 하는 것보다 훨씬 더 중요한 문제가 바로 인간의 욕구를 충족시키는 데 있다는 것을 증명해 보인 것과 같았다. 그것은 바로 잠이었다. 그는 정말로 자고 있었다. 베이로테르는 1분이라도 시간을 낭비하지 않으려는, 지나치게 바쁜 사람의 동작으로 '코벨니츠와 소콜니츠 후방의 적진 공격에 관한 작전계획, 1805년 11월 20일'이라는 제목이 붙여진 미래의 전투에 대한 작전계획을 단호하고 커다랗고 단조로운 어조로 읽기 시작했다.23)

---

22) 위의 책, p.494.
23) 류필하 역, 『전쟁과 평화 2』(이룸, 2001), p.142.

베이로테르의 단조로운 목소리가 잦아들었을 때 쿠투초프는 마치 물레방아 소리가 끊어졌을 때에야 잠에서 깨어나는 물레방앗간 주인처럼 눈을 떴고, 랑제롱이 하는 말에 귀를 기울였다가 마치 '아, 당신네들은 아직도 그 바보 같은 일들에 대해 이야기하고 있군요……'라고 말하는 듯 서둘러 머리를 더 낮게 숙여 버렸다.24)

이처럼 아우스테르리츠 전투의 작전회의 장면을 설명하면서, 논쟁을 벌이는 참모들 속에서 러시아군의 총책임자인 쿠투초프가 작전명령이 설명되는 시간 내내 꾸벅꾸벅 졸고 있다. 이는 쿠투초프가 이 모든 것이 무의미하며, 이보다는 한잠 자 두는 편이 훨씬 낫다고 생각함으로써 지배계급의 작전회의가 얼마나 무의미한가를 우회적으로 표현하고 있는 것이다.

안드레이 공작에게는 그 두 가지 결정 모두가 자기희생인 것처럼 여겨졌다. 그가 장군으로 임명될 시기이고, 그에게 주임장군이라는 보직이 제의된 이때, 그리고 군대에서 그에 대한 평판이 아주 좋은 이때에 군을 버린다는 것은 커다란 상실이고, 또한 모든 과거로부터의 단절을 의미했다. 하지만 바로 그러한 이유 때문에 이 모든 것을 버린다는 생각은 그에게 더더욱 많은 즐거움을 안겨 주었다. 무엇 때문일까? 그것은 바로 피에르가 하는 이 말을 들으며 그가 여러 번 비웃어 주곤 했던, 전쟁은 독립적으로 사유하는 사람들이 아니라 무딘 무기들만이 참석할 수 있는 죄악이라는 생각 때문이었던 것이다. 인류를 위해 그는 이것을 버렸다.25)

그리고 전쟁이 죄악이며, 이를 버림으로써 행복해질 수 있다는 안

---

24) 위의 책, p.145.
25) 류필하, 앞의 책 pp.172-173.

드레이 공작의 생각을 통해 다시 한 번 전쟁의 무가치성이 강조된다.

3) 러시아의 후기 대나폴레옹 전쟁(보르디노 전투)

(1) 전략적 상황

1811년 러시아와 프랑스의 관계는 긴장 상태였다. 왜냐하면 러시아가 나폴레옹 대륙 체제의 일원으로 행동하기를 거부했기 때문이다. 마침내 나폴레옹은 문제를 전쟁으로 해결하려고 결심하고, 총 60만의 거대한 군대를 동원했다. 1812년 6월 23일 오후 나폴레옹은 그의 군에게 니멘 강을 도하하여 러시아 영토로 진입하라고 명령하였다. 나폴레옹은 가능한 한 빨리 결정적인 전투를 치르고자 했으나, 러시아군은 대신에 후퇴하면서 먼저 프랑스군이 확보하여 쓸 만한 보급품부터 파괴해 버렸다. 러시아 황제는 나이가 70세에 가까운 쿠투초프 장군을 새로운 사령관으로 지명하였으며, 쿠투초프 장군은 소모 전략을 선호하여 자신이 선택하는 곳에서만 싸웠다. 9월 초 모스크바 서쪽 112km에 있는 보르디노라는 마을 근처에 러시아군이 방어진지를 구축하고 프랑스군과 싸움을 벌이게 되었다.[26]

(2) 전쟁에 대한 인식

앞선 아우스테르리츠 전역은 러시아 외부에서 발발하였지만, 보르디노 전투는 러시아 본토 깊숙이에서 수행되어 전쟁의 양상이 보다

---

26) 해군본부, 『전쟁백과사전』(해군본부, 2007), pp.248-249.

치열해지고 러시아 국민들에게 직접적으로 영향을 미치게 된다. 따라서 이러한 치열한 전쟁의 모습 속에서 톨스토이는 지속적으로 전쟁의 무가치성과 전쟁의 본질 중 불확실성에 대해서 강조하고 있으며, 보르디노 전투 부분에서 추가적으로 나타나는 것은 군사적 천재와 러시아 국민들의 노력에 대한 부분이다.

전쟁의 불확실성에 대해서는 조건과 상황, 시간에 따른 변화 등에 대해서 언급하고 있다.

'조건과 상황이 미지수이고 규정될 수 없으며 전략가의 힘은 더 규정될 수 없는 그런 상황 속에서 도대체 어떤 이론과 학문이 있을 수 있었겠는가. 아군과 적이 하루만 지나도 어떤 입장에 처할지 알 수 없고, 또 그것을 알 수 있는 사람은 아무도 없으며, 이러저러한 군대의 전투력이 어느 정도인지는 그 누구도 알 수 없는 것이다.'27)

전쟁이란 시간의 흐름에 있어 일정한 조건하에서 이루어지는 것으로 하나의 의지가 생명 없는 기계를 움직이는 것과는 다르다. 거기에서는 갖가지 우연한 충돌이 끊임없이 발생하는 가운데 모든 것이 생겨나는 것이다.
많은 사람들이 함께 움직이는 일에서 모든 것은 인간의 의지에 의해 이루어지지 않고, 인간이 알 수 없는 동물 세계의 법칙에 따라 이루어진다.28)

이처럼 톨스토이는 전쟁이라는 것이 인간의 의지에 따라 이루어질 수 없고, 인간이 만든 이론과 학문으로 규정할 수 없다고 생각한다. 또한 시간에 따라 조건과 상황이 변하기 때문에 갖가지 우연한 충돌이 끊임없이 발생하고 인간이 알 수 없는 세계라고 표현한다.

---

27) 레프 톨스토이, 『전쟁과 평화 3』, 류필하 역(이룸, 2001), pp.258-259.
28) 류필하, 앞의 책, pp.369-370.

일반적으로 군사적 천재에 대해서는 클라우제비츠가 『전쟁론』에서 제시한 내용이 일반화되어 있다. 즉 클라우제비츠는 많은 힘을 조화롭게 합치는 사람이 군사적 천재이며 타고난 통찰력과 이성을 갖춘 존재로 설명하였다.29) 하지만 톨스토이는 이러한 군사적 천재의 존재를 부정한다.

어째서 사람들은 전쟁의 천재라는 말을 쓰는가? 정말로 천재란 제때에 건빵을 실어오고 누군가에게는 오른쪽으로, 또 누군가에게는 왼쪽으로 가라고 명령할 수 있는 사람이란 말인가? 돈을 모으고 집안 살림을 하는 천재는 도대체 왜 없단 말인가? 그것은 단지 군인이란 직책이 광휘와 권력에 휩싸여 있기 때문에 수많은 비열한 자들이 권력에 천재라는 자질을 부여하며 권력에 아첨하는 것에 지나지 않는다. 그와 반대로 내가 알고 있는 훌륭한 장군들은 오히려 대개 어리석거나 얼빠진 인물들뿐이다.30)

그렇다면 전쟁을 승리로 이끌기 위해서는 무엇이 필요한가? 천재가 되기 위해서는 다음과 같은 것들이 필요하다.
1. 식량 - 조직적인 약탈
2. 규율 - 야만적인 전제주의, 최대한의 자유의 구속
3. 정보를 얻어내는 능력 - 스파이, 기만, 배신
4. 전략적인 교활함과 기만을 운용할 수 있는 능력
5. 전쟁이란 것 자체는 무엇인가? - 살인
6. 군인이 하는 일은? - 태만함
7. 도덕성 - 방탕, 술주정31)

---

29) 김만수 역, 클라우제비츠, 『전쟁론 제1권』(갈무리, 2007), pp.111~147.
30) 류필하 역, 앞의 책, pp.259~260.
31) 위의 책, p.323.

"자넨 나폴레옹 진영에서 누가 사령관인지 알고 있네. 그들은 우리에게 그 사람들이 천재라고 확신시키지. 사위, 의붓자식, 형제, 마치 이것이 우연의 일치처럼 전쟁 능력을 가진 혈통과 맞아떨어지기라도 한 것처럼 말이야. 하지만 혈통이 맞아떨어진 것이 아니라, 사령관이 되기 위해서는 보잘것없는 사람이 되어야 해."32)

이러한 표현을 통해 톨스토이는 군사적 천재란 존재하지 않으며, 권력이 이를 만들어 냈다고 한다. 즉 높은 권력에 아부하기 위한 사람들이 만들어 낸 표현이라는 것이다. 따라서 약탈, 스파이, 살인, 태만함, 방탕 등으로 군사적 천재의 가치를 비하하고, 오히려 보잘것없는 사람이 되어야 한다고까지 강조하고 있다. 그리고 전쟁의 속성과 관련해서는 한 가지가 추가적으로 강조된다.

"아, 전쟁이란 얼마나 끔찍한 일인가요. 얼마나 무의미하고 악한 것인가요."
"하지만 피할 수 없고 영원한 것이지."
피에르가 말했다.33)

계속적으로 표현되어 왔지만, 전쟁의 무가치성과 참혹함에 대해서는 이를 강조하면서 변하지 않는 속성이라고 주인공들의 대화를 통해 표현한다.

전쟁의 주체와 관련해서는 아우스테르리츠 전역에서는 주변국과 최고 지도부의 전쟁으로 표현하였지만, 보르디노 전투에서는 러시아 국민들의 전투임을 강조하고 있다.

---

32) 위의 책, p.459.
33) 위의 책, p.514.

"난 자네에게 이 모든 것이 무의미하고, 만일 무언가가 연대의 명령에 달려 있다면, 내가 그곳에서 명령을 내렸을 것이라고 말하고 싶네. 하지만 나는 그 대신 이곳 연대에서 복무하는 영광을 가졌고, 내일은 바로 그들이 아니라, 여기 있는 신사 분들과 우리에게 달려 있다고 생각하네.……"34)

이러한 표현에서 보듯이 안드레이는 보르디노 전투를 이끌고 있는 근원적인 힘으로 국민들의 저력을 표현하고 있다. 즉 전쟁을 이끄는 원동력은 소수의 지배계급에 의해 이루어지는 것이 아니라, 다수의 국민에 의해 이끌려지게 됨을 강조하는 것이다.35)

덧붙여 러시아 총사령관 쿠투초프의 행동과정을 통해 전쟁의 결과가 인위적으로 이루어지지 않으며, 인내와 끈기를 통해 이루어진다는 것도 나타내고 있다. 이는 앞서 살펴본 것처럼 쿠투초프가 작전회의 중에 졸 수 있었던 것도 이러한 믿음에 근거했음을 미루어 판단할 수 있다.

4. 결 론

지금까지 작품 속에서 살펴본 톨스토이의 전쟁관을 정리해 보면 다음과 같다.
첫째, 전쟁의 본질과 관련하여 전쟁은 음모, 폭력, 추방, 처형과 권모술수가 난무하는 현장이며, 시간의 전개에 따라 조건과 상황이 불

---

34) 위의 책, pp.456-457.
35) 최인선, 『전쟁과 평화의 구성 시학』(연세대 대학원, 2001), pp.78-82.

규칙적으로 변하기 때문에 인간의 의지와 인간이 만들어 낸 학문으로는 설명할 수 없는 불확실성과 우연의 작용이 이루어지는 것이다.

둘째, 전쟁의 주체와 관련해서는 황제와 그를 따르는 일부 무리, 또는 정치적 고려에 의한 외부 세력과의 결탁으로 인한 전쟁은 승리할 수 없으며, 국민들의 의지가 바탕이 된 애국심의 결집만이 전쟁을 승리로 이끈다는 것이다. 또한 이러한 국민들의 의지 저변에는 "전쟁을 국내에서 수행하느냐 또는 국외에서 수행하느냐"도 커다란 영향을 미친다는 것을 아우스테르리츠 전역과 보르디노 전투를 통해 알 수 있다.

셋째, 군사적 천재는 존재하지 않으며 권력이 만들어 낸 가공의 인물이다. 즉 권력에 아부하는 사람들이 권력에 천재라는 명칭을 부여함으로써 보잘것없는 사람을 화려하게 포장한 것이다.

넷째, 전쟁은 승패를 떠나 백해무익한 것이다. 약탈, 배신, 살인 등을 통해 전쟁을 하지만, 얻을 수 있는 이익은 거의 없고 수많은 사상자와 파괴, 상처만을 남기는 무가치한 것이며, 그럼에도 불구하고 영원히 지속되는 악이다.

이처럼 톨스토이의 전쟁관에 대해서 조명해 보았는데, "자칫 문학적, 철학적, 군사적 소양 등 많은 부분에서 부족한 필자에 의해 『전쟁과 평화』에 담겨진 의미가 잘못 해석되지 않았을까" 하는 우려가 된다. 그리고 제한된 여건으로 인해 본고에서 다루지는 못했으나, 이러한 톨스토이의 작품이 크림전쟁을 겪은 후 침체된 러시아에 어떠한 영향을 미쳤는지 분석해 본다면, 전쟁문학이 미치는 사회적 파급효과를 이해하는 데 큰 도움이 되리라 생각한다.

참고문헌

김기열,『전쟁과 평화에 나타난 똘스또이의 전쟁관 ; 아우스트렐리쯔 전투와 보로지노 전투를 중심으로』, 성심외국어전문대학 논문집 9, 1990.
노병천,『나쁜 전쟁 더 나쁜 전쟁』, 양서각, 2008.
노병천,『도해 손자병법』, 한원, 1990.
레프 톨스토이,『전쟁과 평화 1』, 류필하 역, 이룸, 2001.
레프 톨스토이,『전쟁과 평화 2』, 류필하 역, 이룸, 2001.
레프 톨스토이,『전쟁과 평화 3』, 류필하 역, 이룸, 2001.
육군본부,『군사용어사전』, 육군본부, 2006.
정병선 역, 존 키건,『전쟁의 얼굴』, 지호, 2005.
최인선,『전쟁과 평화의 구성 시학』, 연세대 대학원, 2001.
클라우제비츠『전쟁론 제1권』, 김만수 역, 갈무리, 2007.
해군본부,『전쟁백과사전』, 해군본부, 2007.
http://www.seelotus.com/gojeon.(검색일 2008. 11. 29).

| 제 3 장 |

『노자 도덕경』의 전쟁철학에 관한 연구

허 동 욱*

1. 머리말

　노자 그는 누구인가? 누가 노자의 도덕경에 나타난 전쟁관을 보았는가? 노자의 이상적 국가사회는 무엇인가? 노자는 묵자와 함께 중국 고대사상을 대표하는 노장사상이다. 노자는 『도덕경』을 통해 그의 사상적 원형을 형성하였다. 구체적으로 사마천의 『사기』에 따르면 노자는 공자보다 약 20년 나이가 많은 사람으로 주나라 말기 인물로 알려져 있다.[1] 문헌을 통해 살펴보면 노자(老子)는 2500년 전 주나라 말기의 사람, 『도덕경』(道德經)의 저자이며 위대한 철인(哲人), 늙은 선생, 중국의 종교·정치분야에서 큰 의미를 가지며 도교의 신(神)으로 존숭(尊崇)되었다.[2]

---

　* 육군대학 인행처장/교관, 충남대 국방연구소 연구위원, 미래군사학회 이사.
　1) 구본명, 『중국사상의 원류체계』(서울: 대왕사, 1982), pp.241-242 참조함.

노자의 기록은 『장자』(莊子), 『순자』(荀子), 『여씨춘추』(呂氏春秋), 『한비자』(韓非子), 『전국책』(戰國策) 등 전국시대부터 한나라에 이르기까지 여러 문헌에서 찾아볼 수 있다. 노자(老子)는 초(楚)나라의 고현(苦縣) 여향(呂鄕) 곡인리(曲仁里) 사람이다. 성(姓)은 이(李)씨, 이름은 이(耳), 시호는 담(聃), 자는 백양(伯陽)이라 하고, 주나라 수장실(왕성도서관)의 사(史, 도서관 사서직)라는 말단 관리로 봉직하였다고 『사기』(史記)에는 기록되어 있다.

이러한 노자의 도덕경 사상은 오늘날에도 중국의 정치, 경제, 군사분야에서 큰 영향을 미치고 있다. 세계는 지금 국가와 국가사이에 크고 작은 자국의 이익을 위해 크고 작은 분쟁이 발생하고 있다. 지난 1월 미국에서는 최초 흑인대통령(버락 오바마)이 취임하여 세계를 놀라게하고 있다. 새로운 국제질서의 개편을 예고하고 있다. 한반도에서는 북한 군부가 앞장서서 그동안 남북이 맺어온 남북정상회담 및 모든 군사협정을 무효화한다며 긴장감을 고조시키고 있다. 본 논문은 노자의 『도덕경』 저서에 나타난 전쟁철학을 분석하고 이를 통해 한 국가의 국가경영자가 가져야 할 전쟁론, 용병술, 치국론에 관해 고찰해 보고자 한다.

2. 노자 도덕경

노자(老子)가 관직을 사임하고 관소를 지날 때 관소의 영(令)이던 윤희가 노자에게 도(道)를 구하는 간청으로 도덕(道·德 상·하편)의

---

2) 노재욱, 『노자도덕경』(서울: 자유문고, 1989), p.3.

오천언(五千言)을 설파하여 전해진 것이 오늘날의 『노자도덕경』이다.

현존하는 도덕경(道德經)은 81문장으로 구성되었으며, 상권 도경(道經 37장), 하권 덕경(德經 44장)의 2편으로 되어 있다.3)

『도덕경』의 원전은 왕필주본(王弼注本: 서기 206년 위의 왕필의 주석), 하상공주본(河上公注本: 기원전 180년 한 문제 때 하상공의 주석), 가장 오래된 초간본은 1993년 중국 호북성 곡점촌에서 발견된 곽점초묘죽간본으로 2300년 전 중국 초나라 때 무덤(호북성 형문시, 하남성 신양현)에서 출토된 것이다.4)

최근 발견된 문헌은 1973년 12월 중국 호남성 장사 마왕퇴에 있는 한대(漢代)의 고분에서 비단 폭에 쓰여 있는 두 권의 책을 발견, '백서노자'(帛書老子)라 한다.5)

노자의 도덕경은 5천여 자의 한자로 된 작은 책이다. 하지만 위에서 소개한 것처럼 거기에는 도가의 자연철학에서 직관론, 윤리설, 정치학, 군사학에 이르기까지 모든 영역을 논하고 있다. 노자는 웅대한 그의 세계를 압축할 수 있는 데까지 압축해 5천 어에 담았던 것이다.

그 자신이 "어떤 의견이든 행위든 저마다 기본원리를 가지고 있다"고 하였지만, 노자는 이 세계와 인생을 지배하고 있는 원리를 철저하게 추구하고 탐구하였던 것이다. 한없이 큰 사상의 체계를 세우는 데 성공했다. 그의 사상의 특징은 물활론적 성격(物活論性格)과 존재 일반에 대한 변증법적 파악에 있지만, 특히 그의 변증법적 인식은 시간·공간의 한계를 넘어 지금도 싱싱하게 살아 있는 것이다.

현재 우리의 시대가 일상생활 속에서 인간성 상실이라는 위기상황

---

3) 위의 책, p.7.

4) 최재목, 『노자』(서울: 을유문화사, 2006), p.58.

5) 위의 책, p.54.

에 놓여 있다는 것이 사실이라면, 이 위대한 사상은 실로 오늘의 위기를 극복할 수 있는 그 무엇을 우리에게 주리라 믿는다.6)

3. 노자의 전쟁론

노자는 전쟁을 반대한다. 충신이 나올 필요가 없는 시대가 태평시대요 훌륭한 국가라는 것이다(國家昏亂 有忠臣,『도덕경』, 18장). 싸움은 왜 일어나나? 말이 많아서 그렇다고 한다(希言自然,『도덕경』, 23장). 물론 부득이한 전쟁도 있지만, 적의 침략에 부득이 하는 방어전쟁도 빨리 끝내고 상례로 다스려야 한다고 주장한다(夫佳兵者, 不祥之器,『도덕경』, 31장). 노자의 본격적인 전쟁관은 도덕경 30장과 31장에 잘 나타나 있다.7)

훌륭한 무사(武士)는 무력을 쓰지 않는다. 싸움을 잘 하는 사람은 화난 기색을 내보이지 않는다. 적을 잘 이기는 사람은 함부로 다투지 않는다. 사람을 잘 쓰는 사람은 남보다 아랫자리에 처신한다. 이 세상 사람들의 전쟁은 욕망, 즉 지배욕과 소유욕에서 시작되는 것이다. 그러므로 무력과 분노와 투쟁으로 본질을 삼는다. 그러나 도를 본질로 삼는 전사(戰士)는 그렇지가 않다. 왜냐하면 싸우지 않는 것으로 전쟁의 덕을 삼고, 겸손으로 군사를 사용하는 힘을 삼고, 평화로 자연에 합치되는 극치를 삼기 때문이다. 옛날 병가의 격언이 있다. 부득이 침략자와 전쟁을 할 때에는 이쪽에서 먼저 도전하지 말고 응전

---

6) 이영재,『老子의 철학우화사상』(서울: 박우사, 1991), p.28.
7) 양은식, "손자병법에 나타난 전쟁사상 연구"(석사학위논문, 2005), p.23.

하는 자가 될 것이요, 또 한 치만큼 전진하였다가는 한 자만큼 후퇴하라고 하였다. 전쟁에 있어서 가장 큰 금물은 내 적을 업신여기는 것이다. 적을 업신여기면 반드시 패한다. 이것은 항상 내가 주장하는 세 가지 보물 즉 "사랑, 절약, 남보다 먼저 앞서지 말라"는 전쟁원리에 어긋나는 전쟁행위이다. 그러므로 양쪽에서 군사를 동원하여 서로 전쟁할 때에는 항상 사람을 죽이는 것을 슬프게 생각하는 편이 승리하는 것이다(『도덕경』, 68, 69장).[8]

노자는 철인(哲人)이 통치자를 도와주려면 철학을 가지고 도와주어야 한다(以道佐人主者 不以兵强天下)고 본다. 통치자가 철학을 배우든지 철인이 통치자가 되든지 해야 한다. 즉 눈을 떠서 싸우지 않을 수 있게 되어야 평천하가 된다. 철학으로 통치자를 돕는 사람은 군대를 가지고 천하를 어떻게 해 보자는 생각을 해서는 안 된다.

인류가 저지르는 가장 어리석으면서도 잔혹한 행위의 하나는 전쟁이다. 전쟁의 참혹함은 보기만 해도 사람들이 몸서리치도록 한다. 모든 전쟁은 좋지 않은 결과를 가져온다. 그 후유증은 단시일에 한두 사람만의 몫으로 끝나지 않는다. 패망한 국가, 그리고 그 국민들은 깊은 상처를 입는다. 뿐만 아니라 승자도 그 승리를 얻기 위해 국민과 국가를 총동원하며 적지 않은 대가를 치른다. 이기더라도 진 자들이 품은 원한, 업보의 씨앗은 어디에선가 그대로 존속해 있다.[9]

왜냐하면 반드시 복수가 따르기 때문이다. 군대가 주둔한 곳에는 풀도 안 나고, 큰 전쟁을 치른 뒤엔 반드시 흉년이 든다고 하니 어찌 함부로 전쟁을 하겠는가(師之所處 荊棘生焉 大軍之後 必有凶年, 『도덕경』, 30장).

---

8) 이영재, 『老子의 철학우화사상』(서울: 박우사, 1991), pp.275~277.

9) 최재목, 『노자』(서울: 을유문화사, 2006), p.102.

노자는 지피지기에 대해 다른 사람을 아는 이는 지혜롭고 스스로를 아는 사람은 밝다고 본다. 다른 사람을 알기보다 스스로를 알기가 더 어려운데, 남을 이기는 사람은 힘이 있고 자신을 이기는 사람은 강하다고 하였다(『도덕경』, 3장).

손자의 허실론의 단초를 볼 수 있는 부분이 『도덕경』, 36장과 40장의 내용이다. "부드럽고 약한 것이 굳세고 강한 것을 이긴다. 물고기는 연못을 벗어나서는 안 되며 나라의 이기(利器)는 사람들에게 보여서는 안 된다." "약한 것을 가지고 강한 것을 지배하는 것이 도의 작용이다. 도는 싸워서 이기는 것이 아니라 싸우지 않고 이기는 것이다. 도는 싸운 후에 이기는 것이 아니라 싸우기 전에 이기는 것이다." 노자는 사랑은 죽음보다도 강하다고 하고 생명은 바위보다 강하다고 설파하였다(『도덕경』, 36, 40장).

그래서 군사가 강하기만 하면 이길 수 없다. 강한 군사로 천하에 사납게 구는 자는 모두가 싫어하므로 반드시 진다(『도덕경』, 76장).

사람은 연약하게 태어나지만 단단하게 굳어져 죽고, 초목은 부드럽게 나서 딱딱하게 말라 죽는다. 그러므로 단단하고 강한 것은 죽음의 무리이고, 부드럽고 연약한 것은 삶의 무리이다. 무력이 강하면 결국 이기지 못하고 나무도 억세면 결국 잘리고 만다. 강하고 큰 것은 결국 밑에 깔리게 마련이고 유약한 것이 결국은 위로 오르게 마련이다(兵强則不勝 木强則兵, 强大處下 柔弱處上, 『도덕경』, 76장).

천하에 물보다 부드러운 것이 없으니(天下莫柔弱於水, 『도덕경』, 78장) 단단하고 강한 것을 공격하기로는 이보다 나은 것이 없으니, 그것은 쉬지 않고 흐르기 때문이다. 노자는 소국과민(小國寡民, 『도덕경』, 80장)을 이상적인 국가로 보았다. 따라서 침략전쟁은 물론 모든 전쟁을 반대하였다.

이런 이야기 때문에 슈바이처는 노자를 존경하여 제2차 세계대전

종전 날에도 『도덕경』을 열심히 읽으며 위로를 받았다고 한다. 하이데거도 노자를 최고의 평화주의자라고 매우 존경하여 출판된 모든 노자 관련 서적을 모으는 것을 취미로 하였다.10)

4. 노자의 용병술

현실적으로 전쟁이 없을 수가 없는 일임을 인식하고 여러 가지로 용병술(用兵術)에 대해 노자는 얘기하고 있다. "전쟁을 하되 스스로 싸우려고 들지 말고, 꼭 승리해야겠다고 벼르지 말고, 적에 대하여 성내지도 말아야 한다. 언제나 담담히 약하고 용감하지 않은 듯한 태도로 전쟁만 해결하려는 태도로 싸움에 임해야 한다."(『도덕경』, 67, 68장). 또한 제57장에서 "기책(奇策)으로 용병(用兵)한다"(以奇用兵)라고 한 것은 노자의 용병 개념이 일종의 술책(術策)임을 밝힌 것이며, 제69장에서 "나가지 않은 듯이 보이면서 나아가고, 치지 않는 듯이 보이면서 친다. 또 적을 가볍게 보지 말라는 것은 적을 가벼이 여기면 우리 편이 보배를 거의 모두 잃게 될 것이기 때문이다. 그러므로 병력을 동원하여 서로 공격을 할 적에는 사양하는 자가 이기게 되는 것이다." 이처럼 노자의 도(道)사상은 훌륭한 병법(兵法)임에 틀림없다.11) 군대(軍隊)가 없을 수는 없다. 예로 영구중립국인 스위스는 강한 군대를 보유하고 있는 것으로 유명하다. 스위스 국민은 1년에 2개월은 징집되어 군사훈련을 받는다. 집에 도둑이나 강도가 들면 잡거

---

10) 양은식, 앞의 글, 2005, p.26.

11) 김학주, 『노자와 도가사상』(서울: 명문당, 1998), pp.244-247.

나 막아야 한다. 나라에 외적이 쳐들어오면 막아야 하고, 내란이 일어나면 진압하기 위해 군대가 필요하다. 그리고 일단 위기에 처하면 한꺼번에 그리고 짧게 끝내야 한다. 질질 시간을 끌면 안 된다. 내란이 평정되고 외적이 물러가면 그것으로 끝내야 한다. 감히 힘을 길러 남의 나라를 침입하겠다는 생각은 절대 안 된다. 이런 사상은 손자에게 그대로 영향을 주어 전쟁은 신중하게 결정해야 한다는 신전론(慎戰論)을 취하게 하였다.

군대는 적을 막기 위해서만 있을 뿐이지 개선문을 지어 놓고 뽐내지도 자랑하지도 교만하지도 말아야 한다. 이순신 장군처럼 왜적을 막기 위해 부득이 싸우는 것일 뿐이다. 싸우는 것을 좋아하여 쓸데없이 강해지려고만 하면 이웃 나라의 견제와 저항을 받게 된다. 결국 스스로 망하고 만다(武力暴興).

병(兵)은 군대, 무기, 전쟁을 의미한다. 군을 찬양하고 나라를 위해 죽으라고 강조하고, 전쟁을 미화하고, 전쟁만이 살 길이다, 전쟁만큼 좋은 것이 없다, 전쟁으로 천하를 통일할 수 있다고 하는 자는 악마다(不祥之器) 전쟁의 핵심은 죽이는 것과 속이는 것이다. 요한복음에도 예수가 죽이고 속이는 일을 하는 것이 악마의 일이라고 하였다. 하나님이 제일 싫어하시는 것이 전쟁이다. 하나의 나라는 한 사람과 같고, 온 세계는 한 집안과 같다(國家一人 天下一家). 서로 싸운다는 것은 말이 안 된다. 군자, 즉 철든 사람은 절대 그런 짓을 하지 않는다. 군자가 세상을 다스릴 때는 문화를 숭상한다. 그런데 전쟁이 나면 힘과 권력을 숭상하게 된다. 칼이냐, 붓이냐이다. 전쟁은 사람으로서 할 일이 아니다. 그러나 외국이 쳐들어올 것을 대비해 부득이 필요한 것이 군대이다. 노자는 전쟁을 해도 욕심 없이 해야 한다고 주장한다. 쳐들어온 적을 막으면 그만이지, 쳐들어가서 이기려고 하지 말라. 최소한의 전쟁을 주장한다. 이기는 것을 좋다고 하지 말라. 자꾸 개선문을 만들지 마라. 전쟁을 미화하는 사람들은 사람 죽이기를 즐기는 것이다. 사람 죽이기를 좋아하는 사람은 세상에 발붙일 수 없다. 평화 시에는 문화를 중시하고, 전쟁 시에는 군인을 중시한다. 내란이나 쿠데타가 일어나면 아래 있던 놈이 위로 올라가고 위에 있던 놈이 아래로 강등된다. 비록 전쟁에 이겨도 많은 사람을 죽였으니 가슴을 치고 통곡해야 한다. 죽은 이들도 형제자매가 아닌가.12)

또한 군사를 동원하여 전쟁을 하게 되는 용병(用兵)을 "군사를 상서롭지 못한 도구(不祥之器)라 하고, 군자의 도구(君子之器)가 아니다. 부득이 군사를 쓰게 되더라도 고요하고 담박함을 상등으로 삼고 이겨도 좋게 여기지 말아야 한다. 좋게 여기는 자는 사람 죽이는 것을 즐거워하는 것이다. 전쟁에 이기면 상례로 처해야 한다"(『도덕경』, 31장, 不得已而用之,…… 戰勝 以喪禮處之)고 하여 군사의 동원과 전쟁이 부득이한 것임을 역설하고 이기더라도 상례(喪禮)로 슬퍼할 것을 요구하고 있다. 이에 대해 박세당은 "옛날 군사의 의례로서 군사를 동원할 때는 항상 따랐으니, 노자가 이를 인용해 군사가 상서롭지 못한 도구임을 밝힌 것이다"고 하여 실제로 옛 군례에서는 전쟁에 이겼을 때도 상례로 슬퍼하였음을 밝히고 있다. 또한 박세당은 『도덕경』 69장의 해석에서도 "감히 앞장서지 않고 뒤따르며, 나아가기를 신중히 하고 물러나기를 가볍게 한다"는 옛날 용병술의 격언에 대해 "모두 억누르고 덜어내며 물러서고 피하는 방법으로 전쟁을 하고자 하지 않지만, 부득이한 경우에 응하는 것이 용병의 보배로 삼는 것이다"고 하여 용병에서는 결코 나서거나 나아가는 것이 아니라 뒤따르고 물러나며 전쟁은 부득이한 경우에만 해야 한다는 것이 보배로 삼아야 할 원칙임을 강조하고 있다. 그만큼 노자는 전쟁으로 다투는 것을 경

---

12) 양은식, 앞의 글, 2005, pp.23-24.

계하는 부쟁(不爭)이 무위(無爲)의 정치원리를 시행하는 원칙이 되고 있음을 확인해 주는 것이다.13)

전쟁에 이겨도 상례로 다스려야 한다는 이 말 때문에 하이데거와 슈바이쳐가 노자를 정말로 좋아하였다. 공자에게는 이런 말이 나오지 않는다. 『맹자』(孟子)에는 "사람 죽이기를 싫어하는 자가 천하를 통일할 것이다"(不嗜殺人者 能一之)는 말이 나오는데, 노자와 비슷한 사상이다.

당시에는 전쟁에 이기는 것을 대단하게 생각하는 관습이 있었기 때문에 노자가 이런 말을 하여 사람들을 깨우쳐 주려는 것이었다. 전쟁 찬미론자나 전쟁을 좋아하는 사람들은 악마이고, 죽이고 속이고 하는 짓이 모두 악마의 일이라는 것이 노자의 생각이다.14)

5. 노자의 치국론

노자는 무위(無爲)로 세상을 다스린다는 것이 그의 정치적 이상이었다. 그러나 노자 스스로 "큰 나라를 다스리는 것은 작은 생선을 굽는 일과 같으며"(治大國 若烹小鮮, 『도덕경』, 60장), "올바름으로 나라를 다스려야 하고 기책으로 용병해야 한다"(以正治國 以奇用兵, 『도덕경』, 57장)고 했다. 그리고 나라의 이기(利器)를 남에게 보여주어서는 안 되는 것이다"(國之利器 不可以示人, 『도덕경』, 36장)는 등의 말을 하고 있

---

13) 금장태, 『한국유학의 노자 이해』(서울: 서울대학교출판부, 2006), pp.142-144.

14) 양은식, 앞의 글, 2005, p.24.

는 것을 보면, 노자 자신도 나라를 다스린다는 것은 이미 남과의 접촉이나 혼란의 해결을 뜻하는 것이므로 도에 따른 미묘한 술법(術法)을 이용하지 않으면 안 된다고 생각했던 것 같다.15)

즉 평화 시에는 정(正)을 가지고 나라를 다스리고 전쟁 시에는 기(奇)를 가지고 적을 물리치니, 천하를 얻는 것은 억지로 얻는 것이 아니다. 모든 사람이 원해서 얻게 되는 것이니, 노자 자신도 그걸 알려고 해서 알게 된 것이 아니라 수많은 고생 끝에 눈이 뜨고야 천하를 얻는 줄을 알게 되었다고 한다.

손자나 오자는 병법(兵法)의 대가들인데 이들의 핵심도 기정(奇正)이다. 기는 살인과 속이는 것이다. 허(虛)와 기(奇)보다 더 근원적이고 강한 것을 손자와 오자는 몰랐을 것이다. 오직 아는 사람은 노자뿐이었다. 죽이고 속이는 것보다 훨씬 높은 것이 남을 살리고 가르치는 것이다. 노자는 싸우지 않고 이기려면 사랑으로 가르쳐야 한다고 생각하였다. 당시는 사람들이 자애로움을 버리고 용맹스러움만 취하며, 검소하지 않으면서 헤프고 물러섬이 없이 앞장서려고만 하니, 자신의 몸만 망쳤을 것이다. 자애로움으로 지키면 견고하니, 하늘이 장차 그를 구원하여 자애로움으로 지켜 줄 것이다.

즉 노자는 천하를 다스리는 데 필요한 정치술을 첫째, 자애로움(慈), 둘째, 검약(儉), 셋째 감히 천하에서 앞서지 않음(不敢爲 天下先『도덕경』, 67장)의 삼보(三寶)라고 하였다.

> 성인은 자신이 다투지 않으므로 천하가 그와 더불어 다투지 않는다(『도덕경』, 66장).

---

15) 김학주, 앞의 책, 1998, pp.223-225.

그저 사랑을 가지고 싸우면 이기고 (夫慈 以戰則勝) 사랑을 가지고 지키면 굳는다. 하늘이 보호해 줄 때 사랑을 가지고 둘러 준다. 하늘의 도는 다투지 않고도 잘 이기고 오직 다투지 않으므로 천하가 그와 다툴 수 없다 (天之道 不爭而善勝 不言而善應, 『도덕경』, 73장).

노자는 "정말 잘 싸우는 사람은 화도 내지 않고, 정말 이길 수 있는 사람은 다투지도 않는다. 어린아이에게 얻어맞아 주는 어른의 경지가 아니면 싸우지 않을 수 없다"고 주장한다(『도덕경』, 68장).

전쟁이란 적이 침략해 올 때 마지못해 하는 것이므로 우리 편에서는 언제나 침략적 입장이 아니고 수비하는 입장이다. 그러니까 언제나 한 치도 나가지 않고, 할 수 없이 한 자를 물러서게 된다. 그런고로 간대야 뒤로 가는 것이고 선대야 물러서는 것뿐이다. 이와 같이 싸우지 않고 이기고 막지 않고 적을 포섭하는 길은 강하고 큰 것뿐이다. 적이 감히 덤비지 못할 만큼 강하고 적이 감히 넘겨다볼 수 없이 크면 싸울 필요도 없고 막을 필요도 없다. 적을 얕보고 방비를 안 하면 우리의 보화는 모두 적의 것이 되고, 우리의 마음이 좁아 적을 포섭하지 못하면 슬픔은 더욱 넘치게 될 것이다(國防 用兵有言,『도덕경』, 69장). 부전승(不戰勝)을 위해 준비해야 할 것이 무엇인지 말하고 있는 것이다.[16]

또한 전장에서 발생할 수 있는 형벌(용형, 用刑)에 대해 노자는 주의 깊은 관심을 보여주고 있다. 형벌에 대해 "백성이 죽음을 두려워하지 않으면 어떻게 죽임으로써 두려워하게 하겠는가"(民不畏死, 奈何以死懼之,『도덕경』, 74장)라고 하였는데, 이에 대해 박세당은 "하늘은 일찍이 선하지 않은 자를 용서하지 않았으니, 선하지 않은 자를 죽이

---

16) 양은식, 앞의 글, 2005, pp.25-26.

는데 그 권한을 맡은 자는 하늘이 아니고 누구이겠는가? 내가 형벌을 쓰는 것은 하늘이 토죄함을 쓸 수 있다면 이는 하늘이 죽이는 것이지 내가 죽이는 것이 아니다. 만약 하늘이 토죄함을 따르지 않고 망령되어 멋대로 죽인다면 이는 죽이는 일을 맡은 사람을 대신하여 사람을 죽이는 것이니 그 분수를 넘은 것이다"고 해석하였다.17)

통치자는 도의 무명(無名)과 무위(無爲)의 경지를 터득해야 세상을 올바로 다스리게 된다는 것이다(『도덕경』, 39장). 또한 통치자는 천하를 다스리는 데 대한 관심보다 자신의 행위가 도에 합당한가, 곧 도의 무거움과 고요함을 유지하고 있는가 하는 일에 더 신경을 써야 한다는 것이다(『도덕경』, 26장).

어떻든 세상을 다스리는 통치자는 도를 따르며 도에 합당한 행동을 해야 한다고 주장하며, 나라를 다스리는 통치자는 백성보다 낮게 처신하고 뒤쳐져 행동해야 한다는 것이다. 그러면 모든 백성이 그가 윗자리에서 자신들을 이끌어 주고 있다는 사실조차 의식하지 못하면서 제대로 잘 따라오게 된다는 것이다18)(『도덕경』, 68장).

노자는 통치자의 유형을 네 가지로 나누었다. 백성들이 통치자가 있다는 것을 의식하지 못하는 지도자야말로 가장 이상적인 지도자라 할 수 있으며, 이보다 한 단계 못한 것은 백성들에게 경애를 받는 지도자이고, 더욱 못한 것은 백성들에게 공포감을 갖게 하는 지도자이며, 가장 못한 것은 백성들이 그를 바보로 여기는 지도자이다.19)

"대저 하늘에 대해 금기시하는 것이 많으면 많을수록 백성들은 점점 더 가난해지고, 백성들에게 이로운 기기가 많으면 많을수록 기이

---

17) 금장태, 『한국유학의 노자 이해』(서울: 서울대학교출판부, 2006), p.147.
18) 김학주, 앞의 책, 1998, p.239.
19) 최재목, 앞의 책, 2006, p.278.

한 것이 점점 더 생겨나며, 법령이 많이 나타나면 나타날수록 도적이 많아진다"는 말에서 노자가 살았던 시대의 전쟁과 권력의 횡포가 얼마나 참혹했는가를 느낄 수 있다.

흔히 우리는 배운 놈이 더 무섭고, 아는 놈이 더 부정하며, 가진 놈이 더 인색하다고 한다. 배우고 알고 가진다는 것, 그리고 그러한 것들이 만들어 낸 많은 제도와 법령이 결국은 인간 세계의 순박함과 질박함을 훼손시켜 화평과 화합을 해치고 만다고 보았다.[20]

노자는 78장에서 통치자의 지위에 대해 이렇게 말한다. 통치자가 나라를 다스리는 지위는 나라에서 가장 더럽고 가장 상서롭지 못한 일을 하는 지위이다. 그것은 통치자의 다스림이 무위(無爲)의 원리에 위배되고, 통치자의 권력이 유약(柔弱)의 원칙에 어긋나는 것이라 생각했던 때문이다. 이처럼 통치자에 대한 견해는 긍정적 일면과 부정적 일면을 함께 가지고 있었다. 도술을 제대로 응용하지 못하여 인위적(人爲的)인 정치를 하는 통치자는 나라의 모든 추악한 현상을 책임지고 나라의 불행을 떠맡는 좋지 않은 통치자가 되고, 도술을 제대로 응용하여 무위(無爲)의 다스림을 이룩하는 통치자는 하늘과 땅, 도와 함께 이 세상의 네 가지 위대한 것 중의 하나가 된다는 것이다.[21]

6. 맺음말

지금까지 노자의 전쟁철학을 통해 한 국가의 통치자, 군대의 지휘

---

20) 위의 책, p. 191.

21) 김학주, 앞의 책, 1998, p.241.

관, 국민을 사랑하는 조직의 리더가 알아야 할 전쟁론, 용병술, 치국론에 대해 알아보았다.

노자는 지도자가 가져야 할 전쟁철학은 전쟁을 반대하며, 군대가 필요 없고, 충신이 나올 필요가 없는 시대가 태평시대요 훌륭한 국가라고 한다. 인류가 지은 가장 어리석은 짓이 전쟁이며, 전쟁은 승자와 패자 모두에게 큰 상처를 입힌다. 따라서 지도자는 전쟁을 예방하여야 하며, 중국의 요·순 시대처럼 백성들이 통치자가 있다는 것을 의식하지 못하는 가장 이상적인 지도자가 되어야 한다고 하였다.

노자는 도의 개념을 철학사상 처음으로 제기하였으며, 이 도가 천지만물뿐만 아니라 신(神)보다 앞서 존재한다고 하였다. 또한 일체 사물·사건은 그들 자신과 상반하는 대립자들을 지니고 있다. 유(有)가 있으면 무(無)가 있고 앞이 있으면 뒤가 있다. 화는 복이 되고 흥성한 것은 멸망한다. 이러한 대립 전화의 법칙을 알고 유(柔)를 지키면 강(剛)을 이길 수 있는 것이다.

노자는 "부드럽고 약한 것이 굳세고 강한 것을 이긴다. 약한 것을 가지고 강한 것을 지배하는 것이 도의 작용이다. 도는 싸워서 이기는 것이 아니라 싸우지 않고 이기는 것이다. 도는 싸운 후에 이기는 것이 아니라 싸우기 전에 이기는 것이다." 사랑은 죽음보다 강하고 생명은 바위보다 강하다고 설파하였다.

그래서 "군사가 강하기만 하면 이길 수 없다. 강한 군사로 천하에 사납게 구는 자는 모두가 싫어하므로 반드시 진다"고 하였는데, 이는 부시 행정부를 생각나게 한다. 사람은 연약하게 태어나지만 단단하게 굳어져 죽고 초목은 부드럽게 나서 딱딱하게 말라 죽는다. 그러므로 단단하고 강한 것은 죽음의 무리이고 부드럽고 연약한 것은 삶의 무리이다. 무력이 강하면 결국 이기지 못하고 나무도 억세면 결국 잘리고 만다. 강하고 큰 것은 결국 밑에 깔리게 마련이고 유약한 것이 결국은 위로 오르게 마련이다(兵强則不勝 木强則兵, 强大處下 柔弱處上).
천하에 물보다 부드러운 것이 없으니(天下草柔弱於水) 단단하고 강한 것을 공격하기로는 이보다 나은 것이 없으니, 그것은 쉬지 않고 흐르기 때문이다. 노자는 침략전쟁은 물론 모든 전쟁을 반대하였다.

결론적으로 노자사상에 나타난 정치의식과 내용의 의의를 보면, 첫째, 정치지도자의 과도한 이기적 지배욕구는 사회 전체의 불안과 불신풍조로 몰아 가는 역기능으로 작용했으며, 더 심하면 전쟁을 결정하는 요인이 되기도 하였다. 이러한 과도한 욕구의 억제와 무위무욕(無爲無慾)적 인식론을 강조하는 태도이다. 둘째, 정치지도자가 갖추어야 할 실천적 의식과 태도를 특히 그의 저서 『도덕경』을 통해 제시하였다. 자비(慈悲)와 검소(儉素), 그리고 미약(微弱) 및 민(民)의 섬김의 정치의식이다. 셋째, 노자의 『도덕경』에서 노자사상은 정치지도자의 이기적 지배욕구 억제, 무위무욕, 자비 및 검소 등은 공동체 발전을 위한 정치지도자의 솔선수범과 자기욕구 억제의 중요성을 강조하고 있다. 넷째, 공동체의 갈등과 협력을 통한 공동체 발전을 추구하는 동아시아적 인식론의 특성을 보여주고 있다.[22] 다섯째, 노자의 사상은 중국의 정치·경제·군사·학술·문화·종교 등 많은 분야에 큰 영향을 미쳤으며, 오늘날에도 노자의 정신이 동·서양에서 존숭(尊崇)을 받고 있다.

---

22) 김정호, "고대 중국사상에 나타난 공동체적 정치의식: 묵자와 노장사상을 중심으로," 『한국정치사상학회 발표논문집』, 2009, pp.14-18.

참고문헌

1. 단행본

구본명, 『중국사상의 원류체계』, 서울: 대왕사, 1982.
금장태, 『한국유학의 노자 이해』, 서울: 서울대학교출판부, 2006.
김용옥, 『노자와 21세기(3)』, 서울: 통나무, 2000.
김충열, 『노자 강의』, 서울: 예문서원, 2004.
김학주, 『노자와 도가사상』, 서울: 명문당, 1998.
김항배, 『김항배 교수의 노자철학 이해』, 서울: 예문서원, 2007.
노재욱, 『노자 도덕경』, 서울: 자유문고, 1989.
오진탁, 『감산의 老子 풀이』, 서울: 서광사, 1991.
이영재, 『老子철학 우화사상』, 서울: 박우사, 1991.
이재훈, 『노자, 인생을 말하다』, 서울: (주)에버리치홀딩스, 2007.
진동일, 『老子의 5000자 철학여행』, 서울: 문학세계사, 1992.
최재목, 『노자』, 서울: 을유문화사, 2006.

2. 학술논문 및 학위논문류

김정호, "고대 중국사상에 나타난 공동체적 정치의식: 묵자와 노장사상을 중심으로," 『한국정치사상학회 발표논문집』, 2009.
양은식, "손자병법에 나타난 전쟁사상 연구," 석사학위논문, 2005.
이재권, "노자철학에 있어서의 無의 문제," 석사학위논문, 1983.
차혜경, "老子思想을 통한 학교폭력 해결방안 연구," 석사학위논문, 2007.
황국하, "馬王堆 老子의 形成과 思想 硏究," 석사학위논문, 2007.

제2부

전쟁과 전략 사례연구

| 제 4 장 |

세종 시대 공세적 국방안보 대마도 정벌에 관한 연구

이 지 경*

1. 서 론

'세종의 국가경영'을 정치 지도자의 관점에서 어떻게 평가할 것인가? 세종은 우리나라 역사상 가장 '문명한 성군'으로 칭송된다(세종 08/05/27). 세종 시대에 대한 연구는 역사학, 철학, 국문학, 정치사상 등 다양한 분야에서 이루어져 왔다. 그러나 정치학에서 대외관계 및 안보분야의 연구는 부족한 것이 학문적 현주소이다.[1] 세종 시대의

---

* 충남대학교 정치외교학과 외래교수. 본 논문은 군사학 교육학회 2008년도 추계학술회의 11월 7일 육군사관학교 홍무관에서 발표한 논문을 수정·보완한 것임.

1) 세종의 선행 연구 중 대외관계 및 국방정책에 관한 연구는 폐원탄 1951, 신기석 1957, 송병기 1964, 이재 1970, 손홍렬 1975·1978, 이상태 1988, 장학근 1983·1987·2000, 김구진 1983·1988·1995, 2001 김순자 1999, 김주식

국가경영(confucian statecraft)[2])과 관련된 공세적 국방안보 분야의 대표적인 업적 중 하나가 대마도 정벌과 여진족의 파저강 토벌이다. 구체적으로 명나라, 일본, 여진족에 대한 화전 양면의 회유책과 강경책, 사민정책 등을 구사한 사대교린의 외교정책이 그것이다. 본 연구 대상은 대마도 정벌에 초점을 두고자 한다.

대마도는 한반도와 일본 사이에 있는 섬으로 부산까지는 49.5km, 일본의 본토 후쿠오카까지는 138km 정도 떨어져 있다. 지형적으로는 산이 대부분을 차지하며 경지는 일부 해안가에 있는 정도로 전체 면적의 3%에 불과하다. 이러한 척박한 환경으로 인해 대마도인들은 식량 확보를 위해 일찍부터 해외로 진출하였다. 특히 지리적으로 일본 본토보다는 우리나라와 가까워 우리나라와의 교류가 활발하게 행해

외 1998 · 2000-2003, 손승철 1988 · 2004, 민덕기 1989, 이병선 1990, 나종우 1980 · 1992, 이해철 2001, 이현종 1964 · 1993, 배영복 1994, 하우봉 1994 · 1995 · 1996, 한문종 1992 · 1997 · 1995 · 2001, 한명기 2001, 차문섭 외 2001, 채연석 2001, 이해철 2001, 오종록 1992 · 2001, 신석호 1959, 김구진 1984, 이인영 1937, 이현희 1964, 이은규 1974, 이현종 1961, 강성문 2001 · 1989, 유재구 1985, 유재성 1996, 정구복 1998, 조남욱 1998(박사학위논문) · 2005, 최승희 1993, 배기찬 2007, 노영구 2008, 길병옥 2008, 登丸福壽 · 茂木秀一郞 1942, 李領 1995(박사학위논문) 등 역사학에서의 한일관계 중심의 연구가 주류를 이루고 있다. 정치학에서 세종의 정치사상 연구는 김운태 1982, 김재영 1998, 이지경 2006 · ,2008 박현모 2009 등 5편이 있다. 역사학, 철학에서 세종 시대 명나라, 조선, 일본의 대외관계 및 안보분야에 관해서는 5편이 있다. 군주인 세종을 통치자로서 국가경영의 관점에서 고전문헌『조선왕조실록: 세종실록』을 중심으로 분석한 한국 정치사상 연구가 부족한 것이 현실이다(이지경 2008, 181-183).

2) 한국학술진흥재단 기초학문연구 결과 보고서 성격의 연구 결과물 출판 서적으로 이지경 외, 『세종의 국가경영』(서울: 지식산업사, 2006) 참조할 것.

졌다. 이에 따라 문화적으로도 일본 본토보다는 우리나라와의 친연성이 더 컸던 곳이다. 한때 왜구의 본거지가 되어 조선 세종 때에는 이종무 장군이 이곳을 정벌하기도 했고, 임진왜란 이후 대일관계가 안정되면서 통신사가 거쳐 가는 중요한 경로지가 되기도 했다.

그렇다면 역사적으로 우리나라에서는 이러한 대마도를 어떻게 인식해 왔을까? 대마도에 대한 인식은 '대마고토의식, 대마번병의식(속주의식), 대마구분의식'등으로 나타나는 경향이 있다. 특히 영토적으로는 일본에 속해 있으면서도 정치적으로는 의제적으로 조선의 국가질서 속에 편입된 양속관계가 조선 후기까지 지속되기도 했다. 조선 초기 세종이 왜구 침입을 막기 위하여 대마도를 정벌하고, 그러한 정책이 도출될 수 있었던 과정은 어떠했는가? 세종 선행 연구의 비판적 검토를 통하여 본 논문의 목적은 세종의 공세적 국방안보 사례연구로서 조선 초기 왜구 침입 현황과 군함 배치도 분석, 대마도 정벌의 원인, 전쟁 명분, 정책결정의 과정, 결과를 중심으로 문헌 사료를 활용한 연구이다. 특히 『조선왕조실록: 세종실록』을 주 텍스트로 하여 중점 분석하는 데 있다.

특히 본 연구는 세종이 왜구 침입의 문제를 해결하기 위해 대마도 정벌 당시 국가경영의 통치자로서 어떠한 목적을 가지고, 어떤 외교정책의 방법(전략, 전술)을 사용하였는지, 그 추진 과정은 무엇인지, 그것을 극복하기 위해 궁중 내 정책결정을 위한 공론 형성과정을 어떻게 했는지에 논의의 초점을 모을 것이다. 또한 세종의 대마도 정벌을 위한 정책을 둘러싼 조정의 논란과 정치적 갈등을 함께 고찰하고자 한다. 최근 일본과 국제적 분쟁의 요소와 정치적 갈등의 씨앗이 되고 있는 한반도 영토분쟁으로서 독도와 대마도 연구의 역사적 의의를 알아보고자 한다.[3]

2. 세종 시대 공세적 국방안보: 대마도 정벌

1) 세종 선행 연구의 비판적 검토

1945-2006(2007-2008-2009)년까지 세종의 학문적 선행 연구 현황을 분야별로 분석하면 다음과 같다.

분 야	-1945	1946-55	1956-65	1966-75	1976-85	1986-95	1996-2006 2007(2008-2009)	합 계
정치사상			1		17	3	19/(3)+ 2008(5)	52
제도, 운영방식		1	1	3	11	3	11(8)	38
경제정책				2	3	1	4/(1)	11
언어, 음악		3	5	5	21	6	20/(5)	65
국방, 대외		1	8	2	6		5/(1)	23
과학기술			1	3	13	4	7	28
세종전기	1		2	2	6	1	3	15
왕세자교육							1	1
합 계	1	5	18	17	77	18	97	233

---

3) 독도 및 대마도(부산에서 대마도 49.5㎞) 연구의 역사적 중요성과 일본의 영유권 주장 배경으로 ① 고유한 한국 영토 및 역사적 권원, 지정학적 요충지 및 군사적 전략기지, 고체 천연가스(메탄하이드레이드 CH_4, 1,500억 달러) 매장 추정, 해양 및 수산자원, 해양산업 육성을 위한 해양과학기지, 해양생태환경 및 지질학과 암석학 연구의 보고, ② 일본 영유권 주장 배경에는 대외 팽창적 우경화, 국제적 분쟁지역화, 천연자원 및 수산자원 확보, 러시아와 쿠릴열도 4개 섬(러시아 잠령), 중국과 센카쿠 열도(일본 점령) 영유권 분쟁의 주도권 확보 등으로 주장하고 있다(길병옥 2008, 3).

* 세종 연구의 단행본 24권, 박사학위논문 2편(동양철학, 한국정치사상)을 포함한 233여 편 155명에 의해 연구되어 왔다. 조남욱, "세종의 정치철학," 성균관대학교 동양철학 박사학위논문을 책으로 출판한 부산대학교출판부, 2001; 이한수, "세종시대 '家'와 '國家'에 관한 논쟁," 한국학중앙연구원, 정치학 박사학위논문, 2005 두 편이 현재 박사학위논문으로 연구되었다. 1956년 세종기념사업회 발족과 더불어 1970년대『세종실록』번역 이후 세종연구가 본격화되었다. 그 외 한국정신문화연구원,『세종조문화연구Ⅰ, Ⅱ』, 1984;한국정신문화연구원, "세종시대 문화의 현대적 의미," 1998 연구물은 과학기술과 문화정책 부분의 대표적인 연구 성과물이다. 이지경 외,『세종의 국가경영과 한국학의 미래』, 세종국가경영연구소 개소 기념 학술회의 논문집 내용을 수정·보완해서 연구결과 보고서 형식의 책으로 출판한 이지경 외(9명 공저),『세종의 국가경영』, 지식산업사에서 2006년 10월 1일 한글날 펴낸 것이 학제간 공동연구(KRF- 2004-074-BM0002);4차례 학술회의, 영국 쉐필드대학교에서 1회 발표, 매월 1회『세종실록』윤독회, 매주 1회 전체회의, 매월 1회 전문가 초청 특강 10회(박충석: 정치사상과 유교적 국가경영, 이홍구: 전통과 사회보존의 국가경영, 이성무: 세종과 유교적 국가경영, 구범모: 정치사상과 국가경영, 송혜진: 궁중음악, 우실하: 세종의 음악, 조남욱: 세종의 정치이념과 대학연의, 정재훈: 조선유학 정치사상과 왕세자 교육, 이광호: 세종의 한글창제 의의, 박병호: 세종의 법치)이다. 또한 세종의 국가경영 연구 성과물을 '한국학의 세계화' 차원에서 영문 저널인 *The Review of korean Studies*, Vol.9 No.3 September 2006; *The Academy of Korean Studies*(한국학술진흥재단: 영문 등재지)에 게재한 바 있다. 2007년 5월 11일 한국학중앙연구원에서『세종의 국가경영과 21세기 신문명』이란 주제로 9편의 논문이 발표되었다(전경일, "세종의 창조 경영"; 이한우, "세종조선의 표준을 세우다"; 김영수, "세종은 국가의 틀을 어떻게 정립했나"; 박현모, "세종은 삶의 질을 어떻게 높였나"; 배기찬, "세종은 외교안보 정책을 어떻게 펼쳤나"; 정윤재, "세종과 21세기 신문명 구상"; 최용기, "세종의 언어정책과 21세기 한글"; 안상수, "한글의 미학: 문자와 글꼴"; 한국학중앙연구원 세종국가경영연구소 주최 학술세미나).『세종의 국가경영과 리더십』(2008. 05. 14: 포스코 대치동)에서 백기복, "세종의 창조적 리더십: 세종의 농업생산성 향상을 위한 노력"; 서재현, "세종의 성격 진단"; 송혜진, "세종의 문예 감성과 연회의 정치; 맹사성, 감성과 부드러움의 리더십"; 구자숙, "세종의 동기분석"; 박현모, "세종의 화법: 세종의 재상 임용과 인재경영"; 노영구, "세종의 전쟁 수행과 리더십"; 박홍규, "세종의 정치술과 탈 태종"; 배병삼, "동양고전에서 재상의 위상"; 이종묵, "인재의 선발과 재교육"; 이숙인, "황희, 장수 재상의 비밀"; 강문식, "허조, 국

가 시스템의 정비" 등 14편의 세종의 국가경영과 리더십 관련 연구 발표 논문이 있다. 가장 최근의 연구로 박현모, 『세종처럼: 소통과 헌신의 리더십』, 미다스북스, 2008은 한국학중앙연구원에서 『세종실록』학교 특강 내용을 분석·정리한 것이다. 한국정치학회 편, 『한국정치학회보』제43권 1호(2009년 봄)에서 박홍규·방상근은 "세종의 권력이양과 인시제의" 논문에서 태종 말기 세종의 권력이양을 중심으로 정치사상적 입장에서 연구했고, 한국동양정치사상사학회 편, 『동양정치사상사』제8권 1호(2009)에서 정윤재는 "세종대왕의 대천이물론과 보살핌의 정치"에서 천민과 대천이물의 정치, 생명존중의 정치, 민생해결의 정치, 교화소통의 정치에서 세종의 정치적 리더십의 자질적 측면, 정직함, 공평함, 헌신, 인본주의, 배려, 약속 지킴의 중요성을 강조했으며, 국방안보 사례연구로 박현모는 "세종정부의 의사결정구조와 과정에 대한 연구로서 제1, 2차 여진족 토벌사례를 중심으로"에서 수평적·수직적 의사소통의 활성화를 중심으로 파저강 토벌의 궁중 내 논쟁의 1, 2, 3단계 논쟁과정에서 1, 2차 경과 과정, 의사결정과정 분석을 중심으로 연구했다.

2) 조선 초기의 안보 상황

전근대의 중화적 국제질서는 중국을 중심으로 하는 천자의 나라와 제후국 사이의 위계적 질서를 특징으로 한다. 이것은 유교적인 계서 관념을 국제관계에 적용하는 것인데, 대·소국 간 사대자소(事大字小)의 예(禮)와 약소국 간 교린의 예로 나타났다. 사대자소의 예는 소국의 대국에 대한 조공과 대국의 소국에 대한 보빙(報聘)을 통해 시행되었다. 조공은 조빙과 헌공을 주 내용으로 하는데, '조'(朝)란 제후가 천자에게 아뢰는 것을 말하고, '빙'(聘)이란 제후가 대부를 파견하여 천자에게 아뢰는 것을 의미한다(손승철 2004, 76). 이러한 사대정책은 주변국이 중국에 대해 취한 자주적이고 실리적인 전략의 수단이었다.

말하자면 전근대의 중화질서에서 조선 초기 동아시아의 독특한 사대관계의 외교체제였던 조공체제는 명나라와 국경을 맞대고 있는 국가인 조선에게 교역의 경제적 이익은 거의 없었으나 지정학적 위치 상 정치·안보적 관계가 훨씬 중요 했다. 특히 조선왕조 초기는 정권 안보 차원에서 조공체계를 이용한 측면이 있는데, 제국인 명나라와 의 사대관계는 조선의 외교적 생존 차원의 국가안보 정책으로 이해 하는 것이 적합할 것이다(정용화, <동아일보> 2004. 11. 8).

조선은 명과의 선린우호 또는 사대관계를 도모하고 양국의 문화교 류를 증진시키면서도 또한 실리추구와 영토확장을 동시에 추진했기 때문에 양국 사이에는 끊임없는 긴장관계가 지속되었다. 조선 초기 조선의 지속적인 국토 수복의 국방정책은 이런 맥락에서 이해할 수 있다.4) 특히 만주 지역은 고조선과 고구려의 고토였고, 요동 지방은 동아시아의 국운의 세력 판도를 형성하고 우리 민족이 웅비할 수 있 는 요충지이므로 이의 수복은 고려 말부터 조선 초기까지 꾸준히 추 진되어 왔다. 태조 이성계의 조선조 역성혁명 이데올로기는 이러한 사대적 국제질서에 의하여 정당화되었고, 태조, 태종에 이어 세종 시 대에 들어와서도 명과의 사대관계를 통한 대명관계의 안정은 중요한 과제였다. 세종이 외국의 번왕임을 자인하고 중국에 대해 지성 사대 한 것은 바로 이 때문이었다.

---

4) 『세종실록』 13권, 15권, 17권을 보면 세종대왕의 국방사상은 자주정신에 입각한 국방정책인데, 전국적 군적의 정비, 군제개혁, 세종 6년부터 14년까 지 8년간 전국 팔도지리지의 편찬, 동국병감(1450)이라는 전사 편찬, 군역부 담에서 제외된 양반층에게 충의대, 충순대 등 군역 부과, 천인들에게 잡색 군을 편성, 범국민적 자주국방 체제를 갖춤, 과학무기 개발에 착수하여 신 화포 개발, 수군의 정비와 군함 개량『세종실록』1년 8월 11일(癸未); 1년 7 월 28일(辛未); 1년 8월 6일(戊寅), 군의 3각 편제에서 4각 편제화, 좌군의 용 투사, 우군의 호아사 증가시켜 세종 시대 좌군, 중군, 우군의 3군 12사 체제 로 변경했다.

『세종실록』 6년 9월 2일(甲戌)에 보면 명에 대해 인신의 예를 다해 친명사대해야 한다는 세종의 생각이 잘 나타나 있다. 그는 명 영락제의 부음을 들은 1424년 9월 제후로서 입어야 하는 상복을 27일간이나 입었다. 당시 신료들이 "천하 신민들은 3일 만에 복을 벗으라"고 했다는 홍무제의 유조를 들어 반대했음에도 불구하고 '군신의 의리'를 내세워 끝내 27일간 상복을 입었다.

아울러 세종의 '사대관'을 박현모, 김홍우의 논문에서 주의 깊게 검토해 보면, 당시의 현실정치(real politics)에 대한 정확한 인식에서 비롯한 매우 현실적인 정책이었다고 할 수 있다. 즉 그는 중국에서 요구한 수만 마리의 소와 말을 힘을 다해 보내고, 해동청(매)을 잡아 진상하며, 명조에 가게 될 처녀들을 간택하는 일에 '한결같은 정성'을 다해 조치·처리함으로써 명나라 황제를 감동시키고 있다(박현모 2004, 11; 24). 당시 세종은 중국과 대마도, 일본, 그리고 만주의 여러 종족 등 당시 동아시아의 여러 국가 또는 정치집단과의 역학관계에 대해서도 상당 정도의 '감각'을 가졌던 것으로 보이며, 적어도 윌슨(Woodrow Wilson) 같은 이상주의자는 아니었음을 확인할 수 있다(김홍우 2005, 13).

다른 한편, 15세기 전반의 동아시아 국내외적 정세는 매우 격동적인 시기였다. 즉 동북아시아의 정세는 몽고족의 원나라가 쇠퇴하고 중원의 한족이 명나라를 건설하여 새 왕조 건설 이후 내적인 왕권강화에 전력을 집중하고 있는 상황이었다.5) 조선과 인접해 있는 두만

---

5) 이 당시 명나라는 역사상 가장 막강한 함대인 정화함대가 존재했다. 정화함대는 영락제 5년(1405)부터 다음 황제인 선종과 선덕 7년(1433)에 이르기까지 28년 동안 무려 7차의 '남해 대원정' 대항해를 완수하였다. 지금까지 알려진 바에 의하면 정화함대는 7차의 항해기간 중 50개국 이상을 방문했으며

강 유역에서는 야인 의내습이 빈번히 일어나곤 했다. 또한 만주지역은 여전히 여러 여진 야인의 정치세력 각축장으로 남아 있었다. 그뿐만 아니라 일본도 가마쿠라 막부 이후 오랫동안 분열 상태에 있던 무가들의 난립시대가 끝나고 조선이 건국되던 1392년에 북조의 고코마쓰 천황이 일본을 통일함으로써 새로운 안정시대에 접어들게 되었다. 하지만 서부 큐슈(九州) 지방에까지는 그 위령이 미치지 못하였다. 그러므로 조선과 가까이 있는 대마도를 근거지로 왜구들의 침략은 끊일 날이 없었다.6) 당시 대마도는 지리적 조건으로 조선과 일본의 중

남양군도와 인도양을 거쳐 아프리카 동부까지 진출하였다. 최근 미국에서 출간된 개빈 멘지스(Gavin Menzies)의 책에서는 정화함대는 동아프리카까지 진출한 것이 아니라 지구 전체를 한 바퀴 돌았다고 주장하고 있다. 즉 정화함대는 이미 1421년에 아메리카 대륙에 도달했다는 것이다. Paul Kennedy, *Rise and Fall of the Great Power: Economic Change and Military Conflict from 1500 to 2000*, New York: Random House, 1987, pp.4-9. 명나라가 해상활동을 포기한 이유는 ① 원정경비가 너무 많이 들어간다는 경제적 이유, ② 내시들의 힘이 커지는 데 대한 명나라 궁중의 두려움(정화 자신이 내시였기 때문), ③ 유교적 질서는 원칙상 국제교역에 반대했다는 것 등이 제시되고 있다(이춘근 2003, 81-82). 이러한 명나라의 대외원정에 힘쓰는 동안 세종의 사대교린 외교노선은 명나라의 군사적인 강국에 대한 약소국으로서 열세를 보완하면서, 조선의 생존권을 유지하기 위한 적극적 외교형태로서 조공과 책봉에 의한 지성사대의 외교노선을 택했다. 사대의 형식 면에서는 불평등이 전제되지만 국가의 주권과 모순되지는 않았으며, 조선의 국가안보와 국가이익을 위해서 '세종형 현실적 상황주의'적인 사고의 패턴인 관념적 화이론과 현실대응의 외교를 동시에 추진하는 양면성을 동시에 갖고 있었다. 조선의 명나라에 대한 세종의 사대론은 조선왕조의 권위와 안정을 이룩하기 위한 생존 차원의 외교노선 이였다.

6) 민두기, 『일본의 역사』(지식산업사, 1980), pp.68-73.

개지로 이용되었고, 또한 토지가 적고 척박하여 농사를 지을 수 없었다. 이들이 약탈을 일삼은 것은 이 때문이다(『태종실록』 10년 4월 8일; 『세종실록』 26년 4월 30일).

3. 세종 시대 왜구의 침입과 대마도 정벌

1) 대마도 정벌의 원인과 왜구침입 현황 분석

1418년(태종 18)에 대마도주 소 사다시게(宗貞茂)가 죽고 그 아들 소 사다모리(宗貞盛)가 뒤를 이으면서 대마도의 사정이 일변하였다. 새 도주 소 사다모리가 나이 어린 것을 기화로 왜구의 두목 조전자위문태랑이 대마도의 실권을 장악한 데다 도내에 큰 흉년이 들어 식량난이 극심해졌기 때문이다.[7] 이에 대마도의 왜인들은 인접국인 조선의 해안을 약탈하여 그들의 절박한 상황을 타개하려 하였다. 반면 이러한 왜구 문제는 피해 당사국인 조선의 입장에서는 국가 안위를 좌우하는 중요한 당면 과제로 인식될 수밖에 없었다. 조선과 일본 양국 간의 중개 역할을 하던 대마도는 면적이 좁고 토지가 척박하여 식량을 외부로부터 조달해야 생활 유지가 가능하였다. 때문에 조공무역의 형식으로 조선의 미곡을 수입해 갔다. 조선에서는 대마도의 왜인을 우대하였고, 이들은 조선과의 통상으로 독점적 이익을 차지하였다. 그러나 '흉년에는 해적집단'으로 변모하여 '부족한 식량과 생필품을 확보하기 위해' 한반도 해안 각지를 횡행하면서 약탈을 자행하

---

7) 田中健夫, 『倭寇-海の歴史』(教育社, 1982), p.73.

였다. 대마도는 이러한 '왜구의 소굴'로서, 대마도주는 '왜구의 괴수'로서 조선이 왜구를 근절시키는 데 커다란 장애요소가 되었다.

1419년(세종 원년) 5월 6일 새벽 왜구 선단 50척이 충청도 비인현 도두음곶 앞 해상으로 침구(侵寇)를 감행하였다.8) 조선 수군의 배 7척을 소각하고, 수군 장병 300여 명 전사 다수와 양민을 무차별 학살하였다.9) 5월 13일 왜구의 선단 38척이 서해도 해주의 연평곶을 기습하였다.10) 이러한 왜구의 도발 행위가 재발하자 조선 조정은 대왜구정책이 강구되어야 한다는 논의가 이루어졌다. 이에 따라 왜구의 본거지인 대마도 정벌 논의가 본격화되었다.

실제로 왜구의 침입은 조선 초기 태조로부터 태종에 이르는 기간에 무려 130회나 달했다. 세종 재임 중에도 50여 회나 된다. 조선 초기 왜구의 침입 현황을 『조선왕조실록』을 중심으로 분석해 도표화하면 <표 1>과 같이 요약된다.

<표 1>에서 보는 바와 같이 조선 건국 이후 태조에서 세종 시대까지 『조선왕조실록』에서 ① 왜구의 침입 건수, ② 왜구와 교전 및 피해 건수, ③ 통교자의 통교 건수를 정리하여 분석해 보면 왜구의 침입은 태조 원년부터 세종 26년까지 총 197건으로 연평균 3.7건이었다. 다시 이를 년대별(왕)로 구분해 보면 태조 시대 58건, 연평균 8.3건, 정종 시대 5건 연평균 2.5건, 태종 시대 78건 연평균 4.3건, 세종 시대 56건, 연평균 1.8건으로 나타난다. 시기가 흐를수록 왜구의 연평균 침입 수는 감소하는 경향을 보인다. 다음으로 왜구와의 교전 및 피해 건수를 구분해 보면 태조 시대 25건, 연평균 3.6건, 정종 시대 2

---

8) 『世宗實錄』 卷4, 世宗元年 5月 辛亥條
9) 국방군사연구소 편, 『왜구토벌사』(1993), pp.203-204.
10) 『世宗實錄』 卷4, 世宗元年 5月 丁巳條

〈표 1〉 조선 초기 왜구의 침입과 왜인의 통교 건수

년대 (왕)	침입건수	통교수	년대(왕)	침입건수	통교수	년대(왕)	침입건수	통교수
1392: 태조1	(1) 1	1	1412:태종12		23	1432: 세종14		17
2	(3)11	2	13	(1)1	30	15	(4)4	24
3	(5)14	2	14		28	16	(1)2	38
4	(4) 6	7	15	(1)1	31	17	(1)1	28
5	(3)13	2	16	(1)1	30	18	(1)2	34
6	(8)13	6	17	(2)3	29	19	(1)3	58
7	(1) 1	7	18	(1)1	37	20	(1)1	61
1399: 정종1	(1) 4	6	1419 세종1	(6)9	24	21	(1)1	66
2	(1) 1	8	2	(1)2	29	22	(1)1	16
1401: 태종1	(1) 5	11	3	(2)4	27	23		18
2	(3) 5	14	4	(4)4	31	24	(1)3	37
3	(2) 8	11	5	(2)2	65	25	(1)2	39
4	(1) 6	5	6	(1)2	23	26	(1)1	27
5		9	7	(3)3	26	27		15
6	(5) 5	16	8	(4)5	24	28		18
7	(1)12	20	9		24	29		17
8	(6) 7	16	10	(1)1	49	30		12
9	(2)19	20	11		23	31		14
10	4	23	12	(1)2	35	32		37
11		14	13	1	24	합계	(93)201	1, 388

출처: 이지경 2006. 『조선왕조실록』을 통해 작성함. 왜구 침입 건수에서 괄호 안 숫자는 왜구 교전 및 피해 건수임.

건, 연평균 1건, 태종 시대 27건, 연평균 1.5건, 세종 시대 41건. 연평균 1.28건이었다. 말하자면 조선 정부의 왜구 금압정책과 다양한 노력, 동북아시아 국제정세의 안정으로, 특히 일본의 국내정세 안정으로 점차 평화적인 통교자로 변go 갔다. 일본 각지로부터 내조한 통교자가 태조 시대 27건, 연평균 3.9건, 정종 시대 14건 연평균 7건, 태종 시대 378건 연평균 20.4건, 세종 시대 1,004건, 연평균 31.3건으로 태종 시대 이후 들어 급격한 증가한 사실이 이를 말해 준다.

〈표 2〉 세종시대 수군 군함과 승선원 각도별 소재지 배치현황

각도별	군함수	승선원	비고 (주요 정박 소재지, 군함수)
경기	97척	5,792	남양(34척), 안산, 인천, 교동(26척), 강화(21척) 등
충청	142척	8,414	보령(50척), 태안, 남포, 장암, 서산, 당진, 홍주 등
경상	285척	16,582	동래(49척), 울산(39척), 영해, 영덕, 흥해, 장기, 경주, 기장(16척), 거제(28척), 고성(35척), 진주(37척) 등
전라	168척	10,703	무안(24척), 보성(18척), 순천, 고흥, 장흥, 강진, 영암, 해진, 영광, 함평, 무안, 부안, 옥구 등
황해	41척	3,239	옹진(9척), 해주, 강령, 풍천, 은율 등
강원	17척	1,103	평해, 양양, 고성, 부동, 울진, 현동 등
평안	41척	3,480	삼화(11척), 안주(15척), 선천(15척) 등
함길	41척	10,069	안변, 용진, 영평, 예원(16척) 북청 등
계	832척	59,382	

출처: 이지경 2006. 『세종실록지리지』 재작성 비고란에 괄호 숫자는 소재지별 군함 배치가 많은 지역 숫자임.

세종 시대 『세종실록 지리지』에 나타난 수군의 군함과 승선원의 상황은 그 한 예가 될 수 있다. 각 도와 지역별 수군배치 상황은 <표 2>와 같다.

<표 2>에서 알 수 있듯이 세종 시대의 조선 수군은 군함 832척, 승선원 59,382명에 달하는 군비를 갖추고 있었다. 왜구의 잦은 침입 지역인 하심도(下三道) 경상, 전라, 충청 지역을 중심으로 집중 배치되어 있다. 조선 수군은 또한 대마도 정벌에서와 같이 1차 방어는 수군에 맡기고 여기서 실패할 경우 2차적으로 내륙군이 격퇴하는 2단계 전략을 가지고 있었다. 즉 왜구의 침입이 많은 지역인 하삼도(경상도, 충청도,전라도)595척으로 62.8%이며, 경상도가 285척(34.5%)으로 가장 많이 배치돼 있고, 전라도가 168척(20%), 충청도가 142척(19.5%)의 순으로 되어 있다(『세종실록 지리지』; 김재근 1977, 25-30). 세종 시대 수군의 배치 및 군함 수와 주요 정박 소재지는 사실상 왜구의 주요 침입 지역의 국방정책상 수군 병력 및 국방상 중요한 해상 방어 위치에

해당한다. 즉 경상 지역의 동래, 울산, 거제, 고성, 전라 지역의 무안, 보성, 충청 지역의 보령에 집중적으로 군함이 배치되어 있는데 이곳은 왜구 침입이 많은 지역이었다.11) 다른 한편 세종은 왜구와 사절을 자주 왕래하게 하고, 귀화하는 왜인에게는 토지와 집을 마련해 주는 등 회유책을 쓰기도 하였다(『세종실록』, 1년 7월 18일). 세종은 유화·포용·귀화 및 강경정책을 복합적으로 사용한 것이다.

2) 대마도 정벌 정책결정과정 논의

(1) 대마도 정벌 전개과정

조선 초기 끊임없이 발생한 여진족, 왜구 침입 문제로 인한 혼란은 통치자로서 국가경영에서 중요한 국내정치 문제 해결에서 우선적으로 처리할 사항이었다. 세종 원년에 병권을 장악하고 있던 태종은 병권 장악 목적에 관해 다음과 같이 주장하고 있다(『세종실록』, 즉위년 11월 25일). "내(태종)가 병권을 내놓지 않은 것은 왕위를 마음에 두고 잊지 못하는 것이 아니다. 주상(세종)을 위하여 무슨 사고가 있을 경우에 후원하고자 하기 때문이다. 거느리고 있는 것은 주상이 나이가

---

11) 여말선초 수군은 『세종실록 지리지』에서 각 도별, 거주지별로 파악된 수군의 정박한 군함 수는 49,317명인데, 각 정박지별로 배치된 군함의 승선 수군병력 규모는 50,169명이어서 거주지와 승선 정박한 군 병력이 일치함을 볼 수 있다. 또한 『高麗史』(兵志船軍)에서도 '船軍', '騎船軍', '水軍' 등으로 불리어 오던 것으로 수군은 해상 전투를 주 임무로 하는 요원임을 알 수 있다. 여기서 水軍은 各道 水營 소속으로 상경 복무는 없으며 거주지별 근무형태가 특징이다.

젊어 군무를 모르기 때문이나, 나이 30이 되어 일에 대한 경험이 많아지면 다 맡길 생각이다." 세종 시대 초반기 군사문제는 왕권의 안정과, 태종의 2차 왕자의 난 등 개인적 경험과, 양녕대군과 친척 간의 혼란을 피하고 세종의 유교적 국가경영과 태평성대를 보장하기 위한 것이었다(정구복 1982; 김운태 1982; 김재영 1998; 조남욱 1998; 한형조 1998; 조남욱1982 등) 세종 연구의 일치된 주장은 세종 정치의 시대구분을 즉위년부터 세종 4년 5월 10일까지 병권 및 국가경영의 중대 정치사안을 태종의 보호와 후견에 의한 섭정(攝政)으로 보고 있다. 세종 원년의 대마도 정벌을 세종의 정책으로 볼 수 있는가? 아니면 태종의 정책으로 보아야 하는가 논쟁이 있을 수 있다. 그러나 세종은 즉위 후 4년간(1818~1822)은 부왕이 머무르는 수강궁에서 태종의 섭정을 받았고, 그 기간에 특히 병권은 태종이 장악하고 있었다. 대마도 출병교서도 상왕이 공표하고 있고 군 지휘관도 태종이 임명하고 있으며(세종 1년 5월 14일), 출병 후 행군이 늦음을 문책하는 교지(세종 1년 6월 20일)도 태종이 내리고 있다. 대마도 정벌은 세종 시대에 이루어졌지만 세종의 정책이라기보다는 태종의 정책으로 보아야 하지 않은가에 대해 학자 간에 서로 다른 논쟁이 있을 수 있다. 세종 즉위 후 4년은 태종의 병권 장악과 당시 상황으로 봐서 태종의 의견을 세종이 거의 따르고 있다고 볼 수 있다. 그러나 세종 집권기에 이루어진 내용이므로 세종 시대 공적으로 평가해야 한다고 생각한다. 조선왕조 초기 왜구의 정치적 문제 해결은 매우 중요한 국방안보 정책의 내용이다. 『조선왕조실록: 태조-세종』에서 왜구 대책 논의 건수를 요약해 보면 태조 시대 20건에 연평균 2.9건, 정종 시대 5건에 연평균 2.5건, 태종 시대 33건에 연평균 1.8건, 세종 시대 96건에 연평균 3.0건 등으로 세종 시대에 왜구 문제에 대한 가장 많은 대책 논의를 볼 수 있다. 이러한 결과는 세종의 국가경영(治國平天下)에서 왜구 문제가 정치적으로 해결해야 할 중요한 문제였음을 알 수 있다.

태종 이방원이 거처하는 '수강궁'에서 왜구 문제 해결에 대해 '궁중 내 공론 의논정치' 정책을 논의하는 자리에 세종과 영의정 유정현, 좌의정 박은, 우의정 이원, 예조판서 허조, 참판 이명덕, 병조판서 조말생을 불렀다. 이 자리에서 "허술한 틈을 타서 대마도를 치는 것이 어떨까" 하고 물었다. 박은, 이원 및 조말생, 이명덕 등은 비밀리에 대마도를 정벌하는 것이 최상의 방법이라고 말했다. 허술한 틈을 타서 대마도를 섬멸한 뒤에 물러서 적의 반격을 맞을 계책을 대비해야 한다는 것이었다(세종 1년 5월 13일).

5일 뒤의 2차 회의에서 유정현, 박은, 이원, 허조 등은 "허술한 틈을 타는 것은 불가하고 마땅히 적이 해주에서 돌아오는 것을 기다려서 치는 것이 좋다"고 말했다. 그러나 병조판서 조말생은 "허술한 틈을 타서 쳐야 한다"고 주장했다. 그러나 태종은 "금일의 의논이 전일에 계책한 것과 다르다. 만일 물리치지 못하고 항상 침노만 받는다면, 한나라의 흉노에게 욕을 당한 것과 무엇이 다르겠는가. 허술한 틈을 타서 쳐부수는 것만 같지 못하다. 그래서 그들의 처자식을 잡아오고, 우리 군사는 거제도에 물러 있다가 적이 돌아옴을 기다려서 요격하여, 그 배를 빼앗아 불사르고, 장사하러 온 자와 배에 머물러 있는 자 모두 구류하고, 만일 명을 어기는 자가 있으면 베어 버리고, 구주에서 온 왜인만은 구류하여 경동하는 일이 없게 하라. 또 우리가 약한 것을 보이는 것은 불가하니, 후일의 환이 어찌 다함이 있으랴" 하고 말했다.

장시간에 걸쳐 이루어진 대마도 정벌 논의의 방향은 강경론과 온건론 두 갈래로 제기되었다. 강경론자인 상왕 태종과 좌의정 박은, 병조판서 조말생 등은 "왜구의 본거지가 허술한 틈을 타서 이를 쳐야한다"(세종 1년 5월 14일)는 공세적 정벌을 주장하였다. 왜구의 주력 집단이 조선 해역에 집중되고 있는 허점을 노려 그 소굴을 소탕해 버리자는 공격적 대책이었다. 이에 반해 온건론자인 세종과 우의정 이원, 예조판서 허조 등은 "각 포구의 병선이 부족한 현재 상황에서는 왜구가 상륙하면 육지에서 이를 쳐야 한다"는 소극적인 방어를 주장하였다. 바다에서 종횡무진으로 횡행하는 왜구를 추적하여 전력을 소모하는 것보다는 왜구를 육지로 유인하여 타격을 가하자는 수세적 대책이었다.[12] 이와 같은 강경·온건 양론이 서로 이견을 좁히지 못하고 격론을 벌였으나, 결국 당시 병권을 장악하고 있던 태종이 '상왕권 정치'의 일환으로 강경론을 적극 지원함에 따라, 마침내 세종이 결단하고 대마도 정벌의 시기와 방법(전략과 전술)을 어떻게 할 것인가 하는 조정의 방침이 대마도 정벌로 결정되었다.[13] 세종 시대에는 중요한 정책결정에 앞서 "충분한 토론과 지휘관에게 전적으로 일임"하는 것이 세종의 국가경영 회의 방법의 원칙이었다.

(2) 대마도 정벌군 편성

1419년 5월 14일 왜구의 소굴인 대마도를 정벌한다는 방침을 결정한 조선 조정에서는 다음과 같이 삼군으로 편성된 대마도 정벌군의 지휘 부서를 정하였다.[14]

① 중 군
   삼도도체찰사: 이종무

---

12) 『世宗實錄』卷4, 世宗 元年 5月 戊午條.
13) 국방군사연구소 편, 『왜구토벌사』(1993), pp.207-208.
14) 『世宗實錄』卷4, 世宗 元年 5月 戊午條.

중군절제사: 우박-이숙묘-박성양-황상
　② 좌 군
　　　좌군도절제사: 유습
　　　좌군절제사: 박초-박실
　③ 우 군
　　　우군도절제사: 이지실
　　　우군절제사: 김을화-이순몽

　이와 같이 대마도 정벌군의 지휘부서를 편성한 조선의 조정은 태종 이방원이 이어서 장천군 이종무를 삼군도체찰사를 중심으로 하삼도(경상, 전라, 충청)에 다음과 같은 동원령을 내렸다.15) ① 전선 200척을 동원하여 수전에 능한 군정들을 탑승시킨 후 서해로 침구한 왜구가 대마도로 가는 통로를 차단 할 것. ② 대마도 출정할 각 도의 전선은 6월 8일에 함께 견내량(見乃梁)에 집결할 것(세종 1년 5월 14일).
　1419년 마침내 태종은 전군에 비상소집령을 내려 조선 수군의 주력군을 거제의 견내량에 집결시킨다. 왜 견내량인가? 견내량은 거제도와 고성 통영 쪽 육지 사이의 좁은 바다이다. 섬과 육지가 가장 가까운 곳은 500미터 남짓 된다. 육지와 섬 사이가 좁아 조류가 병목현상을 일으키는 양(梁)은 대체로 물살이 급하다. 견내량 역시 지형적

---

15) 대마도 정벌의 공격방식에 관해서 이른바 태종의 '공세적 안보정책'이 추진된 것이죠. 그리고 이것은 태종의 정치방식이기도 합니다. 정적들을 제거할 때 적의 공격을 기다리는 것이 아니고 선제공격으로 상대방을 와해시키는 방식인데, 왜구에게도 똑같이 이 방식을 취합니다.(박현모2008, 297) 그러나 태종이 평소에 매사냥을 즐겼으며, 매 묵화도 자주 그린 것으로 보아서 태종의 정적 제거와 대마도 정벌의 공격방식을 '지형조건 조류(물살·밀물과 썰물)과 쿠로시오 해류를 최대한 이용', ' 매 사냥식 공세적 국방안보정책'으로 보고 있다.(이지경2006)

특성상 물의 흐름이 빠른 곳이다. 그렇다면 대마도 정벌전쟁 당시 조선 수군은 왜 하필 이 좁고 물살이 거센 바다에 집결했을까? 거제도가 가지고 있는 조건을 살펴보면 그 이유를 알 수 있다. 견내량 바깥쪽의 지세포만(知世浦灣)은 거제도를 지키는 전초기지였다. 지세포성은 특히 동쪽 성곽의 원형이 잘 남아 있는데, 동쪽은 대마도 방향이다. 대마도의 왜구들을 막기 위해 축조한 성인 것이다. 거제도에는 모두 25개의 산성이 있다. 좁은 면적에 비해 많은 산성, 그것은 왜구와의 치열한 관련성을 말해 준다. 거제도의 군사전략적 가치가 크므로 수군의 3분1이 집결되었다. 이종무의 정벌군이 견내량에 집결한 또 다른 이유는 무엇일까? 그것은 견내량의 조류의 흐름과 관련이 있다. 견내량은 하루에 두 번 조류에 의해 물살의 방향이 바뀐다. 썰물을 기다렸다가 북동진하다가 그 물살을 타면 힘들이지 않고 넓은 바다로 나갈 수 있다. 그런 다음 쿠로시오 해류를 타면 힘들이지 않고 대마도에 접근할 수 있는 것으로 알려져 있다. 지금도 견내량의 뱃길은 조류를 이용하고 있다. 견내량은 조류를 이용해서 일본으로 가는 뱃길이 용이하기 때문이다. 북동쪽으로 일정한 방향을 지닌 채 흐르는 쿠로시오 해류! 거제에서 썰물을 타고나가 북동진하는 해류를 만나면 가만히 있어도 대마도 중심에 닿을 수 있는 것이다. 견내량은 견고한 방어시설로 정벌군의 안전이 보장되었다. 그리고 조류와 해류의 흐름은 조선 수군에게 유리했다. 대마도 정벌군이 부산포 대신 견내량에 집결한 까닭이 여기 있었던 것이다. 조선 군사는 준비된 대군이었다. 견내량은 물살은 세지만 해류를 따라가기만 해도 대마도에 도착하는 곳이라 출항지로서 좋은 조건을 갖추고 있었던 셈이다. 게다가 견내량은 바깥쪽으로 거제도가 감싸고 있어 지형조건이 천혜의 군사요충지로서 대마도나 먼 바다 쪽에서는 관측이 불가능 한 곳이다. 즉 적의 관측으로부터 벗어나 있는 지역인 것이다. 그래서 전략적으로 이곳을 대규모 군사의 집결지로 삼았던 것이다. 상왕과 세종은 친히 이종무와 여덟 장수를 전송했는데, 중군과 우군은 먼저 떠나고 좌군은 다음날 떠나기로 하였다(세종 1년 5월 18일).

이어서 5월 16일에 대마도 정벌군은 삼군도체찰사 장천군 이종무를 중심으로 하여 중군을 거느리게 하고, 우박, 이숙묘, 황상을 중군절제사로, 이지실을 우군도절제사로, 이을화, 이순몽을 우군절제사로 삼아 삼군(중군, 우군, 좌군)도절제사와 좌·우절제사 등 '9절제사' 체제로 편성되었다.16) 이종무가 이끄는 출정 준비에 동원된 원정군 규모는 다음과 같다. 총 17,285명이었는데, 그들은 9절제사를 비롯하여 서울에서 출정을 나간 제장 이하 관군 및 종인이 669명이었고, 나머지 16,616명은 갑사, 별패, 영진속과 스스로 원정군에 참가한 잡색군 및 원기선군을 병합하여 구성되었다. 이들은 각 도에서 모은 병선 227척(경기 10, 충청 32, 전라 59, 경상 126)에 나누어 타고, 그 총수가 17,285명이므로 65일분 군량을 준비하였다.17)

---

16) 대마도 정벌 시 군의 조직과 임무는 삼군도체찰사 이종무가 중군을 거느리고 제진을 통솔 하여 '거제도'를 출발하여 '아소만'에 한 달 머무르며 왜구를 소탕했다. 삼군도체찰사 이종무, 중군도절제사 우박: 군령관장, 좌절제사 이숙묘: 군량관장, 우절제사 황상: 병선관장, 좌군도절제사 유습: 군령관장, 좌절제사 박초: 군량관장, 우절제사 박실: 병선관장, 우군절제사 이지실: 군령관장, 좌절제사 김을화: 군량관장, 우절제사 이순몽: 병선관장.『세종실록』원년 5월 14일(무오). 조정의 영의정 유정현을 삼도도통사, 참찬 최윤덕을 삼군도절제사로 삼고, 사인 오선경과 군자정, 곽존중을 도통사의 종사관, 사직정간 김윤수를 도절제사의 진무로 임명하여, 뒤따라 내려가 출정 장병을 격려하였다.『세종실록』원년 5월 20일(갑자).

17) 대마도 정벌에 나선 15세기 초 조선 수군의 배는 어떤 것이었을까? 목포 앞 달리도의 갯벌에서 배 한 척이 발굴되었다. 갯벌 속의 배는 수백 년 전의

5월 18일 태종과 세종이 임석한 가운데 두모포(동빙고)의 백사정에서 삼군도체찰사 이종무를 비롯한 대마도 정벌군 장령들을 전송하는 의식이 거행되고 나서, 중군과 우군은 당일로 원정의 장도에 오르고 좌군은 5월 19일 출정 하였다(세종 1년 5월 19일). 그러나 실제는 풍랑으로 인해 5월 20일에야 10여척이 거제도를 떠났다.[18] 지형조건이

    원형을 그대로 갖추고 있었다. 보존과 복원을 위한 처리가 한창인데, 이 배는 대마도 정벌보다 약 1, 2세기 정도 앞선 시기에 만들어진 배로 판명되었다. 그렇다면 이 배가 지금까지 발견된 배 중에서 조선 초기의 맹선과 가장 유사하지 않을까 추정된다. 달리도 배는 앞선 시기 고려의 배와 비슷한 구조이지만 한층 발달된 제작기술을 보여준다. 배의 좌현과 우현은 가룡목이라는 통나무로 연결했는데, 외판에는 가룡목을 끼웠던 흔적이 있다. 이 가룡목은 배의 구조를 튼튼하게 해 주는 역할을 한다. 이런 가룡목이 있었기 때문에 포 사격을 할 수 있을 정도로 배의 구조는 견고했던 것이다. 달리도 배는 선수와 선미가 높고 뭉툭하다. 그리고 가룡목으로 튼튼한 구조를 갖게 되었다. 외판은 나무못으로 고정되어 물을 머금을수록 견고해졌다. 태종은 전함 개량사업과 진법훈련에 많은 관심을 가졌다. 그것이 대마도 정벌을 가능하게 했을 것이다. 만 7천의 군사가 227척의 배에 나누어 탔다. 배는 적어도 60명 이상이 탈 수 있는 규모여야 했다. 원정함대의 사령관 이종무가 탔던 함선은 견고한 구조와 최소 100여 명이 탈 수 있는 크기의 당시로서는 최고의 전함이었을 것으로 추정된다. 화약은 특별한 곳에 보관했다. 습기 방지를 위해 화덕 위에 시렁을 얹어 관리했다. 바닥에 물독이 실리고 그 위 칸엔 쌀과 미숫가루 등 65일분의 전투식량이 있었다.

18) 이들 조선 수군은 어떻게 훈련받고, 어떤 모습으로 대한해협을 건넜을까? 어떻게 준비했나? 직접 대마도 정벌에 참가했던 조선 수군 지휘관이 남긴 기록이 있다. '벽제서원'에는 그 지휘관의 사당이 있다. 박초는 고려 말 조선 초의 무신으로 북진 개척과 대마도 정벌에 참여했다. 대마도 정벌 당시 그는 좌군절제사, 즉 부사령관급이었다 '벽제서원'에는 그가 남긴 기록이 잘 보존되어 있는데, 그의 『토헌집』에는 당시 수군의 훈련방법과 관련하여

거제도가 부산보다 섬으로 둘러싸여 천연의 요새로 왜구에게 들키지 않게 하기 위함이었다. 한편 조선 조정은 정벌군 출정 이후의 방어태세 확립과, 대마도 정벌작전과 관련된 군사행동에 대한 기밀유지를 위해 만반의 조치를 취했다. 그리하여 6월 1일에 최윤덕을 내이포에 파견하여 이 지역 일대에 배치된 각 군의 방어태세를 엄중히 단속하게 하는 한편, 내이포 등지에 거류하는 왜인들을 내륙 지역으로 소개시켜 출입을 통제하여 이들과 왜구의 연락을 차단하였다.19) 6월 2일 조선 조정은 조흡을 좌군도총제, 이춘생을 좌군총제, 이천을 좌군동지총제, 윤득홍을 좌군첨지총제로 임명하여 대마도 정벌군의 전력을 보강하였다(세종 1년 6월 20일).

(3) 대마도 정벌의 전쟁명분

왜구 침입문제로 고심하던 조선 초기 조정의 6월 9일 대마도 정벌명분은 다음과 같다. 조선 조정은 마침내 대마도에 대한 평화적인 설득 노력을 포기하고 대마도 정벌의 의도를 중외에 선포하였다. 조선

임금에게 올린 상소문이 있다. 상소문은 그의 오랜 수군 생활에서 나온 경험을 토대로 쓰였다. 전함은 부식 방지를 위해 훈연한 목재를 사용할 것을 권장하고, 수군의 훈련을 강조했으며, 다양한 진법 익히기와 활쏘기 등 개인 전 능력 향상을 위한 방안이 담겨있다. 태종과 세종 연간에는 유난히 수군 훈련에 대한 상소가 많았다. 병선에 쓰이는 화통이 모자라니 주철을 녹여 만들자는 주장이 제기되기도 했고, 습기에 민감한 화약을 배 위에서 잘 보관하는 방법 등이 보고되기도 했다.

19) 이때 검거된 왜인의 수효는 경상도 355명, 충청도 203명, 강원도 33명 등 총 591명이 되었다. 이밖에도 검문, 검색, 수색할 때 죽은 자와 자살한 자가 136명이었으며, 왜인 포로 속에 중국인 6명이 있었다(『世宗實錄』卷4, 世宗 元年 6月 丁丑條).

은 대마도가 기근에 허덕일 때 이를 구제하고 통상을 허락하여 그들의 살길을 열어 주었음에도 그 은혜를 저버리고 왜구가 조선 해안에 빈번히 침구하여 약탈과 살육을 자행한 만행을 힐책하고, 다음과 같이 대마도 정벌의 명분을 아래와 같이 천명하였다.20)

  대마도는 원래 우리의 영토이나 궁벽한 구석에 치우쳐 있으며 비좁고 누추하므로 왜놈들을 살게 내버려 두었다. 그런데 그놈들은 개나 쥐새끼처럼 도둑질하고 훔치는 버릇을 가지고 경인년(1410년, 태종 10년)부터 변경에서 날뛰기 시작하여 제멋대로 인민을 살해하고 부형을 잡아가고 그 집에 불을 질러 고아와 과부가 바다를 바라보며 울부짖는 일이 해를 거르지 않고 있다.…… 그 음흉하고 탐욕스러운 버릇은 더욱 방자하기 그지없어, 병자년(1396년, 태조 5년)에는 동래 병선 20여 척을 노략질하고 , 무자년(1408년, 태종 8년)에는 충청도에 들어와서 혹은 운수하는 물품을 빼앗고 혹은 병선을 불사르며 만호를 죽이기까지 하니, 그 포학함이 심하도다.…… 뜻밖에 이제 비인포에 몰래 들어와 인민을 죽이고 노략한 것이 거의 3백이 넘고, 배를 불사르며 우리의 장사를 해치고, 황해에 떠서 평안도에까지 이르러 우리 백성을 소란에 떨게 하며, 장차 명나라 지경까지 침범하려고 하니, 그 은혜를 잊고 의리를 배반하며 하늘의 떳떳한 도리를 어지럽게 함이 너무 심하지 아니한가.…… 이제 왜구가 탐욕스럽고 악독한 행동을 제멋대로 하고 뭇 백성을 학살하여 천벌을 자청해도 오히려 이를 용납하고 참으면서 토벌을 하지 않는다면, 어떻게 이 나라에 사람이 있다고 할 수 있겠는가. 지금 한창 농사철을 맞아 장수를 보내 출병하여 그 죄를 바로잡으려 하는 것은 부득이한 일이로다.

---

20) 『世宗實錄』卷4, 세종원년, 6月, 壬午條.

〈표 3〉 조선의 대마 정벌 인식과 일본 학계의 조선 침입 원인

조선 전기 대마도 정벌 인식	일본 학계의 조선 침입 왜구의 주체 원인
① 대마도가 옛날 우리나라의 땅이었다는 대마 고토 의식(정벌 후 경상도 속주 편입) ② 대마도가 우리나라의 동쪽의 울타리라고 하는 대마 번병의식 내지 속주의식 ③ 대마도가 일본 본주와는 다르다고 하는 대마 구분 의식 ④ 일본 남북조 시대의 정치불안 및 경제빈곤(『태종실록』-『세종실록』; 하우봉 1996, 142-144; 이해철 2001, 779)	① 森克己의 倭寇=武裝商人團說(해적 행위자 의미) ② 田中健夫・田村洋幸의 고려 측 무역 제한과 군제 장기화(고려 측 요인)와 田制紊亂에서 패배한 기타큐슈의 무사단이 재지 세력인 松浦黨 등의 무장조직이 왜구의 발생 원인이 되었다는 설(일본 국내 상황) ③ 靑山公亮의 倭寇=元寇에 대한 복수설(자부심을 바탕으로 한 일본 국민적 자당) ④ 對馬나 壹岐 등 九州 地方의 경제적 빈곤 또는 경제성장 등 일본 학계에서 왜구 발생 원인에 대하여 여러 주장이 있으나 아직 정설은 없음(李領 1999, 158-160)

14세기 후반 왜구의 규모와 실태는 '대규모화·장기화'가 특징이라고 할 수 있다(李領 1999, 160-172). 이상과 같이 조선의 대마도 정벌 인식에 관해서는 조선 전기의 '고토 의식, 속주 의식, 구분 의식' 등과 일본 학계의 정설 없는 왜구 침입 원인의 차이를 볼 수 있다.

이종무가 6월 20일 대마도 천모만 전방 해상에 이르러 대마도주에 항복을 권했으나, 답신이 없자 대마도를 수색하여 해상에서는 적선 109척을 소각하고 20척을 포획하는 전과를 올렸다. 지상에서는 가옥 1,939호를 불살랐으며, 적병 104급 참수, 21명 포획, 이밖에도 수색작전을 통하여 왜구에게 붙잡혀 와 이 섬에 억류되어 있던 중국인 포로 131명을 탈환하는 성과를 거두었다.[21] 그 후 대마도 지리에 익

---

21) 『世宗實錄』 卷4, 世宗元年 6月 癸巳条. 그러나 일본 측에서 발행된 대마도에서 편찬한 『대주편년략』에는 대마도 측 전사자 123명, 조선 측 전사자 2,500여 명으로 되어 있다. 대마도 측 전사자는 『세종실록』과 기록 차이가 없으나, 조선군 측 전사자는 『세종실록』 壬午条의 180명과 큰 차이가 난다.

숙하지 못한 좌군우절제사 박실이 병력을 이끌고 갔다가 복병을 만나 크게 패하고 편장 박무양, 박홍신, 김혜, 김희 등 300여 명이 전사했다. 이에 사기가 오른 적병이 직격해 오자 우군좌절제사 이순몽과 병마사 김효성, 우군병마부사 이예 등이 힘써 적병 수백 명을 사살하는 전과를 거두었다.[22] 대마도주 종정무(도도웅와)은 군사들이 오랫동안 주둔하고 있는 것을 두려워한 나머지 철군과 수호를 간청하는 글을 보내는 한편 7월에 폭풍이 있을 것을 알려왔다. 이에 이종무는 7월 3일 군사를 거두고 수군(舟師)을 이끌고 거제도로 귀환하였다(세종 1년 7월 3일).

(4) 대마도 정벌 2차 논의 과정

조선 조정은 7월 3일 중국 방면에서 온 왜구 선단 수십 척이 소청도 앞바다에 출현, 7월 4일 안흥량(女興梁)에서 공물 운반선 9척을 약탈한 후 대마도로 도주하는 사건이 발생한 후 대책을 논의하는 과정에서 7월 7일 대마도 정벌군을 재편성하였다.

① 대마도 공격군
중군: 삼도도체찰사 이종무/ 중군절제사 우박/ 중군절제사 권만/
좌군: 좌군절제사 박실/ 좌군절제사 박초.
② 왜구 요격군
중군: 중군절제사 박성양/ 좌군: 좌군절제사: 유 습/ 우군: 운군절제사: 황상의 2개 부대로 재편성하였다.[23]

---

22) 『세종실록』 원년 6月 癸巳조. 대마도 정벌 시 포로로 잡은 요동 등지의 남녀 142명은 세종 1년 8월 7일 압송하여 요동으로 돌려보냈다.

삼군이 각 병선 25척을 거느리고 남해안 요처에 정박하고 있다가 서해로부터 귀환하는 왜구를 차단하라는 작전명령을 하달했다. 그러나 당시 7월 12일 명나라에 갖던 천추사 일행 중 통사 김청의 귀환 후 명의 왜구 격파 보고 후 조선이 대마도를 정벌하려던 계획은 취소되었다.24) 이로써 정벌군은 해안 지역의 요해처에 배치되어 왜구에 대한 방어태세에 들어감으로써 대마도 정벌은 종결되었다.

제2차 대마도 정벌과 대마도 정벌 후 왜구 침입에 대한 대비에 관해 논의되었다. 유정현이 상소한 내용을 요약하면 다음과 같다.

① 대마왜인 성격: 대마도 왜인들이 잔폭하고, 강하고 사나우며, 원한을 보복하므로 요해지마다 각각 20척을 두게 할 것이며, 병선 정비, 병선이 없는 요해지에는 육군을 주둔시켜 지키고, 봉화를 삼가고, 수비 엄하게 할 것.
② 정월이나 2월에 병선을 정리하며, 물이 차고 바람이 모질어 적선이 아직 행동하기 전 3월에 재정벌하면 피해를 줄이고 농사 때 폐단이 없을 것이다.
③ 하삼도에 있는 충청, 전라, 경상 등은 오래된 병선을 가을과 겨울 사이에 수리 및 개조할 것이며, 하삼도에 목재가 부족하니 평안도 삼등, 양덕, 성천 등지에서 대동강으로 내려 보내고 이성, 강계 등처에서 압록강으로 내려 보내 모두 9월 내 다 운반하여 정월에 공사를 마치고 2월에 충청, 전라, 경상 등 하삼도에 정박하여 불우의 변을 대비 할 것.
④ 수군의 거주지 소속을 허락하고 선군 보충할 것.
⑤ 병선은 국가의 중요한 그릇이라 병선의 소재인 소나무를 많이 심을 것.

---

23) 『世宗實錄』 卷4, 世宗 元年 7月 庚戌条.
24) 『世宗實錄』 卷4, 世宗 元年 7月 乙卯条.

⑥ 왜구 침입 대비 성을 높이 축조할 것.25)

　이상 유정현의 제2차 대마도 정벌에 대한 상소는 조정에서 다시 논의되었다. 세종1년 7월 28일 병조에서 9·10월의 대마도 정벌을 위해 각 도의 병선을 수리하게 했다. 세종 2년 10월 21일 대마도 정벌 계획을 논의하였으나 시행 되지는 못하였다. 그런데 선행 연구는 유

---

25) 『세종실록』, 元年 7月 2日8(辛未条). "근해 지역에 병선을 만들기 위하여 심은 소나무에 대한 방화와 도벌을 금지하는 법은 일찍이 수교한 바 있으나, 다만 사선(私船)의 조작에 대해서는 금령을 세우지 않았기 때문에 연해 각처에 있는 소나무를 몰래 도벌하여 배를 조작하는 자가 있습니다. 이제부터는 해변의 소나무를 소재지의 수령 및 각 포 만호, 천호로 하여금 엄금하게 하고, 만약 사사로이 선척을 조작하는 자가 있으면 적발 즉시 논죄하여 선척은 관에 몰수하고 수령, 만호, 천호로서 이를 능히 고찰하지 못한 자도 또한 형률에 따라 논죄하도록 하소서" 하니 그대로 따르다(8년 8월 26일). 당시 소나무는 병선 조작에 매우 중요한 목재이므로 특별 관리한 것으로 보인다. ① 병선은 한 달에 한두 번 연기를 쐬고 소제하여 수호하고 여기에 힘쓰지 않는 만호, 천호는 논죄한다. ② 만호, 천호가 송목을 관장하고 육지에 있는 선재 수량을 대, 중, 소로 분간하고 제목의 조건을 제급하며 만호, 천호, 수령이 관장토록 했다 ③ 조선할 송목을 판자로 딴 곳에 허비 하지 말 것. 이를 어긴 천호, 만호 및 장인은 율대로 논죄한다. ④ 송목이 있는 곳은 금화 구역으로 정하고, 이를 어긴 자는 왕지 복종을 어긴 자로 보고 수령, 감사도 법률로 논죄한다. ⑤ 연해 지역 송목을 심은 수효와 가꾸는 상태를 매년 세말에 계문한다. ⑥ 병선 관리 상태를 감사와 처치사가 불시에 감찰하고 사계절 달 보름 전에 계문한다. 처치사가 없는 도에는 도절제사가 고찰한다. ⑦ 병선의 관리 상태, 송목의 수효, 금화한 상태 등을 매년 춘추로 병선, 군기를 점고할 때 아울러 조사하고, 이를 어긴 만호, 천호, 수령, 감사, 처치사, 절제사는 율대로 논죄한다.(세종실록16/9/23:정유)전함을 건조·수리하고 송목 배양을 관장하는 '司水色'을 부설하였다.

정현의 평가를 도외시되고 있는데, 그의 상소는 당시 재상으로서 유비무환 국방안보의 정책적 방안으로서 왜구 침입에 대비한 자연 환경적 조건과 지형지물, 바다의 사정 및 당시 왜구의 동태파악을 한 정확한 대마도 정벌의 인식론으로 높이 재평가되어야 할 것으로 보인다. 이러한 유정현의 건의가 시행되어 재정벌, 조선의 영토화를 했더라면, 전후 처리에서 생긴 모순을 극복하고 세종의 공세적 국방안보인 대마도 정벌의 역사적 평가는 더 높았을 것이다.

　이상과 같이 조선 초기 세종 시대 대마도 정벌 과정에서 대마도의 지형조건에 대한 미숙으로 매복과 기습으로 인한 조선군의 피해와 삼군도체찰사 이종무의 삼군절제사에게 내린 명령체계의 허술함,[26]

---

26) 『세종실록』, 원년 8월 16일(무자조)에 보면 좌군 우절제사 박실의 패군에 대한 의금부 문초 과정에서 "이종무가 처음에는 삼군 삼절제사에게 명령하여 다 육지에 내려서 싸우라고 하더니, 뒤에 명령을 변경하여 삼군 절제사 각 1사람만이 육지에 내리라고 하여서, 실은 제비를 뽑게 되어서 내렸던바, 적은 강하고 우리는 약하여 2번이나 보고하여 구원을 청하였으나 종무가 들어 주지 아니하고, 유습과 박초 등도 역시 내려와 구원하지 아니하였으므로 패전하였다. 하오니 종무, 유습, 박초도 유죄하오니 국문함을 주장하였다." 상왕(태종)이 다음날 박실을 석방하였다. 이와 같이 수군의 명령체계가 어려운 이유를 『세종실록』 6년에서 8년까지 수군 충원과정을 찾아보면 그 원인을 규명 할 수 있다. 양인에서 천인(6년 1월21일), 소·말 도살 후 매매자(6년 4월 14일), 동전을 쓰지 않고 죄 받은 자(7년 1월 8일), 집을 훔친 자(7년 1월 21일), 거짓 공으로 관직을 받은 자(7년 2월 21일; 8년 3월 7일), 사노비 두목(8년 4월 7일), 주전할 동(銅)이 부족하므로 이를 매매한 자(8년 12월 6일), 각 고을을 떠돌아다니는 장정 중 480명(7년 윤7월 18일), 각 도에 흩어져 거주하는 백정(8년 1월 24일), 화재 등을 저지른 자(8년 2월 26일), 소와 말을 도적질한 자, 동전을 쓰지 않는 자, 관기를 간통한자(8년 1월 24일), 화재 등 재난을 저지른 자(8년 2월 26일) 등 국법질서를 이탈한 통제 불능의

대마도 출정 과정에서 논공행상의 병조에 대한 보고체계의 불공평함,27) 대마도 만호들의 협력,28) 대마도주의 폭풍 일기에 대한 정보전략에 관한 후속 조치 없이 군사를 거두어 귀환하였다. 이러한 문제점에도 불구하고 대마도 정벌은 이후 조선 정부가 대마도와 긴밀한 외교관계를 맺을 수 있는 배경이 되었으며, 이후 왜구 침입이 줄고 평화의 내왕자로 변하는 등 영향을 미쳤다는 점에서 그 의의는 크다고 평가할 수 있다.

4. 결어: 대마도 정벌의 결과

대마도 정벌 후 조선은 대마도주 에게 강경한 "투항 권유서"를 보냈다. 1419년 7월 17일에 병조판서 조말생이 대마도주 앞으로 보낸 문서에서 대마도가 조선을 군신의 예로 섬기면 더 이상 무력을 행사하지 않겠다는 입장을 다음과 같이 표명하였다.29)

범죄행위자들을 모두 수군에 보충함으로써 대마도 정벌 시 명령체계가 허술한 모순을 낳고 있다.

27) 『세종실록』 원년 9월 24일(병인조)에 보면 이순몽의 대마도 출정(7월 20~25일 왜적 수색)의 보고에 관한 우군절제사 이지실의 보고내용이 병조에 보고되지 않은 논공행상의 불평함을 볼 수 있다.

28) 『세종실록』 원년 10월 17일(무자조). 대마도 도적 중도만호가 대마도 정벌 시 자신들의 협력을 말하며 그들의 배와 사람을 보내줄 것을 요청했다.

29) 『世宗實錄』 卷4, 世宗 元年 7月 庚申條.

대마도는 원래 경상도 계림에 속한 조선의 영토인 것이 문헌적상 분명히 나와 있음에도 불구하고 도주는 도민에게 해적행위를 허용하고 있음이 심히 유감스럽다. 이제 항복하여 군신의 관계를 회복하도록 할 것이며, 모든 도민을 전부 이주시키도록 하라. 만약 이에 따른다면 도주에게는 관직을 주고 도민에게는 생활의 안정을 약속할 것이다. 따르지 않는다면 다시 정벌할 것이다.

위 내용을 정리해 보면, 첫째, 대마도라는 섬은 경상도의 계림에 예속했으니 조선의 영토라는 것, 둘째, 왜인들의 불법적 영토 점유와 부도덕성, 귀화자에 대한 이익과 무역 및 통신에 관한 사항; 셋째, 대마도 정벌의 타당성, 넷째, 대마도주에게 좋은 벼슬과 녹을 줄 것이니 강력하게 투항할 것, 다섯째, 대마도 재정벌의 강력한 암시 등이 들어있다(세종 1년 7월 17일).

이에 대하여 대마도주은 조선에 사자로 보내 왜구의 도두음곶 및 연평곶 침구 사건 조사결과를 상세히 보고하였다. 대마도 측 보고의 내용은 다음과 같다.

도두음곶과 연평곶에 침구한 왜구의 배 30척 가운데 16척은 침몰하고 14척이 귀환하였으며, 그 중 7척은 왜구의 배이고 7척이 대마도의 배인데, 선주가 이미 죽었으므로 그 두목과 자식을 잡아들이고 가재와 배를 몰수하였으니 조선에서는 조속히 관리를 보내 조치하기 바란다.30)

다른 한편 조선의 요구에 순종하여 대마도를 경상도의 일개 속주로 할 것과 대마도민을 조선으로 사민할 것을 맹세하였다.

---

30) 『世宗實錄』卷7, 世宗 2年 7月 庚申条.

대마도는 토지가 척박하고 생활이 곤란하니 섬사람들을 가라산도(거제
　도) 등의 섬에 보내 거주토록 하여 주시고, 대마도를 조선 영토의 예에 따
　라 주(州)의 명칭을 주시고 인신(印信)을 내려 주신다면 신하로서의 도리
　를 다하겠습니다.[31]

　그러나 대마도주는 밖에서 '조선을 호위'하겠다는 명분과 '친척들
의 권력 도전'을 이유로 들어 명분상 투항의사를 나타내면서도 대마
도가 일본의 '자활영토'(自活領土)로 남겠다는 의사를 표시하였다. 대
마도 실권을 대마도주(도도웅와) 자신이 계속 유지하겠다는 것이었
다. 이에 대해 조선은 다음과 같이 강경 조치를 취하였다.

　　대마도는 경상도에 매여 있으니, 모든 보고나 또는 문의할 일이 있으면,
　반드시 본도의 관찰사에게 보고하여 그를 통해서 보고하고 직접 본조에
　올리지 말라(세종 1년 윤1월 23일).

　이는 조선의 실제 행정상 통제의 일환으로 보인다. 그러나 대마도
정벌 이후 대마도에 강경 태도를 유지하던 태종이 죽자, 세종은 강경
조치는 왜구의 재발 요인이 된다고 하여 명분상 대마도의 조선 소속
으로 대외문제를 매듭짓게 되었다. 즉 대마도 종정에게 조선의 관직
을 하사하여 그에게 대마도를 지배케 한 것이다. 그러나 조선이 파견
한 지방관에 의하여 대마도가 통치되지 못하고 대마도 수호에 대한
실제적 인사권을 조선 중앙정부가 갖지 못함으로써 정벌에서 대마도
의 조선 영토화는 실패했다. 조선의 대마도 정벌은 정치적 측면에서
는 성공을 거두었지만 군사적 측면에서는 성공하지 못한 전쟁이었다.
당초 정벌의 목적이 섬의 왜구를 소탕하고 대마도를 조선 영토로 편

---

31) 『世宗實錄』卷7, 世宗 2年 7月 庚申条.

입시킨다는 것이었는데, 대마도주의 항복을 받고도 자치를 허용하는 실수를 저질렀기 때문이다. 만일 대마도에 직접 관리를 파견하고 실질적으로 지배했더라면 임진왜란도 사전에 막을 수 있었을지 모른다. "대마도의 군사전략적 가치를 내다볼 수 있는 사람이 없었다는 것이 조선의 불행이었다"(장학근 1983, 31)는 결론을 내리고 있다.

참고문헌

<1차자료>
『조선왕조실록』(태조-세종실록), 『고려사』, 『고려사절요』, 『삼국사기』, 『삼국유사』, 『동사강목』, 『동국여지승람』, 『조선통교대기』, 『대명회전』, 『요동지』, 『해동제국기』, 『선린국보기』, 『조선통신사국차지서계각』, 『여유당전서』, 『교린지』, 『대동여지도』, 『동국조선총도』, 『조선부:조선팔도총도』, 『대명일통지』, 『문헌통고』, 『조선도설』, 『대학연의』, 『조선왕국전도』, 『만기요람군정편』, 『신동국여지승람』, 『삼국접양지도』, 『대한여지도』, 『토헌집』

<저서>
강영오, 『해양전략론』, 한국해양전략연구소, 1998.
국방군사연구소(편), 『왜구정벌사-민족전란사9』, 1993.
김병하, 『이조전기 대일무역연구』, 한국연구원, 1969.
김주식외(편)『조선시대 수군관련사료집Ⅱ, Ⅲ, Ⅳ, Ⅴ』, 신서원, 1999-2003.
김현종, 『조선전기 대일교섭사 연구』, 한국연구원, 1964.
김재근, 『조선왕조군선연구』, 일조각, 1977.
민두기, 『일본의 역사』, 지식산업사, 1980,
박영규, 『세종대왕과 그의 인재들』, 들녘, 2002.
박현모, 『세종처럼』, 미다스북스, 2008.
세종대왕기념사업회, 『세종대왕어록 1, 2』, 1981

＿＿＿＿＿＿＿,『세종문화사대계3-정치·경제·군사·외교·역사』, 2001
손보기,『세종대왕과 집현전』세종대왕기념사업회, 1984.
손승철,『조선시대 한일관계사연구』, 지성의 샘, 1994.
손승철,『한일관계사료집성』(1-5권), 경인문화사, 2004.
신국주,『근대조선외교사』탐구당, 1965.
유재성,『한민족전쟁통사3:조선시대전편』, 국방군사연구소(편), 1996.
육사한국군사연구실, ,『한국군제사:조선전기편』, 육군본부, 1977.
이광린,『세종』『한국의 인간상Ⅰ』신구문화사, 1965
이성무,『조선왕조사1·2』, 동방미디어, 1998.
이춘식,『사대주의』, 고려대학출판부, 1997.
이숭령,『세종대왕의 학문과 사상』아세아문화사, 1981
이지경,『회재 이언적의 정치사상』, 한국학술정보.2006.
＿＿＿,『한국정치사상사의 제단면: 조선조 사림파 정치사상』, 한국학술정보.2008.
이지경 외,『한국정치사상사: 단군에서 해방까지』, 백산서당, 2005.
＿＿＿,『세종의 국가경영』, 지식산업사, 2006.
＿＿＿,『지방자치단체와 글로벌투자유치전략』, 혜민기획, 2006.
이현종,『조선전기 대일교섭사 연구』, 한국연구원, 1964.
이해철,『세종시대의 국토방위』세종대왕기념사업회, 1985.
전락성/신승하(역),『中國通史:上』, 종우사, 1981
장학근,『조선시대 해양방위사』, 창미사, 1987.
장학근·이민웅편,『조선시대수군1.2』, 신서원, 1997.
정두희,『조선초기 정치지배세력 연구』일조각, 1983
진단학회(편),『한국사:근세조선전기편』, 을유문화사, 1962.
천관우,『근세조선사연구』, 일조각, 1990.
한국정신문화연구원(편),『세종조문화연구Ⅰ』, 박영사, 1982.
한국정신문화연구원(편),『세종시대 문화의 현대적 의미』, 1998.
한일관계사연구회(편),『독도와 대마도』, 지성의 샘, 1996.
독도학회(편),『우리땅 독도이야기』, 2005.
Alfred T. Mahan/해군본부(역).『해양력이 역사에 미친영향』.1987.
James L. George/허홍범(역)『군함의 역사』, 한국해양전략연구소, 2004.
蔡連錫,『韓國 初期火器硏究』一志社, 1981

中村榮孝, 『日鮮關係史の硏究』吉川弘文館, 1965.
山里澄江/손승철(역), 『한일관계사의 재조명』, 이론과 실천, 1992.
靑山公亮, 『日麗交涉史の硏究』明治大學文學部報告書, 1955.
田中健夫, 『中世海外交涉史の硏究』, 東京大學出版會, 1959.
_____, 『倭寇-海の歷史-』, 敎育社, 1982
田村洋幸, 『中世朝日貿易の硏究』, 三和書房, 1967.
石原道博, 『倭寇』吉川弘文館, 1964
竹越与三郞, 『倭寇記』白揚社, 1938
李 領, 『倭寇と日麗關係史』, 동경대학교출판회, 1999.

<논문>

강성문, 「조선초기육진개척의국방사적의의」, 국방부군사편찬연구소, 『군사』제42호.2001.
_____, 「조선시대여진정벌에관한연구」, 국방부군사편찬연구소, 『군사』제18호.1989.
김구진, 「조선전기 대여진 관계와 여진사회의 실태」단국대학교동양학연구소『동양학』13, 1983
_____, 「조선초기조선과 여진과의 관계」『한국사』1권22호, 국사편찬위원회, 1995
_____, 「13세기-17세기 여진사회연구」고려대학교대학원 박사학위논문.1988
_____, 「세종시대의 대외정세」『세종문화사대계3』세종기념사업회, 2001.
김순자, 「여말선초 대원・대명관계연구」연세대학교박사학위논문, 1999.
김운태, 「세종조의 정치사상」한국정신문화연구원(편), 『세종조 문화연구Ⅰ』, 박영사, 1982
김주식, 「한중일 삼국의 해적사 연구와 장보고 시대 해적연구의 현황」『장보고논총』, 해군 해양연구소, 2003.
_____, 「해적의 어제와 오늘」『해양전략』, 해군대학, 1998.
길병옥, 「독도/대마도:강역과 영토주권의 통사론」충남대학교 국방연구소 세미나 발표논문, (충남대학교:2008, 10, 6)
김홍우, 「한국정치사상 연구의 새로운 지평」『정치사상의 전통과 새지평』, 고 인산 김영국교수 5주기 추모학술대회발표논문 (2005/01/24:서울대학교)
나종우, 「한국중세 대일교섭사 연구」, 단국대학교대학원 박사학위논문, 1992.
_____, 「고려말기의 여일관계-왜구를 중심으로」『전북사학』4, 1980

민덕기, 『임진왜란 이후의 한·일 강화교섭과 대마도(1)(2)』, 『사학연구』, 1989
박병호, 『조선시대 立法者의 法律觀』성균관대 대동문화연구원 『韓國思想大系 Ⅱ』, 1976
_____, 『세종대왕과법치주의』세종대왕기념사업회 『세종문화』46~48호, 1981.
박현모, 『척불논쟁과 정치가 세종의 딜레마』『정치사상의 전통과 새지평』, 고 인산 김영국 교수 5주기 추모학술대회발표논문(2005/01/24: 서울대학교).
_____, 『세종과 경국의 정치:세종은 외교적 난관을 어떻게 헤쳐 나갔는가』, 동아시아학술원 유교문화연구소, 『유교문화연구』 제9집, 2005.
_____, 『세종정부의 의사결정 구조와 과정에 관한 연구:제1,2차 여진족 토벌 사례를 중심으로』, 한국동양정치사상사학회(편),『동양정치사상사』 제8권1호, 2009.
박홍규,방상근, 「세종의 권력이양과 인사제의」, 『한국정치학회보』 2009녀 봄호 제43집제1호.
배영복, 『세종대왕의 국방사상』국방부군사편찬연구소, 『군사』제28호.1994.
손보기, 『세종대왕의민본정신과국제사회』, 『세종대왕과집현전』세종대왕기념사업회, 1984
손승철, 『대마도의조·일양속관계』한일관계사연구회편, 『독도와대마도』, 지성의 샘, 1996
_____, 『조선조 사대교린 정책의 성립과 그성격』, 『계촌민병하교수정년기념사학논총』, 1988
_____, 『17-18세기, 동아시아 삼국의 자문화중심주의와 타자인식』, 한국정신문화연구원, 『동아시아에서의 역사 바로보기』발표논문집.(2004.12.8)
손홍렬, 『여말·선초의 대마도 정벌』『호서사학』호서사학회, 1978
_____, 『고려말기의 왜구』『사학지』제9집, 단국대학교, 1975.
이상태, 『대마도 정벌고찰』, 국방부군사편찬연구소, 『군사』제17호.1988.
이지경, 『세종의 공세적 국방안보: 대마도 정벌과 파저강 토벌을 중심으로』, 『세종의 국가경영』, 지식산업사, 2006.
신기석, 『고려말기의대일관계-려말왜구에관한연구』『사회과학』1, 한국사회과학연구회, 1957.
신석호, 『여말선초의 왜구와 그 대책』『국사상의 제문제』3, 국사편찬위원회, 1959.
안정희, 『조선초기의 사대론』『역사교육』64, 1997.

오종록,『조선초기양계의군사제도와국방체제』고려대학교대학원박사학위논문, 1992
유영박,『세종조의 사회정책』진단학회『진단학보』29, 30 합병호, 1966
_____,『세종조의 재정정책』대한민국학술원『학술원논문집』8집, 1969
유재구,『조선초기대마도정벌에 관한연구』, 조선대학교대학원 석사논문, 1985.
이병선,『대마도의新羅邑落國』, 계명대학교일본문화연구소,『일본학지』제10집 1990.
이은규,『15세기초 한일교섭사 연구: 대마도 정벌을 중심으로』『호서사학』3, 1974
이인영,『선초 여진 무역 고』『진단학보』8, 1937
이재용,『조선전기의 수군』,『한국사연구』5, 1970
이춘근,『중국 해군력 발전의 역사적 궤적』, 이홍표편,『중국의 해양전략과 동아시아 안보』, 한국해양전략연구소, 2003.
이해철,『대마도 정벌』『세종문화사대계3』세종기념사업회, 2001.
이혁섭,『국가이익과 국가안보』, 이동훈외『국가안보론』, 박영사
이현종,『왜구와 대외정책』『조선초기 대일교섭사연구』한국연구원, 1964
장학근,『조선의 대마도 정벌과 그 지배정책-대외정책을 중심으로』, 해군사관학교 논문집 18, 1983
_____,『조선시대해양방위사』, 단국대학교대학원 박사학위논문, 1987.
_____,『해양제국의 침략과 근대조선의 해양정책』, 한국해양전략연구소, 2000.
정윤재,『세종대왕의 천민/대천이물론과 보살핌의 정치』, 한국동양정치사상사학회(편),『동양정치사상사』제8권1호, 2009.

| 제 5 장 |

미국의 대아프간 전쟁 교훈
― 클라우제비츠의 삼위일체론 적용 측면을 중심으로 ―

이승렬* · 박규백**

1. 서 론

전통적으로 전쟁(war)은 자기의지의 상대방 강요,[1] 즉 국가목표 달성을 목적으로 삼고 있으며, '정치집단 간, 조직적인, 폭력 행위'라는 세 가지 주요 특성[2]을 지니고 있다. 이는 국가안보(national security)의 개념이 협의적이었던 탈냉전 이전 국가를 배경으로 하는 군사적 행동인 표준 전쟁(standard war)을 의미한다. 이러한 고전적 전쟁은 외부

---

* 해군사관학교 국제관계학과 교수.
** 해군본부 전략기획과 구조기획담당관, 해군사관학교 군사전략학과 전임강사.

1) Carl Von Clausewitz, *Vom Kriege*, Michael Howard and Peter Paret (ed. and trans.), *On War* (New Jersey: Princeton Univ., 1976), p.75.
2) 이종학, 『현대전략론』(서울: 박영사, 1994), p.23.

의 군사적 위협을 전제로 한 군사적 방위[제1, 2차 세계대전을 거치면서 군사력 조성을 위한 잠재 역량을 의미하는 군사 잠재력(Military Potential)도 포함]로 행위의 주체, 원인, 시간, 정치적 목적, 군사적 목표, 공간, 수단, 방법 등 일련의 수행과정에서 명확성과 제한성을 지니고 있었다.

그러나 냉전의 종식과 정보혁명을 바탕으로 하는 세계화 및 과학기술화 사회의 도래는 국가안보의 개념을 확대시켰으며, 이에 따라 과거 전쟁의 양상도 새롭게 변화되었다. 이는 전쟁이 인간 사회 현상의 일부분인 이상 피할 수 없는 결과이다.

이러한 국가안보 개념의 확대는 국가안보의 5대 구성요소인 위협의 유형, 목적과 대상, 기능, 수단, 그리고 방식[3]의 총체적 변화를 의미한다. 이러한 변화 중에서도 특히 사회변화의 추세에 따라 위협의 유형이 전시 외부의 군사적 요소에서 평시 비군사적 요소까지 포함하는 광의의 개념으로 확대된 측면과 정보혁명을 바탕으로 한 첨단 과학기술의 발전은 국가안보 개념 변화의 핵심이다.

이 중에서 위협 유형의 변화는 현 국제사회 변화의 부정적 측면, 즉 세계화 및 정보화의 결과로 나타난 국가 간의 격차와 첨단 기술력의 공공재화(公共財化)에 기인하고 있다. 먼저 국가 간의 격차 측면에서 볼 때, 현재 국제사회는 가진 나라(have)와 못 가진 나라(have-not)의 두 부류로 구분되며, 못 가진 나라가 느끼고 있는 상대적 박탈감과 소외감은 민족주의, 종교 등의 정체성과 결합되어 적대감으로 전환되고 있다. 또한 이제 더 이상 과학기술은 가진 나라의 독점적인 점유물이 아니라 점차 공유화되고 있는 추세이다. 결국 못 가진 나라는 첨단 기술력의 공공재화라는 여건을 이용해 가진 나라에 대한 적대

---

3) 국가안보의 5대 구성요소에 대한 자세한 사항은 최경락, "국가안전보장론," 국방대학원 편, 『안전보장이론』(서울, 1998), pp.196-212 참조

감을 위협으로 실제화시키고 있는데, 이러한 위협은 기존의 것과는 전혀 다른 성격을 지니고 있다.

이것이 바로 탈냉전 이후 새롭게 대두되고 있는 초국가적 위협(transnational threat)이다. 이러한 초국가적 위협은 비군사적 성격의 비대칭적 위협(asymmetric threat)이며, 비국가 행위자(non-state actor)가 위협의 주체로 과거와는 전혀 다른 차원의 위협이다.

이 중에서도 테러(terror)는 미국의 9·11참사에서도 볼 수 있듯이 대표적인 초국가적 위협으로서 비용 대(對) 효과 면에서 약자가 강자에게 제기할 수 있는 가장 효율적인 위협이다. 이러한 테러는 우발상황 초래, 경제혼란 유발, 민간질서 파괴 등을 통해 궁극적으로는 심리적 교란을 조성하여 극적인 효과를 얻을 수 있게 한다.

결국 이렇게 성격이 변화된 위협에 효과적으로 대응하기 위해서는 과거의 군사작전 중심의 표준 전쟁이 아닌 다른 차원의 전쟁 수행이 불가피하다. 이는 국가가 아닌 정체성에 근거한 전쟁(identity-based war)에 대한 대응을 의미하며, 이러한 전쟁은 시간, 목표, 공간 등에서 무제한적이고 불명확하며 전선, 군대, 규칙 등도 없다. 따라서 이렇게 변화된 전쟁의 개념은 군사작전 외에 비군사작전 분야까지 포함한다. 이것이 바로 보이지 않는 전쟁(gray war)으로 명명되는 새로운 형태의 전쟁이다.

한편 첨단 과학기술은 못 가진 나라 측면에서는 초국가적 위협을 용이하게 제기할 수 있는 환경 여건을 조성하지만, 가진 나라 측면에서는 이에 대응하는 보이지 않는 전쟁의 효율성을 추구할 수 있는 물질적 여건을 조성하는 정보전(information warfare) 수행을 의미한다.

현재 미국이 주도하고 있는 테러 응징전인 대(對)아프간 전쟁은 21세기 최초의 새로운 형태의 전쟁(a different kind of war)[4]으로, 초국가적 위협, 보이지 않는 전쟁, 그리고 정보전을 특징으로 하는 탈냉전기 신(新)국가안보 개념 하에서 변화된 전쟁의 양상을 단적으로 보여주고 있다.

이에 본 연구에서는 9·11테러 참사 이후 미국이 주도해 오고 있는 대(對)아프간 전쟁을 분석함으로써 21세기 미래전 수행 모델의 한 측면을 제시하고자 한다. 이를 위한 분석의 틀로는 인적(人的) 요소, 지적(知的) 요소, 그리고 우연성과 개연성 요소를 내용으로 하는 클라우제비츠의 삼위일체론(三位一體論)에 시대적 변화를 고려해 기술 요소를 추가한 사위일체론(四位一體論)을 선정하였는데, 이는 군사 연구의 바탕이 전쟁 본질론이며, 바로 이 사위일체론이 전쟁 본질의 기저(基底)를 이루고 있기 때문이다.

따라서 이 논문에서는 다음과 같은 세 가지 문제를 제기하였다.

첫째, 정체성과 결합된 초국가적 위협에 대응하기 위해 국가안보의 개념은 어떻게 변화되었는가?

둘째, 이러한 신국가안보 개념 하에서 변화된 전쟁 양상의 특징은 무엇인가?

셋째, 전통적 삼위일체론의 현대·미래적 의미는 무엇이며, 이는 미국의 대(對)아프간 전쟁에서 어떻게 적용되고 있는가?

이렇듯 본 연구는 군사이론의 핵심인 전쟁 본질론을 바탕으로 21세기 최초의 실제 전쟁을 경험적으로 분석하여 미래전 양상의 한 측면을 제시했다. 이는 그 동안 군사혁신(revolution in military affairs)의 범주 내에서 이론적으로만 수행되어 왔던 기존 연구의 단점을 보완함은 물론, 향후 미래전 수행 모델의 일반화에 기여할 수 있을 것이다.

---

4) 2001년 9월 29일 부시 대통령이 대(對)국민 주례 라디오 연설에서 최초로 언급하였다.

2. 분석의 틀

1) 전쟁의 본질

　전쟁의 본질에 대한 연구는 전통적으로 승리 또는 오늘날에는 억제를 위한 최선의 방법론과 밀접한 관계를 맺고 있으며, 이는 군사 연구의 바탕이다.5)

　19세기 초 발표된 클라우제비츠의 삼위일체론(三位一體論, a remarkable trinity)은 전쟁 본질에 대한 가장 가치 있는 이론으로, 저자가 직접 나폴레옹 전쟁을 겪으면서 전쟁을 현실적 측면뿐 아니라 철학적 차원에서도 심도 깊게 분석한 것이며, 오늘날에도 그 유용성이 입증되고 있다.

　이 이론에서 클라우제비츠는 전쟁이란 "적을 굴복시켜 자기의지를 강요하기 위해 사용되는 일종의 폭력행위이다"6)고 정의했는데, 이 정의에서 자기의 의지란 전쟁의 정치적 목적(political objective)으로 국가목표를 의미하며, 이를 달성하기 위한 수단은 폭력이라고 해석할 수 있다. 이는 결국 자기의지의 강요라는 전쟁의 정치적 목적을 달성

---

5) Julian Lider, *Military Theory* (Aldershot: Gower Publishing Co., 1983), p.15. Julian Lider는 이 책에서 군사 연구를 위한 분석의 틀이 전통적인 전쟁 중심적(war-oriented) 방법에서 군사력 중심적(military force-oriented) 방법으로 변화되고 있음을 밝히면서, 전쟁본질론이 군사 연구의 가장 중요한 주제이며, 이 두 가지 틀의 공통점이라고 주장하였다.

6) Howard and Paret, *op. cit.*, p.75.

하기 위해서는 적 저항력의 무력화라는 전쟁의 군사적 목표(military aim)를 추구해야 하며, 이는 전투를 통해서만 가능하다는 것을 나타낸다.

클라우제비츠는 이를 증명하기 위해 폭력의 무제한 행사, 목표는 적의 무력화임, 그리고 힘의 무제한 발휘라는 세 가지 무제한성 또는 상호작용을 제시하면서 절대전(absolute war) 개념을 설명했다. 그러나 이를 순수 이론상의 전쟁, 즉 탁상 전쟁(war on paper)으로 분류하면서 이의 현실 실현 가능성을 부인했다. 여기에는 전쟁은 고립된 행동이나, 단 1회만의 결전이 아니며, 또한 그 결과가 절대적인 것이 아니라는 세 가지 이유가 작용한다.7)

결국 클라우제비츠는 새롭게 현실전(real war) 개념을 도입했는데, 이를 통해 적의 완전 무력화, 즉 무장해제, 그리고 전투만이 전쟁의 정치적 목적을 달성할 수 있는 것이 아니라, 현실적으로는 강화(講和)를 통해서 이를 효과적으로 달성할 수 있다고 주장했다. 여기에서 클라우제비츠는 강화를 달성하는 방법으로 적으로 하여금 승리의 불가능성을 인식시키거나 감당할 수 있는 정도 이상의 희생을 강요하는 전투 이외의 다양한 방안을 제시했다.8)

이를 종합해 볼 때 전쟁의 본질은 정치적 목적, 즉 국가목표를 달성하기 위한 정치적 수단으로, 군사적 목표와 수단은 적 저항력의 완전 무력화와 전투를 바탕으로 주어진 현실 상황에 적합한 다양한 형태를 취할 수 있다. 이로써 "전쟁은 다른 수단에 의한 정치의 연속"9)

---

7) 전쟁의 세 가지 무제한성 및 절대전의 현실 실현 조건에 대해서는 *ibid.*, pp.75-80 참조.

8) 전쟁에서 강화를 달성하기 위한 다양한 방법에 대해서는 *ibid.*, pp.90-99 참조.

이라는 클라우제비츠의 주장이 논리적으로 증명된다.

2) 삼위일체론: 전쟁 본질론의 핵심

클라우제비츠는 『전쟁론』(On War, 1832) 제1장 "전쟁의 본질에 대하여"(On the Nature of War)에서 전쟁의 27가지 특징을 제시한 후, 최종적으로 전쟁의 본질을 삼위일체론으로 설명했다. 즉 클라우제비츠의 전쟁본질론은 삼위일체론으로 귀결된다고 할 수 있다.

여기에서 클라우제비츠는 삼위일체론의 요체로 "전쟁이란 삼중성(三重性)을 지니며, 항시 이 세 가지 요소의 인력(引力) 중심점을 유지해야 한다"10)고 주장했다. 이는 결국 카멜레온처럼 이 세 가지 특성을 변화되는 환경에 잘 적응시키는 것이 전쟁의 본질이라는 것을 강조한 것이다.

이러한 삼위일체론은 인적(人的), 지적(知的), 그리고 우연성과 개연성 요소로 구성된다.

삼위일체론의 첫 번째 요소인 인적 요소는 국민의 열정 및 의지와 관련이 있다. 이는 맹목적인 자연 충동이라고 볼 수 있는 증오, 적개심과 같은 본래의 격렬성으로 자연적 힘의 원천을 이룬다.11) 이러한 인적 요소는 심리적 요소이기 때문에 개인적 차원보다는 집단적 차원에서 발휘될 때 더 큰 힘을 발휘하게 된다. 결국 이러한 성향은 양자의 의지가 변증법으로 대립하는 전쟁에서 상호 극단적인 폭력행위

---

9) *Ibid.*, p.87.

10) *Ibid.*, p.89.

11) *Ibid.*, p.89.

로 치닫게 되며, 궁극적으로는 현실세계와는 동떨어진 절대전을 추구하게 된다.

두 번째 요소는 지적 요소로서 정부가 전쟁에서 달성하고자 하는 정치적 목적과 전쟁 지도(conduct of war) 능력과 관련된다. 이는 전쟁을 완전한 이성의 소산으로 만드는 정치적 도구로서의 종속적 성질을 의미한다.12) 결국 이 요소는 "전쟁이란 다른 수단에 의한 정치의 연속"이라는 클라우제비츠의 주장과 같이 전쟁을 목적을 지닌 수단으로 만들어 현실전을 추구한다.

마지막 요소인 우연성과 개연성은 지휘관과 군대의 용기 및 능력과 관련된다. 이는 위험, 육체적 노고(勞苦), 우연, 인간의 불완전성 등 전쟁을 구성하는 환경 요소의 불확실성13), 즉 전쟁의 안개(fog of war) 속에서 전쟁을 창조적이고 자유로운 활동으로 만드는 성질을 의미한다.14)

이로부터 정신적 측면을 강조했던 클라우제비츠의 군사적 천재의 중요성이 대두되는데, 바로 이 군사적 천재가 우연성과 개연성이 지배하는 전장 속에서 선천적인 직관에 의해 어느 정도 (최소한 상대방을 능가하는 정도) 마찰을 극복하고 전쟁을 승리로 이끄는 결정적인 역할을 수행하는 것이다. 여기에서 군사적 천재의 본질은 지성(知性), 정의(情意) 및 용기로 구성되는 정신력이다. 결국 이러한 도박적 특성이 군사 행동을 정지 또는 완화시키는 역할을 하며, 이로써 첫 번째 요소에 의해 발생한 절대전의 성격은 다시 현실전으로 전환된다.

이를 종합해 볼 때 군사연구의 첫 번째 주제인 전쟁의 본질에 관

---

12) *Ibid.*, p.89.

13) 이렇게 전쟁을 방해하는 요소를 포괄적으로 마찰(friction)이라고 한다.

14) *Ibid.*, p.89.

한 클라우제비츠의 삼위일체론은 전쟁 상황에 따른 인적·지적 요소 및 우연성과 개연성 요소의 상호작용이 핵심이며, 이러한 세 가지 경향은 마치 철칙처럼 전쟁의 본질에 깊이 뿌리박고 상황에 따라 각각 다양한 비중을 차지한다. 따라서 전쟁을 진정한 승리로 이끌기 위해서는 삼위일체론의 세 가지 요소 간의 관계를 자의적으로 설정해서는 안 되며, 이를 보다 효과적으로 조화시키기 위해 국가의 총력을 기울여야 한다.

3) 삼위일체론의 현대·미래적 의미: 전쟁 패러다임의 변화

(1) 초국가적 위협의 출현

현재 세계화, 정보화, 과학기술화 등으로 표현되고 있는 탈냉전기 국제사회의 변화는 국가안보 개념을 과거 군사적 위협에 대한 군사적 방위를 의미했던 협의의 군사안보에서 군사 및 비군사 위협에 대한 전(全) 국력적 방위를 의미하는 포괄적 안보(comprehensive security) 문제로 전환시켰다.

이는 국제사회 변화의 부정적 측면의 결과로 가진 나라(have: high side, zone of peace)에 대한 못 가진 나라(have-not: low side, zone of turmoil)[15]의 상대적 박탈감과 첨단 기술력의 공공재화(公共材化)가 근본적인 원인으로 작용하고 있다. 더욱이 못 가진 나라가 느끼고 있는

---

15) 현재 국제사회는 15%의 가진 나라와 85%의 못 가진 나라로 구성된다. Robert Harkavy, "Strategic Geography and the Greater Middle East," *Naval War College Review*, Autumn 2001, p.41.

상대적 박탈감과 소외감이 제2차 세계대전 이후 상호 타협이 불가능한 민족주의, 종교 등의 정체성 문제와 결합되면서 적대감으로 전환되고, 대량살상무기를 이용한 테러 위협의 증가되면서 약자가 강자에게 제기하는 비군사적 형태의 새로운 위협에 대한 포괄적 안보의 중요성이 제고되고 있다. 현재 국제분쟁의 원인으로 종교, 민족, 이념 등의 정체성이 차지하는 비율이 점차 높아지고, 정보화 및 세계화 환경을 이용한 위협 행위자 간의 용이한 국제적 연대 가능성이 확대되고 있다는 점은 이를 증명하고 있다.

결국 세계화와 정보화에 편승하지 못하고 소외된 못 가진 나라는 손쉽게 구비할 수 있는 기술력을 바탕으로 가진 나라에게 새로운 형태의 위협을 제기함으로써 자신들의 내부문제를 해결하려고 한다. 실제로 현재 이슬람 세력은 이슬람 국가들의 낙후를 미국의 중심으로 한 서방 세계 탓으로 돌리면서 여러 가지 위협을 제기하고 있다. 이러한 과정에서 대두된 신안보 위협을 초국가적 위협이라고 한다.

초국가적 위협은 한 국가의 정치·사회적 유대와 국민의 생존을 위협하고, 국경을 초월하는 비군사적 치안 성격의 위협을 총칭한다.16) 문제는 이러한 초국가적 위협이 대(對)군사(counter-force)가 아니라 대(對)가치(counter-value)를 목표로 삼고 있다는 점이다. 즉 초국가적 위협은 상대국의 결정적 취약점인 중심(重心, center of gravity)17)에 지향함으로써 균형 마비를 통해 최소의 희생으로 최대의 피해를 추구한다. 결국 우발상황 초래, 경제혼란 유발, 사회질서 파괴 등에 의

---

16) 박선섭, "초국가 위협에 대한 대응책을 서둘러야 할 때," 『주간국방논단』 제827호, 2002. 1. 7, pp.7-8.

17) 행동의 자유(freedom of action)를 보장하고 힘의 근원이 되는 장소, 능력 또는 특성을 의미한다.

한 물리적·심리적 마비와 이를 통한 자체 붕괴 및 와해를 달성하고자 한다.

이러한 초국가적 위협의 특징으로는 첫째, 정치적 성향, 즉 실체가 불분명하며, 둘째, 특정 국가의 이익을 대변하지 않고, 셋째, 2개국 이상이 지원하며, 넷째, 행동반경이 국경에 의해 제한받지 않고,[18] 다섯째, 다양한 수단 및 방법의 보유로 예측뿐 아니라 사전에 완전한 예방이 사실상 불가능하다는 점 등을 들 수 있다. 특히 초국가적 위협은 그 성격이 경제적·사회적으로 복합적이며 국제적으로 은밀하게 연계되어 있기 때문에, 식별과 파괴가 어렵고 국제적 협조체제 하에서 작전의 장기화가 요구된다.

초국가적 위협에는 매우 다양한 형태가 존재하는데, 대표적으로 테러, 무기 밀매, 조직범죄, 환경파괴, 불법 이민 등을 들 수 있다. 이 중에서도 테러는 '공포를 일으키다'(Terrere)라는 어원대로 많은 사람들, 특히 비전투 요원들에게 공포감을 불러일으킴으로써 강자의 의지를 거부하는 약자의 대응책으로 주로 활용되어 왔다. 즉 테러는 비용 대(對) 효과 면에서 약자가 강자에게 제기할 수 있는 가장 효율적인 비대칭(asymmetric) 위협으로, 이는 비단 팔레스타인의 대(對)이스라엘 테러전뿐만 아니라 최근 미국의 9·11테러 참사에서도 찾아볼 수 있다.

이를 종합해 볼 때 초국가적 위협의 주체는 현실 세계에 불만을 지닌 약자이며, 이 약자는 비(非)삼위일체적인 성격을 지닌다. 왜냐하면 우선 인적 요소상 어느 특정 국가를 배경으로 하지 않기 때문에 자연적 힘의 원천, 즉 격렬성은 있으나, 그것이 국민이 아닌 특정 집

---

18) 김진우, "비대칭 위협의 양상과 전망," 『주간국방논단』 제835호, 2001. 2. 19, p.8.

단의 구성원에서 비롯되기 때문이다. 다음으로 지적 요소 측면에서 볼 때 전쟁목적과 전쟁지도가 이성을 통한 합리적 계산의 결과, 즉 폭력행위가 정치적 도구라기보다는 폭력 그 자체를 추구하기 때문이다. 마지막으로 우연성과 개연성 측면에서도 전쟁의 불확실성을 고려한 지각 있는 행동보다는 목적 달성을 위한 맹목적인 행동이 지배적이기 때문이다.

향후 국제사회에서는 세계화와 정보화를 통하여 안정과 번영을 도모하는 한편, 여기에 편승하지 못한 소외된 지역, 국가 또는 조직은 초국가적 위협의 온상이 될 가능성이 높다. 따라서 각국은 모든 국력의 요소를 활용하여 군사적 위협은 물론, 초국가적 위협의 비군사적 위협에까지 대비하는 전방위(全方位) 차원의 포괄적 안보체제를 구축해야 하며, 여기에는 자국의 힘뿐만 아니라 국제적인 공조체제, 즉 협력적 안보가 필수적이다.[19]

(2) 보이지 않는 전쟁[20]의 수행

과거의 국가안보 위협은 상대국의 군사적 침략 또는 위협을 전제로 국가 상호간의 대규모 전투를 수반하는 전쟁이었다. 이는 표준 전쟁으로 전쟁 참가국 공히 군사적 위협에 대한 군사적 대응 중심으로 삼위일체에 의한 승리를 추구했다. 또한 행위의 주체, 원인, 정치적 목적, 군사적 목표 등 제반 수행과정에서 명확성과 제한성을 지녔다. 그러나 냉전 종식과 함께 대두된 초국가적 위협은 이러한 전쟁의 성격을 크게 변화시켰다. 전쟁은 비삼위일체적 위협에 대한 삼위일체

---

19) 박선섭, *op. cit.*, p.1.

20) 회색전쟁과 동일한 의미이다.

적 대응으로 전환되었으며, 이제 더 이상 국가 대(對) 국가의 투쟁이 아니게 되었다.

사실 초국가적 위협의 주체는 국가의 형태를 띠지 않고(stateless), 실체도 뚜렷하지 않은(faceless) 비국가 행위자(non-state actor)이다. 즉 작으면서도 잘 조직된 집단(Small and Well-Organized Group)이 새로운 위협을 제기하며, 전쟁 행위의 주체 역할을 수행한다. 이러한 측면은 탈냉전 이후 종교, 민족, 이념 등 정체성에 근거한 전쟁이 대다수를 차지하고 있다는 사실과도 일맥상통한다. 즉 국가에 근거한 전쟁(state-based war)이 아닌 정체성에 근거한 전쟁(identity-based war)이 대두된 것이다.

결국 초국가적 위협의 출현으로 국가 간의 군사적 행동을 특징으로 하는 과거 표준 전쟁의 성격은 비군사적 측면까지 개념이 확대되는 방향으로 변화가 불가피해졌다. 즉 새롭게 변화된 전쟁은 군사작전은 물론 외교, 경제, 심리 등 비군사적 요소를 포함하는 총체적 전쟁이다. 이러한 총체적 전쟁은 보이지 않는 전쟁의 성격을 지니며, 3무제한성(三無制限性)과 3무성(三無性)은 이러한 전쟁의 대표적 특징이다. 여기에서 3무제한성(三無制限性)은 무한(無限) 시간, 무한(無限) 목표, 무한(無限) 공간을, 그리고 3무성(三無性)은 무(無)전선, 무(無)군대, 무(無)규칙을 의미한다.[21]

이렇게 변화된 전쟁에서 승리하기 위해서는 다음과 같은 새로운 상황에 적합한 삼위일체의 올바른 해석, 즉 세 가지 구성 인자의 인력(引力) 조정이 필요하다.

우선 인적 요소 측면에서 살펴보면, 작전 전 기간을 통해 힘의 원

---

21) David Von Drehle, "World War, Cold War Won. Now, The Gray War," *Washington Post*, September 12, 2001.

천이 되는 국민의 열정과 의지를 획득하고 이를 유지하는 능력이 요구된다. 이는 3무제한성(三無制限性)과 3무성(三無性)의 환경 속에서 비전투 요원의 피해, 작전의 장기화, 심리적 불안감 등 여론이 와해되어 전투의지가 약화될 수 있는 상황이 새로운 전쟁에서는 보다 쉽게 그리고 많이 발생 가능하다는 점을 고려할 때 매우 중요하다.

사실 국민의 열정과 의지는 군의 사기와 직결되며, 이는 곧 전비태세 및 작전 지속 능력으로 나타난다. 결국 이는 가용한 군사 및 비군사적 자원을 최대한 효율적으로 운용하여 한 목표에 지향하는 총력전(total war) 수행을 의미한다.

다음은 전쟁지도(conduct of war) 능력을 의미하는 지적 요소 측면이다. 이는 군사작전을 기준으로 전쟁 준비기, 전쟁 개시기, 그리고 전쟁 수행기의 3단계[22]로 나누어 볼 수 있다.

먼저 전쟁 준비기에는 특정 위협 대응 접근(threat/scenario-based approach)에서 능력 기초 접근(capability-based approach)으로의 전환이 필요하다. 특정 위협 대응 접근이란 명확한 위협을 사전에 예측하여 이를 기준으로 적정 규모와 형태로 아측의 능력을 건설하는 방법이다. 냉전기 중동과 한반도 전쟁을 전제로 한 미국의 윈윈(win-win)전략은 대표적인 특정 위협 대응 접근에 해당한다. 이에 반해 능력 기초 접근은 존재가 뚜렷하지 않은 위협에 대해, 즉 미래 위협 예측의 불확실성 속에서 어떠한 위협이 대두되더라도 이에 융통성 있게 대응할 수 있는 다양한 능력을 구비하는 방법이다. 이러한 측면에서 능력 기초 접근은 일종의 유연 반응 전략(flexible response strategy)이라고 할 수 있다.

---

22) 군사작전 준비기와 개시기는 총체적 전쟁 측면에서는 전쟁 수행기에 해당한다.

세계화와 정보화가 진행되면 될수록 그 반대급부로 가진 나라에 의한 국제평화 유지 노력(자국 패권유지 전략의 일환) 속에서도 못 가진 나라의 비대칭 위협 제기 가능성이 높아지는 현 국제사회의 특성을 고려할 때, 향후 위협은 예측이 불가능한 초국가적 위협이 주류를 이룰 것이다. 이러한 상황 속에서 능력 기초 접근으로의 전환은 필연적이다.

이러한 전환은 사전 전쟁 수행을 위한 완전한 기반(infrastructure) 구축23)을 의미한다. 이를 위해서는 예측 불가능한 위협의 Who & When & Where가 아닌 How(Kind)를 예측해서 가능한 모든 공격 형태에 대응할 수 있는 능력을 보유해야 한다. 이 경우 자력갱생(self-reliance)의 방법만으로 예측 불가능한 모든 형태의 위협에 대응하는 것은 불가능하다. 이는 베리 부잔(Barry Buzan)24)이 주장한 국가안보전략 차원에서 자국의 국력을 증강시키는 조치와 함께 국제안보전략 차원에서 국제적 협조체제를 유지하는 협력적 안보를 동시에 추구해야 함을 의미한다. 이를 통해 초국가적 위협이 제기하는 전방위(全方位) 위협에 대해 전방위(全防衛)인 포괄적 안보를 달성할 수 있다. 결코 기대의 빈곤(poverty of expectation), 즉 통상적으로 가능성 있는 위협보다 익숙한 위협에 집착하는 현상에 젖어 과오를 범하는 일은 없어야 할 것이다.

---

23) 전쟁 수행이 결정된 이후 실시되는 사전 전쟁 기반 구축 과정은 총체적 전쟁 측면에서 볼 때 전쟁 수행 과정이라고 할 수 있다.

24) 베리 부잔은 안보정책의 문제를 자국의 취약성을 줄이는 국가안보전략과 위협을 예방 또는 완화하는 국제안보전략 차원의 두 가지 관점에서 보았다. 자세한 사항은 다음을 참조. Barry Buzan, *People State & Fear*, 김태현 역, 『세계화 시대의 국가안보』(서울: 나남 출판, 1995), pp.367-400.

한편 전쟁 개시기 측면에서는 전쟁의 정치적 목적 차원에서 가진 나라의 후근대적 제국주의(post-modern imperialism)가 점차 대두되고 있다. 후근대적 제국주의는 아프간, 소말리아 등 못 가진 나라가 국토방위 능력도 없을 정도로 힘이 미약하지만, 테러, 마약 등 초국가적 위협의 근원으로 가진 나라에게 위협으로 작용할 수 있다는 이중 잣대를 적용한다. 이러한 차원에서 후(後)근대적 제국주의는 가진 나라가 필요할 경우 유엔과 국제법을 무시하더라도 무력으로 초국가적 위협의 근원이 되는 못 가지 나라를 제압하는 자위권적 예방 또는 선제 공격에 정당성을 부여한다.25)

이로써 도덕적인 필요성으로 폭력행위를 합리화시키는 신개입주의(new interventionism)가 대두되었으며, 17~18세기에 걸쳐 국가주권 평등사상을 바탕으로 전쟁을 각국의 양심 문제로 간주했던 무차별 정전론(正戰論, just war)과 맥을 같이한다. 결국 후(後)근대적 제국주의는 방어적 제국주의의 성격을 지니며, 가진 나라의 입장에서 전쟁 자체의 도덕성(morality of war)을 합리화시키는 역할을 수행한다.

이러한 후근대적 제국주의와 함께 전쟁 개시기에서 고려해야 할 중요한 사항은 전쟁 수행을 위한 가장 유리한 전략적 환경을 조성하는 시간상의 문제이다. 이는 전쟁 준비기에서 행해지는 세력 확보, 국제연대 조성, 그리고 기후 선정의 문제로 나누어 볼 수 있다. 여기에서 세력 확보와 국제연대 조성은 자의적으로 해결될 수 있는 문제이지만, 기후 선정의 문제는 인간의 힘으로는 완전히 극복할 수 없는 사안이다. 최첨단 무기체계라고 하더라도 기후로 인한 운용상의 제

---

25) 후근대적 제국주의는 토니 블레어 영국 총리의 외교정책 자문역인 쿠퍼(Cooper)가 그의 저서 *Reordering the World*에서 제시한 이론이다. 윤희영, "후근대적 제국주의 필요성 주장," <조선일보> 2002년 4월 18일, 국제면.

한점이 대두되기 때문이다. 따라서 최적의 전쟁 개시 시점을 선정할 때 세력 확보 및 국제연대 조성 측면과 더불어 실제 군사작전을 효율적으로 수행할 수 있는 기후 환경을 선택하는 문제는 매우 중요하다.

마지막으로 전쟁 수행기 측면에서 볼 때, 이제 군사작전은 전쟁의 정치적 목적을 달성하기 위한 최종 수단으로서 필요조건이지 더 이상 충분조건이 아니다. 즉 형체가 뚜렷하지 않은 적을 완전히 굴복시키는 것은 사실상 불가능하기 때문에 군사작전만으로는 아측이 원하는 결과를 도출할 수 없으며, 설사 도출한다 하더라도 그에 상응하는 아측의 손해를 피할 수 없기 때문에 진정한 승리의 가치를 찾을 수 없는 것이다. 이는 전쟁이 군사작전 함께 외교, 경제 등 비군사적인 분야를 포함하게 되어 군사작전의 보조 수단화가 정착하게 된 것을 의미하는데, 이러한 맥락에서 클라우제비츠가 주장한 군사의 정치 수단화가 성립된다.

또한 국제적인 협력을 얻기 위하여 제한전(limited war)을 수행함으로써 전쟁 수행상의 도덕성(morality in war)을 확보하는 것이 필요하다. 여기에서 제한전이란 전쟁의 정치적 목적과 군사적 목표뿐만 아니라 표적, 사용 무기, 지리, 시간 등 모든 분야에 있어서의 제한을 의미한다. 결국 이를 통하여 인도주의를 표방함으로써 제3국은 물론 적국의 동조까지도 획득하는 심리전을 수행하는 것이다.

한편, 전쟁 수행기에는 전투에 의한 파괴를 특징으로 하는 열전이 아니라 냉전 차원의 장기 정보전의 구사가 불가피하다. 이는 군대의 정면 대결을 추구하는 깨끗한 방법이 아니라 암살 작전 등 그 동안 사용되지 않거나 묵시적 또는 자발적으로 금기시되어 오던 비열한 수단이 동원됨을 의미하며, 이를 더러운 전쟁(dirty war)이라고 한다.[26]

---

26) 김성수, "미국, 암살공작도 불사 방침," <조선일보> 2001년 9월 17일, 국제

또한 기술혁신을 바탕으로 한 정보전(information warfare) 수행이 필요한데, 이는 세 번째 요소인 우연성과 개연성 분야와 직접적으로 연관된다.

세·번째 요소인 우연성과 개연성 측면에서 볼 때, 첨단 과학기술의 발달은 못 가진 나라 측면에서는 초국가적 위협을 제기할 수 있는 유리한 환경을 조성하지만, 가진 나라 측면에서는 삼위일체론을 사위일체론(四位一體論)27)으로 변화시켰다. 즉 과학기술력을 바탕으로 한 물질적 힘은 지휘관과 군대가 전쟁의 안개를 극복하는 데 획기적으로 기여했으며, 이로 인해 전쟁의 도박적인 성질은 과거에 비해 상상을 초월할 만큼 제거되었다. 결국 이는 보이지 않는 전쟁의 효율적인 수행을 뒷받침한다.

사실 기술이라는 요소가 중요하게 여겨지지 않았던 18세기 말과 19세기 초라는 시대적 배경상 클라우제비츠의 삼위일체론은 본질적으로 비물질적인 것이 될 수밖에 없었다. 즉 클라우제비츠는 기술력에 의한 물질적 변화의 가능성을 무시한 채 정적(靜的)인 세계만을 가정하고, 비물질적 차원에서의 변화와 적응을 강조한 것이다. 결국 이로부터 정신력에 의해 전쟁의 마찰을 극복할 것을 강조했으며, 이렇게 불완전한 상황 속에서도 건전한 판단력을 바탕으로 전쟁을 승리로 이끌 수 있는 지휘관을 군사적 천재라고 본 것이다.

그러나 기술 혁신은 전쟁을 모든 면에서 근본적으로 변화시키는 힘의 원동력으로 작용했다. 즉 정보전 수행으로 질적 차원의 힘의 승

면.

27) 헨델(Handel)이 주장한 이론이다. 자세한 사항은 다음을 참조 Michael I. Handel, "Clausewitz in the Age of Technology," Michael I. Handel(ed.), *Clausewitz and Modern Strategy*(London: Frank Cass, 1986), pp.51-92.

수(Force Multiplier) 효과를 초래한 것이다.

이러한 정보전의 핵심은 네트워크 중심전(NCW: network centric warfare)이다. 이는 정보 기반의 전쟁 개념으로 군사혁신(RMA: revolution in military affairs) 구현 전략의 기저(基底)이다. 이러한 전쟁에서는 정보, 센서 및 교전 격자의 합동성(Jointness)을 바탕으로 정보 우위(information superiority)를 통해 시간적 동기화(time synchronization)를 창출함으로써 전투력의 시너지(synergy) 효과를 추구한다. 결국 이를 통해 비용은 선형적으로 증대시키면서 효과는 지수적으로 확대하는 멧칼프(Metcalfe)의 법칙을 적용할 수 있다.

한편 네트워크 중심전은 신합동체계전(a new system of systems)[28]과 맥을 같이한다. 신합동체계전이란 군사기술, 작전운용 개념, 그리고 군사조직 분야의 3대 혁신을 바탕으로 한 전쟁으로 기존 전쟁 수행 방식과는 근본적인 차이를 보인다. 이는 전력, 공간, 시간이라는 전투의 3요소 중 효율적인 기동을 통해 유리한 공간을 점유함으로써 전력을 집중시키는 산업혁명 시대의 전쟁에서 분산된 소규모 군사력의 순간 동시 집중 운용, 즉 시간의 집중을 추구하는 정보혁명 시대의 전쟁으로 변화됨을 의미한다.

---

[28] a new system of systems는 미국의 오웬스(Owens) 제독이 최초로 제시한 개념으로 이 용어에 대한 정확한 한글 명칭은 아직 정립되어 있지 않으나, 현재 한국에서 출판되고 있는 대부분의 문헌에서 이를 신시스템복합체계전으로 번역하고 있다. 그러나 본 연구에서는 신합동체계전으로 명명했다. 이는 네트워크 중심전의 핵심은 결합력, 즉 합동성으로 독립 체계 간의 협조를 통한 노력의 통일을 추구하는 개념이기 때문이다. 즉 여러 가지 요소의 함유를 의미하는 복합(composite)이나 하나의 균질적인 체계로 만들어 일사불란한 행동의 통일을 의미하는 통합(integration) 보다는 합동(jointness)이라는 용어의 사용이 타당하다고 본다.

우선 군사기술의 혁신은 분산 정보수집 체계(ISR: intelligence, surveillance, Reconnaissance), 네트워크 지휘통제 체계(C4I: command, control, communication, computer, and intelligence), 그리고 정밀 종심 타격 체계(PGM: precision guided ammunition)의 합동작전을 통해 작전 시너지를 증폭시키는 메가 시스템(mega system) 역할을 수행한다. 이는 곧 절대 우위의 전장 정보 획득(dominant battlespace awareness), 순간 자동적인 타격 수단 및 표적 할당(mission assignment), 그리고 실시간 손상 판정을 통한 신속 정확한 차후 조치(battle assignment) 과정을 통한 전투력의 승수효과 창출을 의미한다.29)

그러나 작전운용 개념과 군사조직의 혁신이 뒷받침되지 않는 군사기술의 혁신은 아무런 가치가 없다. 첨단 군사기술의 물질적 자원을 100% 활용할 수 있는 비물질적 능력이 있어야 하기 때문이다.

우선 작전운용 개념은 군사교리를 의미하며, 효과적인 합동작전으로 분산된 소규모 군사력을 순간 동시 집중 운용하는 것이 작전운용 개념 혁신의 핵심이다. 즉 시간의 집중을 통한 전차원적 우월성(full spectrum dominance)을 달성하는 것이다. 여기에서 작전운용 개념의 생명력은 독립 체계 간의 협조를 통한 노력의 통일을 추구하는 합동성(jointness)에 있다. 이는 각 군의 전투공간이 점차 광역화됨에 따라 중첩성(overlapping)이 심화되어 간섭 현상을 제거해야 하는 차원에서도 중요하다. 그러나 하드 및 소프트웨어 기능의 양립성(兩立性)을 의미하는 상호운용성(interoperability)은 해결해야 할 중요한 문제이다.

---

29) William A. Owens, "The Emerging System of Systems," *U.S. Naval Institute Proceedings*, Vol.121, No.5, May 1995, p.37, 권태영, "새로운 미래 군사 패러다임: 군사혁신," 권태영 외 편저, 『21세기 군사혁신과 한국의 국방비전』(서울: 한국국방연구원, 1999), pp.107-108에서 재인용.

한편 이러한 작전운용 개념의 혁신은 최첨단 전력(high force)만을 고려해서는 안 되며, 기존의 저급 전력(low force)의 기능도 최대한 활용하는 방향으로 이루어져야 한다. 이는 전투력의 극대화를 위해서 신무기체계와 구무기체계 간의 기능을 상호 보완적으로 운용하여 보유 전무기체계 간의 합동성을 보장하는 것을 의미한다. 결국 이러한 일련의 과정을 통해 작전운용 개념의 혁신은 변화되는 상황에 가장 적합한 새로운 군사작전 수행 모델을 지속적으로 개발하는 데 기여할 수 있다.

한편 군사조직의 혁신은 전쟁 관리 능력을 의미하며, 신합동체계전에서는 신속한 의사결정을 통한 빠른 작전 템포(tempo) 유지를 위해서 중앙집권적 통제와 분권화된 임무 수행이 이루어져야 한다. 이를 위해서는 중간관리층이 없는, 즉 소규모 참모조직의 수평 네트워크 조직이 필수적이며, 각각의 병사는 부대 목표를 위해 가장 효율적인 행동을 실시간으로 취할 수 있는 정보전사(information warrior)가 되어야 한다.

이를 종합해 볼 때, 기술혁신의 결과로 대두된 정보전, 네트워크 중심전 또는 신합동체계전 등 새로운 군사작전에서는 정보의 중요성이 제고된다. 이는 불확실성에서 비롯된 전쟁의 안개를 100%는 아니지만 상당 부분 제거해 주며, 이러한 제거 능력이 전쟁의 승패를 판가름한다. 결국 우연성과 개연성의 영역에서 기술혁신은 직관에 의존하는 군사적 천재의 역할을 감소시키는 대신, 정보를 획득하고 합리적인 이성을 바탕으로 이를 이용하는 관리의 천재[30]가 필요한 환경을 조성한다.

향후 정보화 시대의 첨단 과학기술전을 수행할 때 정신적 측면 중

---

30) 헨델이 사위일체론을 주장하면서 제시한 개념이다.

심인 군사적 천재의 역할은 과거보다 더욱 제한될 수밖에 없다. 이러한 관점에서 볼 때, 관리의 천재는 이러한 군사적 천재의 제한성을 물질적 측면에서 보완한 새로운 지휘관 상을 의미하는 것이다.

3. 미국의 대아프간 전쟁 개요

1) 9·11테러 개요

2001년 9월 11일 아침 8시 45분 뉴욕 중심부에 위치한 세계무역센터 북측 건물 상층부에 보잉 767기 1대가 충돌하면서 시작된 테러 참사는, 9시 5분 보잉 757기의 세계무역센터 남측 건물 충돌과 9시 43분 같은 기종의 워싱턴 펜타곤 서쪽 건물 충돌로 이어졌다. 또한 10시 30분 피츠버그 인근에 또 다른 보잉 757기 1대가 추락했다.

이는 이슬람권 테러리스트 19명에 의한 여객기 납치 및 자살 충돌 테러인데, 이로 인하여 3,225명[31]의 인명 사망 또는 실종, 그리고 세계무역센터 건물과 그 부속 건물 2동 붕괴 및 펜타곤 건물 일부가 파괴되는 피해가 발생했다. 이는 인명 피해만 보더라도 진주만 기습 시 항공모함 1척, 전함 2척, 함재기 360기에 의한 일본 공격으로 발생한 2,502명의 희생자보다 약 720여 명이 더 많은 유례없는 대참사였다. 이러한 피해는 정치·경제 등 다른 간접적인 분야로 확대시킨다면 상상을 초월하는 것이다.

---

31) 2001년 12월 20일 뉴욕시 공식 집계. 이를 세분화하면, 세계무역센터 2,992명, 펜타곤 189명, 피츠버그 추락 여객기 44명임.

실로 이 사건은 진주만 기습 이후 최초의 미국 본토에 대한 공격으로, 탈냉전 이후 국제사회의 단일 초강대국으로서 세계 경찰국가의 역할을 수행해 왔으며, 이러한 자부심 속에서 본토가 직접 무장공격을 받으리라고는 상상도 하지 못한 미국에게는 엄청나게 큰 충격이 아닐 수 없었다. 더욱이 제56차 유엔총회 개막일 세계의 이목이 집중된 시점에서 자본주의 부(富)의 상징인 세계무역센터와 세계 경찰국가로서의 핵심 시설인 펜타곤이 직접 타격 당함으로써 국제사회에서 미국의 위상은 심각한 손상을 입었다.

이러한 테러의 원인은 근본적으로 이스라엘·팔레스타인 분쟁에 대해 이슬람권이 갖는 미국에 대한 반감에서 찾을 수 있다. 즉 1947년 미국 주도 하에 이스라엘에 유리한 조건으로 의결된 팔레스타인 분할과 이후 4차례에 걸친 중동전쟁 및 이스라엘의 대(對)팔레스타인 강경책에 대한 미국의 이스라엘 지원이 이슬람권의 대미 적대감을 유발시킨 것이다. 이러한 미국의 이스라엘 편향 지원은 최근의 사례에서도 찾아볼 수 있는데, 2001년 8월 유엔 인종차별철폐회의에서는 팔레스타인 인권문제와 관련하여 이스라엘의 시오니즘을 비난하는 안건 채택이 미국의 반대로 무산된 사건이 발생했다.

이에 그 동안 이슬람권은 현 국제사회의 유일 초강대국인 미국을 대상으로 약자에게 유용한 비대칭적 전략 차원의 초국가적 위협인 테러를 통하여 자신들의 반감을 외부로 표출하면서 내부문제를 해결하려고 시도해 왔다. 그러나 문제는 이러한 테러의 양상이 변화되었다는 데 있다. 즉 과거의 테러는 여객기 납치 및 승객의 인질화, 자살폭탄 등 소규모 단순 테러였다. 그러나 9·11테러는 대(對)가치 표적의 대량 피해를 초래함으로써 전략무기로도 달성하기 어려운 심리적 차원의 전략적 효과를 극대화시킨 전혀 다른 차원의 테러로, 이를 테러혁신(terror revolution)이라고 표현할 수도 있다.

2) 전쟁 개요

미국은 참사 발생 직후인 9월 12일 열린 국가안보회의에서 금번 테러를 미국에 대한 전쟁으로 간주하고, 즉각 테러와의 전쟁을 결정하면서 전시내각 및 그림자 정부를 구성했다. 9월 13일 CIA와 FBI에 의해 테러가 빈 라덴 주도하의 알카에다 조직에 의해 행해졌으며, 오마르가 이끄는 탈레반 정권의 아프간이 이를 비호하고 있다는 사실이 밝혀졌다. 이에 의회에서는 빈 라덴의 인도 및 알카에다 지원 중단이라는 미국의 요구를 거부하고 있는 탈레반 정권에 대해 부시 대통령의 군사적 응징 지지 결의안을 채택하고, 9월 14일에는 무력 사용 승인 결의안을 통과시키면서 120억 달러에 달하는 전쟁 비용을 배정했다.

이렇게 해서 시작된 미국의 대(對)아프간 전쟁은 총체적 대(對)테러 전쟁과 대(對)아프간 군사작전인 항구적 자유작전(enduring freedom operations)의 두 가지 측면에서 수행되고 있다. 이는 미국이 테러라는 초국가적 위협에 대응해 군사 및 비군사적 분야의 두 가지 전쟁을 포괄적 안보 차원에서 수행하고 있음을 나타낸다.

총체적 대(對)테러 전쟁은 대상이 뚜렷하지 않은 비국가 행위자인 전 세계 테러 조직과의 전쟁으로, 테러 근원의 발본색원(拔本塞源) 및 정의와 자유 수호를 핵심으로 하는 전쟁의 정치적 목적[32])을 전제로 하고 있다. 이는 결국 비삼위일체와의 전쟁으로 군사, 외교, 경제, 심리 등 국력의 모든 요소를 포함한 총력전 수행이 불가피하다.

---

32) 미국의 대(對)아프간 전쟁의 정치적 목적은 2001년 10월 8일 부시 대통령의 아프간 공격 대국민 담화문에 명시되어 있다.

반면 항구적 자유작전은 총체적 대(對)테러 전쟁을 구성하고 있는 여러 분야의 전쟁 중 대(對)아프간 군사작전 분야를 지칭한다. 이는 테러 주모자인 빈 라덴과 알카에다 테러 조직의 파괴, 테러 세력을 지지하는 탈레반 정권의 전복, 그리고 아프간 국민에 대한 인도적 지원을 전쟁의 군사적 목표[33]로 설정하고 있다. 따라서 이러한 군사작전은 총체적 대(對)테러 전쟁의 정치적 목적을 달성하기 위한 보조작전으로 여러 정치 수단 중 하나로 이해되어야 한다.

한편 이 전쟁을 작전 단계별로 살펴보면 크게 4단계로 구분할 수 있다.[34]

제1단계는 전쟁 여건 조성(war set condition) 단계('01. 9. 11~10. 6)로 작전의 주안점은 대(對)테러전에 대한 국제협력의 획득과 군사력 전개였다.

우선 미국은 국제적 지지를 얻기 위하여 대(對)아프간 전쟁이 세계의 자유와 평화를 수호하는 정의의 전쟁이라는 점을 강조하면서 유엔을 통한 범세계적인 반테러 연대를 구축하였다. 유엔 안전보장이사회의 테러 비난 결의문 만장일치 채택('01. 9. 12), 나토의 상호방위조약 적용 대상 결정('01. 9. 13), 다국적군 구성, 아프간 주변국의 군사기지 사용 허가, 전 세계 테러 자금 봉쇄에 196개국 동참 등은 이를 잘 나타내고 있다.

또한 럼스펠드 국방장관의 중동 5개국 방문 등을 통하여 사우디아라비아를 포함한 대부분의 이슬람 국가들로부터도 지지 또는 중립을

---

[33] 미국의 대(對)아프간 전쟁의 군사적 목표는 2001년 10월 8일 럼스펠드 미국 국방장관이 기자회견에서 언급했다.

[34] 작전 단계별 명칭은 다음을 참조. 합동참모본부, 『아프간 전쟁 종합분석: 항구적 자유 작전』(서울, 2002), p.40.

확보했는데, 특히 구소련의 아프간 전쟁 시와는 달리 아프간의 최 인접국인 파키스탄의 적극적인 지지를 확보함으로써 보다 유리한 전쟁수행 여건을 조성하였다. 즉 당시 파키스탄은 미국의 경제지원을 보장받는 대신 자국의 해군 및 공군기지 사용, 영공 통과, 알카에다 및 탈레반 정권에 대한 지원 중단 등을 약속하였는데, 이는 미국의 군사작전 승리에 결정적인 요인으로 작용했다.

이와 더불어 정의의 전쟁임을 알리는 전략적 차원의 심리전 수행을 통하여 탈레반 정권과 국민을 분리시켜 지지 기반을 약화시키고, 이슬람권과의 충돌로 인한 비화를 방지함으로써 반발을 무마시켰다. 여기에는 전단 살포, 라디오 방송, 특수부대 작전 등 다양한 방법이 활용되었는데, 특히 구호물자 수송, 비상식량 투하 등 인도적 구호작전은 탈레반 정권 분열 및 이슬람권을 비롯한 국제협력 확보에 크게 기여하였다.

이러한 국제협력의 획득은 총체적 대(對)테러전 차원에서 행해지는 비군사적 분야의 전쟁이며, 비단 1단계뿐 아니라 작전 전 단계에 적용된다. 이로써 군사작전의 승리를 보장할 수 있는 보다 유리한 환경 여건이 조성되는 것이다.

군사력 전개는 예비군 동원, 항모전투단, 지상병력, 특수부대 및 폭격기 배치 중심으로 진행되었다. 전쟁 결정 직후인 9월 13일 엔터프라이즈 및 칼빈슨 항모전투단이 아라비아해로 이동하고, 9월 15일에는 예비군 5만 명 소집안이 의회를 통과했으며, 9월 19에는 루스벨트 항모전투단의 아라비아해 추가 전개가 결정되었다. 또한 9월 22일 미국 제82 공수사단과 제101 공중강습사단 선발대의 파키스탄 도착을 시발점으로 미국 제26해병원정부대(MEU)와 제10산악사단 등이 사전 배치되었다. 그리고 특수부대의 전개는 미국 해군의 씰(SEAL)과 육군의 레인저(Ranger), 그리고 영국 공군의 SAS 중심으로 진행되었으며, 디에고가르시아에 B-1, B-2 및 B-52폭격기 50여 대가 추가로 배치되는 등 국제공조 속에서 군사작전의 성공을 보장할 수 있는 군사력이 사전에 완벽하게 전개되었다.

제2단계는 초기 작전(initial combat) 단계로 항공 공습 위주의 1부 작전('01. 10. 7~10. 15)과 특수부대 중심의 2부 작전('01. 10. 16~11. 6)로 구분된다.

제2단계 1부 작전은 공중 폭격 위주의 항공작전으로 탈레반의 군사시설과 방공망을 파괴하고, 알카에다 테러 조직의 은거지와 시설을 타격하는 것을 작전목표로 설정하였다. 공격은 해상에서 발사된 토마호크 미사일 위주의 장거리 정밀타격 무기와 육상 발진 B-1 및 해상 발진 F-14 등의 폭격기에 의해 수행되었다. 공습 결과 칸다하르, 카불, 마자르샤리프 등 아프간 7개 주요 도시가 집중 공격을 받았으며, 목표물의 85%가 파괴됨으로써 제2부 특수부대의 지상작전을 위한 유리한 여건이 조성되었다.

10월 16일 저고도 침투기인 AC-130의 투입과 함께 시작된 제2단계 2부 특수부대 작전은 사살과 체포 활동을 통한 탈레반과 알카에다 조직의 붕괴 도모 및 공격 목표 정보 획득 활동을 하면서, 한편으로는 북부동맹군의 지상작전을 지원하는 임무를 수행했다. 작전수행 방법으로는 항공 공습을 지속하는 한편, 특수부대와 산악사단을 투입하여 거점 위주(point to 'oint)의 타격 및 치고 빠지기(hit and run) 전술을 구사하였는데, 이와 함께 아프간 국민에 대한 인도적 지원작전도 병행함으로써 심리전에도 기여했다. 결국 이러한 특수부대 작전으로 대규모 지상작전을 수행할 수 있는 여건이 점차 마련되었다.

결정적 작전(decisive operation)의 3단계('01. 11. 7~12. 18)에서는 계속된 항공 공습과 함께 추가 배치된 키티호크 항모전투단의 제15해병 원정부대 등 해병대 세력이 본격적으로 투입되어 북부동맹군과의 협조 하에 대규모의 주요 도시 점령 작전이 실시되었다. 이로써 11월 10일에는 마자르샤리프, 11월 13일에는 수도 카불에서 탈레반 세력이 철수하였으며, 12월 6일에는 최후 거점인 칸다하르 지역이 함락됨으로써 탈레반 정권은 조건부 항복에 응했다. 이로써 부시 대통령은 12월 18일 반마약연대공동체회의 석상에서 항구적 자유작전의 사실상 승리를 선언하였다. 또한 이와 같은 주요 도시 점령 작전과 병행하여 빈 라덴과 탈레반 정권 지도자 오마르 체포 작전과 알카에다 및 탈레반 잔여 세력 소탕 작전도 동시에 실시되었다.

이러한 3단계 작전의 가장 큰 특징은 비록 해병대 세력이 투입되었지만, 미군은 탈레반 세력과의 직접 대결보다는 북부동맹군 지원을 통go 대리전(代理戰, proxy war)을 치르는 간접 전쟁 방식을 채택했다는 점이다. 이에 따라 미국의 특수부대와 해병대는 북부동맹군에 대한 군사적 지원으로 작전 주체가 아닌 지원 세력으로서의 임무를 수행하는 반면, 수색 위주의 작전으로 빈 라덴과 오마르 체포 작전에 집중하였다. 이러한 과정에서 항공작전도 점차 공중 폭격에서 정찰로 임무가 전환되었다.

이후 현재까지 4단계 안정화(stabilization) 작전이 실시되고 있다. 이를 위해 우선 미국은 은거 예상 지역을 대상으로 빈 라덴과 오마르 색출 작전을 강화하고 있다. 2001년 12월 중순 남부 산악 지대를 대상으로 한 토라보라 작전과 2002년 3월에 동부 산악 지대를 대상으로 한 아나콘다 작전 등은 이러한 색출 작전의 대표적인 예이다. 한편 미국은 국제안보 지원군을 주축으로 아프간 치안유지를 위해서도 힘쓰고 있는데, 이는 궁극적으로는 미국에 더 이상 위협을 제기하지 않도록 아프간에 친서방 또는 친미 정권을 수립하는 것을 목표로 하고 있다. 이러한 차원에서 현재 미국은 아프간의 과도정부인 하미드 카르자이 임시정부를 적극 지원하고 있다.

4. 전쟁 교훈 분석

1) 인적 요소 측면

현재 미국이 수행 중인 대(對)아프간 전쟁은 실체가 뚜렷하지 않은 적을 대상으로 한 유례없는 장기전으로 1년 이상이 지난 현시점까지도 승리를 장담할 수 없으며, 그 종료 시점 또한 예측할 수 없다. 탈레반 정권이 붕괴되고 친서방 정권 수립이 진행됨으로써 전쟁의 군사적 목표 중 일부는 달성되었으나, 빈 라덴 색출 및 알카에다 테러조직을 파괴하려는 나머지 군사적 목표와 국제사회의 테러를 발본색원(拔本塞源)하려는 전쟁의 정치적 목적 달성 여부는 아직까지 묘연한 상태이다. 더욱이 지난 2002년 11월에는 또 다른 테러 발생 위협을 제기하는 빈 라덴의 육성 녹음 테이프가 공개됨으로써 전쟁 승리에 대한 불확실성과 그 효과성에 대한 의문을 더욱 높였다. 이러한 상황에서 미국 국민은 동요되기 쉬우며, 초기에 전쟁 수행력의 원천으로 작용했던 적에 대한 증오는 전쟁 지도부에 대한 원망으로 전환되어 국가의 분열을 초래할 수도 있다.

그러나 테러 참사 발생 직후부터 현재까지 미국의 전쟁 지도부는 전쟁 수행의 합법성을 확보하고 모든 국민을 일치 단결시켜 매우 효율적인 총력전을 수행하고 있다. 이는 미국의 전쟁 지도부가 전쟁을 수행하는 데 있어서 국민의 열정과 의지를 힘의 원천으로 삼고 있으며, 또한 이를 올바른 방향으로 유도하고 있음을 의미한다.

이러한 미국 전쟁 지도부의 노력은 크게 3가지 측면에서 살펴볼 수 있다.

첫째, 신속한 위기 조치를 통해서 국가 지도부에 대한 국민의 신뢰를 획득하고 국민의 결집을 유도했다. 이를 위해 우선 부시 대통령은 사건 발생 당일인 9월 11일 20시 30분에 이루어진 대(對)국민 담화를 통해 국민을 심리적으로 안정시켰는데, 여기에서 부시 대통령은 금번 테러가 미국의 기반과 국민의 마음을 흔들 수는 없음을 강조하면서 9월 12일부터 모든 정부 기관은 정상 근무에 임할 것임을 밝혔다. 또한 즉각적인 국가 비상사태를 선포하는 동시에 군에 대해서는 만반의 준비태세 완비를 지시함으로써 테러 공격자와 배후 조정자를 구분하지 않고 응징할 것을 천명하였다.

이후 그림자 정부가 구성됨으로써 국가 지도체계의 효율성과 안정성이 확보되고, 400억 달러의 추가 비상 예산이 의결된 것을 필두로 피해 복구가 효율적으로 진행되는 등 일련의 위기 조치가 성공적으로 수행되었다. 특히 CIA와 FBI 중심으로 실시된 과학적인 수사를 통해 사건 발생 이틀 만에 알카에다 테러 조직의 개입과 아프간 탈레반 정권의 지원 사실이 입증됨으로써 고조된 국민의 증오를 전쟁을 통한 응징으로 시의 적절하게 전환시킬 수 있었으며, 전시 내각의 구성과 엔터프라이즈 항공모함 전투단 등 즉각적인 군사력의 전개는 이를 제도적으로 뒷받침했다.

둘째, 미국의 전쟁 지도부는 진솔한 정보 전달을 통해 정책의 독단성을 배제하고 일관성을 유지함으로써 총체적인 협력 분위기를 조성했다. 즉 각종 방송 매체를 통해 대(對)국민 홍보활동을 지속적으로 실시했으며, 부시 대통령이 직접 의회를 설득하고 행정부 내 강경파와 온건파[35] 간의 이견을 조율했다. 그 결과 2001년 9월 12 실시된

---

35) 미국의 대(對)아프간 전쟁뿐만 아니라 대(對)이라크 및 대(對)북한 정책에

여론조사에서 군사적 응징에 대한 찬성이 91%, 그리고 부시 대통령에 대한 신뢰가 88%로 나타났으며, 이러한 전폭적인 국민의 지지는 대(對)아프간 군사작전 말기인 2002년 3월 8일에 실시된 여론조사에서도 82%를 유지하고, 중간선거에서 부시 대통령의 공화당이 압승을 거두는 등 현재까지 지속되고 있다. 또한 의회에서는 2001년 9월 12일에 부시 대통령의 군사적 응징 지지 결의안이 채택되고, 이어서 2001년 9월 15일에는 무력 사용 승인 결의안이 통과되는 등 현재까지 초당적인 협력이 계속되고 있다.

셋째, 정당한 전쟁의 정치적 목적을 명확하고 구체적으로 제시한 것과 이를 달성하고자 하는 전쟁 지도부의 확고한 의지는 전 국민적 지지와 협조체제를 강화시켰다. 즉 사건 발생 직후부터 현재에 이르기까지 미국의 전쟁 지도부는 테러를 인류의 악으로 규정하고 이의 발본색원(拔本塞源)을 통해 세계 평화를 수호하겠다는 의지를 강력히 표명하였다. 이러한 맥락에서 부시 대통령은 "For or Against?"[36]라는 표현을 통해 이 사건과 관련해서 우방과 적국만이 있을 뿐 중간이 없음을 강조하면서, 필요시 확전까지도 불사하겠다는 의도를 밝히기도 했다. 결국 이렇게 명확하게 제시된 전쟁의 지향점과 이를 달성하고자 하는 전쟁 지도부의 단호한 의지가 미국 국민들에게 이 전쟁이 정의의 전쟁이라는 점과 궁극적인 승리에 대한 확신을 심어 주어 어떠

서 딕 체니 부통령, 럼스펠드 국방장관, 그리고 곤돌리자 라이스 안보보좌관은 강경파인 반면, 콜린 파웰 국무장관은 온건파를 대표한다.

36) 2001년 10월 9일 선언된 부시 독트린에 명시됨. 여기에서 부시 대통령은 테러행위를 직접 수행한 테러리스트들과 이들을 감싸준 국가 및 집단간에 어떠한 구분도 없음 천명하면서 "우리 편에 설 것인가? 아니면, 우리의 반대편에 설 것인가?"라는 물음을 통해 이 사건과 관련해서 우방과 적국이 있을 뿐 중간이 없음을 선언했다.

한 상황에서도 지도자를 중심으로 일치단결할 수 있는 여건을 조성한 것이다.

2) 지적 요소 측면

현재 미국은 효과적인 전쟁지도를 실시해 오고 있다. 이는 물론 현재 전쟁이 진행 중에 있으며 전쟁의 정치적 목적과 군사적 목표의 완전 달성 가능 여부가 불확실하지만,[37] 지난 2001년 12월에 부시 대통령이 사실상 대(對)아프간 군사작전의 성공을 선언했으며, 유례없는 장기전에도 불구하고 대(對)테러 전쟁에 대한 국민의 지지와 국제 공조 체제가 지속되고 있기 때문이다. 이러한 미국의 전쟁지도 능력은 다음과 같이 3단계[38]로 구분해서 살펴볼 수 있다.

(1) 전쟁 준비기

미국은 대(對)아프간 전쟁 개시 이전 전쟁 수행을 위한 완벽한 사전 기반 구축을 위해 모든 노력을 기울였다. 테러 참사 발생일인 2001년 9월 11일부터 첫 공습일인 2001년 10월 7일까지 한 달도 채 걸리지 않았는데, 이는 평시 준비태세 완비의 성과라고 볼 수 있다. 비록 불시의 테러를 예방하지는 못 했지만, 미국은 평시에 특정 위협

---

37) 2002년 2월 28일 토머스 대슐 민주당 상원 원내총무는 현재까지 전쟁이 성공적으로 수행되고 있다고 인정하지만, 테러라는 초국가적 위협의 발생 원인과 대응 방안의 어려움을 고려할 때, 향후 전쟁의 정치적 목적 달성 가능성 여부는 불투명하다고 주장했다.

38) 이런 구분은 분석의 틀에서 제시된 것처럼 군사작전을 기준으로 한 것임.

대응 접근이 아닌 능력 기초 접근에 의거해서 국가안보 태세를 준비해 온 것이다.

　우선 군사력 준비태세 확립 분야에서 볼 때, 미국은 탈냉전 이후 일초(一超)강대국으로서 경제력을 바탕으로 평시 군사력의 전방 현시(forward presence)를 통해 세계 경찰국가의 역할을 수행해 왔으며, 전시 장기 전쟁수행 능력을 확보하기 위해 노력해 왔다. 또한 1990년대 초반부터는 정보화 시대를 맞이하여 세계 군사혁신(RMA: revolution in military affairs)[39]을 주도해 왔다. 그 결과 1996년 7월에는 *Joint Vision 2010*이 발간되고, 이를 바탕으로 각 군별 군사혁신이 본격적으로 추진되었는데, 육군의 디지털 전장(digitalized battlefield), 해군의 협동교전능력(CEC: cooperative engagement capability), 공군의 우주기획 2020(space cast 2020), 해병대의 수평선 넘어 상륙(over horizon landing)은 각 군의 대표적인 군사혁신 프로그램이다. 이와 함께 과거의 전투 경험을 축적하고 전쟁 교훈을 도출하기 위하여 월남전을 비롯하여 Eagle Claw 작전(테헤란 미 대사관 인질 구출 작전, 1980), Urgent Fury 작전(그레나다 작전, 1983) 및 구소련의 아프간 침공 전쟁을 분석했으며, 1990년대 후반부터는 21세기 위원회 등 각종 위원회 및 보고서를 통해 비대칭적 위협을 예견해 왔다.

　한편 미국은 9·11테러 발생 직후 군사적 응징을 천명하면서 즉각적으로 대통령을 중심으로 하는 전시 내각을 구성함으로써 전쟁지도

---

[39] 군사혁신이란 정보화 시대의 사회 양상 변화를 반영한 새로운 전쟁 개념을 구현하기 위해서 군사 분야에서 진행 중인 혁신을 의미한다. 이는 불연속적인 획기적 발전으로, 군사기술뿐만 아니라 군사조직 및 작전 개념 분야의 혁신까지 포함한다. 자세한 사항은 서정해, "군사혁신에 대한 소고," 『주간국방논단』 제603호, 1995. 10. 9 참조.

의 효율성을 도모했다. 이러한 전시 내각의 구성은 월남전 시 평시 위기관리 체제인 국가안전보장회의가 전쟁지도 기구로는 그 역할이 제한적이었다는 교훈을 적용한 결과였다. 또한 이 전시 내각에는 걸프전 당시 국방장관 딕 체니와 합참의장 콜린 파웰이 각각 부통령과 국무장관으로 참여함으로써 전시 내각의 전쟁지도 능력을 더 한층 증대시켰다. 이와 함께 부통령을 중심으로 각 부처를 대표하는 고위 관리들로 구성된 그림자 정부도 구성하였는데, 이는 위기 시 정부의 대응 능력을 보장하기 위한 조치였다. 결국 미국은 이러한 비상 기구들을 통해 내부적으로 국민적 합의를 도출하여 총력전 수행의 기반을 마련한 것이다.

    이러한 내부적인 조치와 병행하여 미국은 국제공조 체제 강화를 통한 협력적 안보를 달성하기 위해서 동맹관계를 공고화하면서 적국을 고립화시키는 외교 전략을 구사했다. 그 결과 사건 발생 직후 세계 각국이 미국 국민을 애도하면서 테러 행위를 강력히 비난하였다. 또한 영국, 호주, 캐나다, 독일 등 12개국이 군사력을 지원하기 시작했으며, 76개국이 영공 통과를 허용하고, 23개국이 군사기지 제공을 약속했다. 더욱이 중국과 러시아의 대(對)테러전 수행에 대한 지지 또는 중립 선언은 국제공조 체제 유지에 크게 기여했으며, 이로써 범세계적인 반테러 국제연대가 구축되었다.

    특히 미국은 지리 및 지형학적 측면에서 세력 투사를 위한 유리한 전략적 환경을 조성할 목적으로 아프간 인접국의 지지 획득을 위해 모든 노력을 기울였다. 결과적으로 구소련의 아프간 침공 전쟁 당시와는 달리 아프간의 최 인접국인 파키스탄과 구소련 연방국의 지지를 이끌어 내는 데 성공했으며, 이는 대(對)아프간 군사작전 승리의 결정적 요인으로 작용했다.

    또한 종교 전쟁 개념을 불식시킴으로써 이슬람권 국가에 대한 오해를 배제하는 데도 심혈을 기울였다. 이는 이슬람권의 반발을 고려하여 최초 무한정의(infinite justice)로 결정되었던 군사작전의 명칭을 항구적 자유(enduring freedom)로 변경하고,[40] 일각에서 대(對)아프간 전쟁이 십자군 전쟁에 비유되는 사태에 대해 부시 대통령이 직접 유감을 표명하는 등 문명 충돌 가능성을 배제하기 위한 일련의 조치에 잘 나타나 있다. 결국 이러한 노력에 힘입어 회교국회의기구(回敎國會議機構), 아랍협력회 등 이슬람권의 주요 지도 기구는 테러 행위를 비난하면서 미국의 입장을 지지하거나 중립적인 자세를 취했다.

결국 미국은 전쟁 준비기를 통해 간접 전략(indirect strategy) 차원의 외부 책략[41]을 강화했다고 볼 수 있으며, 이를 통해 알카에다 및 탈레반 정권의 행동 자유(freedom of action)는 최대한 억제되어 전쟁 개시 이전에 이미 전쟁 승리를 위한 유리한 전략적 환경을 조성되었으며, 이러한 미국의 노력은 현재도 계속되고 있다.

(2) 전쟁 개시기

전쟁을 시작하면서 미국은 정전(正戰, just war)의 명분을 확보하는데 주안점을 두었는데, 이는 다음과 같은 2가지 측면으로 나누어 살펴볼 수 있다.

---

40) 이슬람권에서는 신(神)만이 무한정의를 구현할 수 있다고 주장한다.

41) 간접 전략은 앙드레 보프르(Andre Beaufre)가 주장한 이론으로, 군사력을 이차적인 수단으로 간주하고 비군사적인 요소를 주 수단으로 해서 정치적 목적을 달성하는 전략이다. 이는 문제 발생 지역 밖에서 행해지는 외부책략과 문제 발생 지역 내부에서 행해지는 내부책략으로 구성된다. 자세한 사항은 Andre Beaufre, *An Introduction to Strategy*, 『전략론』, 국방대학원 역(서울, 1975), 안보총서 3, pp.137-168 참조.

첫째, 정당한 전쟁의 정치적 목적을 명확하게 제시함으로써 '대표성'을 강조하고, 반(反)테러 국제연대를 조성하면서 전쟁의 종결 조건을 표명했다. 이를 위해서 미국은 테러 근원의 발본색원을 통한 정의와 자유 수호를 전쟁의 정치적 목적으로 선정하였는데, 테러 근원의 발본색원은 향후 테러 및 테러 지원에 대한 의도를 완전히 분쇄하는 것까지 포함한다. 결국 이를 통해 대아프간 전쟁은 문명의 충돌이 아니라 문명 대 반문명의 전쟁, 즉 문명 수호의 전쟁이라는 점이 부각되었으며, 이는 미국뿐 아니라 전 세계적으로 전쟁의 불가피성을 인식시키면서 일종의 사명감을 불러일으켜 총력전 수행을 가능케 했다.

둘째, 강력한 확전 의지를 표명함으로써 전쟁의 정당성을 제고시켰다. 이는 2001년 10월 9일 선포된 부시 독트린에 잘 나타나 있는데, 여기에서 부시 대통령은 테러 조직과 이를 은닉 또는 비호하거나 지원하는 그 어떤 국가나 조직도 테러 조직과 동일한 대우를 받게 될 것임을 천명하였다. 또한 비정규적인 테러 공격을 감행할 가능성이 있는 국가나 단체를 잠재적인 적으로 규정함으로써 필요시 선제공격의 대상이 될 수 있음을 강조하였다. 결국 이러한 확전 의지는 후근대적 제국주의와 직결되는데, 이는 자위적 차원에서 침략자 응징을 위한 최후의 수단으로 전쟁을 개시함으로써 합법성을 확보하는 것을 의미한다.

한편 미국이 숙고한 또 다른 중요한 요소는 군사작전 개시기에 관한 문제로 사전 세력 전개 완료, 범세계적 차원의 국제연대 조성, 그리고 기후의 3대 요소가 주 고려 대상이었다. 이는 가장 유리한 전략적 환경에서 전쟁을 시작함으로써 손자(孫子)가 주장한 선승후전(先勝後戰)을 추구하는 것을 의미한다.

여기에서 사전 세력 전개와 국제연대 조성은 상당 부분 미국의 의지에 따라 수행되는 요소로 전쟁 준비기의 활동에 해당된다. 그러나 기후는 자의적으로 조정될 수 없는 요소로, 비록 미국이 첨단 과학무기를 보유하고 있다고 하더라도 불리한 기후 환경 속에서는 어느 정도 제한을 받을 수밖에 없다. 이에 미국은 2001년 10월 7일을 군사 공격의 개시일로 선정하였는데, 이는 항공작전에 전반적으로 유리한 겨울부터 초봄에 이르는 아프간의 대륙성 건조 기후와 삼림이 없는 산악 및 사막 지형을 최대한 활용한 결정이었다.42) 한편 추위는 미국과 알카에다 및 탈레반 세력 양자 모두에게 지상작전의 제한 요소로 작용하였는데, 미국은 특수부대 작전과 북부동맹군을 이용한 대리전으로 이를 상당 부분 극복하였다. 또한 보급 등 제반 문제 고려 시 이러한 기후 요소는 첨단 기술력을 바탕으로 한 정예군 위주의 미국 측에 보다 유리하게 작용했다고 볼 수 있다.

(3) 전쟁 수행기

전쟁 수행기의 특징으로 우선 군사작전이 전쟁의 보조 수단으로 변화된 점을 들 수 있다. 즉 금번 미국의 대(對)아프간 전쟁에서 군사작전은 총체적 대테러 전쟁을 구성하는 하위 개념으로서 외교, 경제, 심리전 등과 함께 전쟁의 정치적 목적을 달성하는 한 부분으로서 역할을 수행했다. 군사작전을 보다 효율적으로 수행하기 위한 일련의 사전 기반 구축 노력과 2001년 12월 사실상의 대아프간 군사작전의 승리 선언 이후에도 전쟁의 정치적 목적을 달성하기 위해 비군사적 작전이 지속되고 있는 현실은 이를 잘 나타내 준다.

이는 군사작전이 이제 더 이상 전쟁의 정치적 목적을 달성하기 위

---

42) 공군본부, 『아프가니스탄전 분석: 항공작전 중심으로』(대전, 2002), pp.35-36.

한 충분조건 또는 필수조건이 아님을 의미한다. 이러한 변화는 총체적 전쟁 차원에서 3무제한(無制限性)과 3무성(無性)을 특징으로 하는 보이지 않은 전쟁의 성격을 고려할 때 불가피한 현상이다. 즉 실체가 뚜렷하지 않은 적을 대상으로 하는 21세기 새로운 형태의 전쟁에서 군사작전만을 단독으로 수행하는 것은 간접전략이 필요한 곳에 직접전략을 구사하는 것과 같이 우매한 짓이다. 이는 정신병을 앓고 있는 환자를 수술로만 치유하려는 것과 같은 것이다.

두 번째로 전쟁 수행상의 도덕성을 추구함으로써 정전(正戰)의 명분은 확보하려는 점을 들 수 있다. 미국은 군사작전을 실시할 때 제한전 차원에서 목적에 비례하는 수단만을 사용하는 비례성의 원칙, 수단의 맹목적인 사용을 지양하는 전면 사용 금지의 원칙, 그리고 환경파괴를 지양하는 환경보전의 원칙 등을 준수하는 도덕전을 수행했다. 이외에도 알카에다 및 탈레반 세력과 아프간 일반 국민을 분리하는 등 대가치(counter-value) 목표에 대한 공격을 금지함으로써 비전투원을 보호하였으며, 구호품 및 구호자금 제공, 탈레반 정권 붕괴 후 아프간 자체 과도정도 수립 지원 등 인도주의적 작전을 실시함으로써 민간인의 피해를 최소화하여 반미 결속을 차단하였다. 결국 이러한 도덕전의 수행은 제3국의 국제적 협력은 물론 아프간 국민의 동조까지 획득하는 심리전 효과를 창출하여 정당한 전쟁이라는 이미지 구축에 크게 기여하였다.

세 번째로는 열전이 아닌 냉전 차원의 장기 정보전을 수행했다. 이는 명확하지 않은 적을 대상으로 한 총성이 적은 장기 대치전으로 냉전시대와 같은 주요 전투보다는 지속적인 무형의 압력과 굉음이 아닌 내부 붕괴에 의한 전쟁 종결을 특징으로 한다.[43] 이러한 차원에서

---

43) 주용중, "럼스펠드 장기 정보전 시사," <조선일보> 2001년 10월 6일, 국제면.

미국은 2001년 9월 16일 딕 체니 부통령이 정면 군사대결 등의 깨끗한 방법만으로 전쟁이 수행될 수 없음을 시사한 이후 암살 작전 등 그 동안 사용되지 않거나 묵시적 또는 자발적으로 금기시되어 오던 비열한 수단이 동원된 더러운 전쟁을 수행했다.

네 번째로 미국은 국가적 차원의 작전보안 태세를 유지함으로써 작전의 효율성을 도모했으며, 한편으로는 적 세력이 이를 이용하는 것을 적극적으로 차단했다. 즉 걸프전과는 달리 국민의 알 권리를 제한하면서까지 작전현황을 미공개한 것이다. 이는 정치 및 의회 지도부에 대한 비밀 정보 공개 대상을 양당 지도부급 8명을 제한한 사실에 잘 나타나 있으며, 이러한 조치에 대해 정치 지도부는 물론 언론도 능동적으로 동참했다.

마지막으로 기술혁신을 바탕으로 한 정보전이 수행되었는데, 이는 세 번째 요소인 우연성과 개연성 분야에서 상세하게 다루고자 한다.

3) 우연성과 개연성 요소 측면

금번 미국의 대아프간 군사작전의 가장 큰 특징은 최첨단 기술전 양상이다. 즉 미국은 최첨단 기술력을 바탕으로 정보와 지식 기반의 정보전을 수행함으로써 전쟁의 우연성과 개연성 요소를 상당 부분 극복했다. 이는 전통적인 삼위일체에 기술 요소가 추가되어 사위일체가 이루어짐을 의미한다.

이러한 정보전은 네트워크 중심전인 신합동체계전 수행을 의미하며, 이로써 전력 창출 방법이 축차적 연속작전에서 분산된 전력을 시간적 차원에서 동시에 집중시키는 작전으로 변화되었다. 이는 군사기술 혁신 차원에서 광역 정보-감시-정찰 체계, 광역 지휘통제 체계,

그리고 장사정 정밀타격 체계의 합동성을 추구함을 의미한다. 즉 미국은 이번 군사작전에서 적보다 먼저 보고, 빨리 결심해서, 보다 원거리에서 목표물을 정밀 타격하고, 지체 없는 손상 판정을 통해 이러한 과정을 환류시킨 것이다.

또한 이를 바탕으로 군사조직 분야에서도 혁신이 발생했으며, 그 결과 중앙집권적 통제와 분권화된 임무 수행이 이루어졌다. 우선 전장이 가시화되어 중앙집권적 통제가 가능하게 되었다. 이 과정에서 소규모 참모조직으로 다양한 지휘판단을 할 수 있는 수평 네트워크형 조직의 장점이 최대 활용되었는데, 이는 중간관리층 축소에 따른 지휘 폭의 증대로 인한 혼란 가능성을 광역 지휘통제 체계를 이용해서 배제할 수 있었기 때문이다. 2002년 3월 4일 아나콘다 작전 시 동부 샤이코트 계곡에서 발생한 MH-47 치누크 헬기 추락 상황을 저고도 무인 정찰기인 프레더터(Predator)를 이용하여 미국 본토 플로리다 중부사령부에서 실시간 확인하고, 이를 효과적으로 통제한 사실은 중앙집권적 통제의 대표적인 예이다.

한편 정보전은 상·하위 조직(high-low level) 간의 정보 공유를 현실화시킴으로써 분권화된 임무 수행을 가능케 했다. 이는 정보 공유의 보다 낮은 수준화(at a more junior level)를 의미한다. 이로써 미국의 각개 병사는 정보전사(information warrior)로서 불확실한 상황 속에서도 상급 또는 차상급 부대 지휘관의 의도를 정확하게 파악하고, 부대 목표에 보다 효율적으로 기여할 수 있는 행동을 시간 지연 없이 취할 수 있었다.

한편 작전운용 개념의 혁신은 항공전력에 의한 공습 후 특수부대 작전과 대리전을 수행하는 체계로 구체화되었다.[44] 이는 새로운 전

---

44) 국방부 해외정보부, 『미국의 대(對)아프간전 전승요인 분석』, p.3. 국방부

투 수행 모델인 스마트(smart)전으로, 최소의 희생으로 최대의 효과를 획득하기 위해 인명 중시 풍조를 바탕으로 인명 피해를 최소화함으로써 심리적 차원에서 전쟁수행 능력을 지속시키는 것을 의미한다. 이러한 차원에서 미국은 최초에는 항공전력에 의한 공습을 통해 지상작전 여건을 마련하는 데 중점을 두었다. 그리고 이후 미군은 알카에다 및 탈레반 세력 수색작전 및 반탈레반 세력 지원작전 중심의 소규모 특수부대 작전에 집중하는 반면, 대규모 지상전은 반탈레반 세력인 북부동맹군을 이용하여 대리전 형태로 실시함으로써 지상작전의 효율성을 높이면서도 자국 인명 피해의 위험성은 최소화했다.

이러한 새로운 전투 모델을 단계별로 살펴보면 다음과 같다.

우선 최초에 실시된 항공전력에 의한 공습은 첨단 기술력에 의한 정밀 타격전 위주로 수행되었다. 즉 약 1피트 내외의 목표물까지도 정확하게 탐지할 수 있는 정찰 위성과 무인 정찰기를 통해 표적 정보를 획득하고, 획득된 정보를 광역 지휘통제 체계를 통해 실시간으로 처리한 후, 해상 및 지상 발진 장거리 정밀 항공세력으로 필수적으로 요구되는 대군사 목표물만을 원하는 수준으로 정확하게 무력화시켰다. 이로써 군사작전의 주도권을 장악하고 지상 작전의 여건을 조성하면서 다른 한편으론 북부동맹군을 지원하였다. 또한 이러한 군사적 임무와 함께 인도적 구호품 공수 작전을 병행 실시함으로써 심리전에도 크게 기여했다.

이후 실시된 특수부대 작전은 대규모 지상군 투입을 통해 전쟁을 종결하는 전통적인 군사작전 개념을 재정의했다. 즉 소규모 특수부대 세력의 전술적 활동을 통해 대규모 전략적 목적을 달성한 것이다.[45] 이러한 특수부대 작전은 진입-·전수행·퇴출의 형태를 취하

해외정보부장 '02년도해군사관학교 졸업반(제56기) 특별 강연 자료.

면서 적의 게릴라전에 대해 거점 위주의 치고 빠지기식 비정규전으로 맞대응함으로써 그 효율성을 높였다. 또한 공습 목표 유도 임무를 병행함으로써 정밀타격 효과를 극대화시키기도 했는데, 이러한 전술적 차원의 임무는 종래 적군의 동요를 유발하기 위해 현지 반군과의 관계 형성이라는 전략적 임무와 비교할 때 특수부대 세력의 새로운 역할이었다.

한편 이번 특수부대 작전을 통해 항공모함과 해병원정대 세력의 유용성이 더 한층 입증되었다. 우선 항공모함은 함재기뿐만 아니라 특수부대의 해상 발진기지로도 활용 가능하다는 것이 증명되었다. 즉 이슬람권의 반발을 우려해 아프간 주변국이 기지 제공에 난색을 표명하자, 미국은 키티호크 항공모함에 함재기 대신 5개 공수단과 제15해병원정대를 전개시킴으로써 육상기지 사용 불가로 인한 제약을 극복한 것이다. 이는 해군의 세력투사(power projection) 임무 수행에서 그 동안 항공모함이 수행해 왔던 해상기지(sea-launched base)의 역할이 더욱 다양화됨을 의미한다. 한편 해병원정대 세력은 같은 규모의 타 세력에 비해 기동, 작전지속 능력 및 작전수행의 다양성 등 여러 가지 측면에서 우수성이 입증되어 특수부대 작전의 핵심 세력으로 작용하게 되었다.

마지막으로 실시된 대리전 단계에서는 반탈레반 세력인 북부동맹군을 군사적으로 지원하고, 이를 작전의 주체로 활용하여 대규모 지상 작전을 수행하였다. 이로써 혹한과 동굴 및 산악 지형 등 아프간 전장 환경에 익숙지 못한 미군의 취약점을 극복하였다. 또한 이를 통해 전쟁의 명분을 확보하고 아프간 국민과 국제사회의 지원을 획득

---

45) Thom Shanker, "Conduct of War is Redefined by Success of Special Forces," *The New York Times*, Jan. 21, 2002.

하는 등 심리전도 수행했다. 결국 대리전은 특수부대 작전과 더불어 대규모 지상군 투입을 통해 전쟁의 종결을 추구하는 전통적 군사작전 개념을 전환시켰다.

사실 이러한 특수부대 작전과 대리전의 수행은 미국이 구소련의 대아프간 침공 전쟁 교훈을 적용한 결과로 볼 수 있다. 즉 당시의 구소련군은 아프간의 전장 환경과 자국의 전쟁 수행 지속 능력을 전혀 고려치 않고 보병 및 기계화사단 등 대규모 병력과 장비를 투입하여 정규전 중심으로 대(對)게릴라전을 전개함으로써 작전의 비효율성을 초래해 패배를 자초하였던 것이다.

한편 정보와 지식을 바탕으로 한 최첨단 전력(high force)과 고전적인 저급 전력(low force)을 조화시켜 혼합 전력(mixed force)을 창출함으로써 전투력을 극대화시킨 것은 작전운용 개념 혁신의 또 다른 차원이다. 이는 신합동체계전에서 신무기체계 간의 합동성뿐만 아니라 신·구 무기체계 간의 합동성을 의미한다. 미군이 말과 노새를 이용해서 아프간 산악지형에 적합한 보병 작전을 실시한 것은 이러한 혼합 전력의 대표적인 사례이다. 이러한 차원에서 럼스펠드 미 국방장관이 고전적 보병 작전의 중요성을 강조하기도 했다.

이 외에도 군과 정보기관의 합동작전도 작전운용 개념의 혁신으로 볼 수 있는데, 군사작전 개시 이전부터 아프간 현지 작전을 수행해 온 CIA가 제공한 사전정보는 군사작전의 효율성을 크게 증대시켰다.

5. 결 론

　냉전 종식과 정보혁명을 바탕으로 하는 세계화 및 과학기술화 사회의 도래는 안보 측면에서 초국가적 위협이라는 신안보위협 요소를 출현시켰다. 이로 인해 종래 군사안보를 특징으로 하는 국가안보 개념은 비군사적 분야까지 확대되었으며, 이는 필연적으로 전쟁 양상의 변화를 가져왔다. 이러한 전쟁 양상의 변화는 과거 군사적 범주 차원의 표준 전쟁이 비군사적 요소까지 포함하는 보이지 않는 전쟁으로 변화됨을 의미한다. 즉 새롭게 변화된 전쟁은 전통적인 군사작전과 비군사적 측면까지 포함하는 총체적 전쟁으로 구분할 수 있다.
　이렇게 변화된 보이지 않는 전쟁은 국가가 아닌 정체성에 근거한 전쟁으로 비국가 행위자가 위협의 주체이며, 무한(無限) 시간, 무한(無限) 목표, 무한(無限) 공간의 3무제한성(三無制限性)과 무(無)전선, 무(無)군대, 무(無)규칙의 3무성(三無性)을 특징으로 들 수 있다. 이 같은 특성을 고려 할 때 보이지 않는 전쟁은 못 가진 나라의 비삼위일체적 위협에 대한 가진 나라의 삼위일체적 대응이라고 할 수 있다.
　한편 첨단 과학기술을 못 가진 나라에게는 비삼위일체적 성격인 초국가적 위협을 용이하게 제기할 수 있는 환경 여건을 조성하지만, 가진 나라에게는 전통적 삼위일체의 물질적 측면을 보완함으로써 보이지 않는 전쟁의 효율성을 추구하는 정보전 수행을 의미한다. 따라서 새로운 전쟁에서 가진 나라의 삼위일체는 기술 요소가 포함된 사위일체로 변화되었다.
　현재 미국이 주도하고 있는 테러 응징전인 대아프간 전쟁은 21세기 최초의 새로운 전쟁으로 탈냉전기 신국가안보 개념 하에서 변화된 미래 전쟁의 양상을 단적으로 보여주고 있다. 이 전쟁에서 미국은 테러라는 실체가 뚜렷하지 않은 초국가적 위협에 대해 정보전을 바탕으로 보이지 않는 전쟁을 성공적으로 수행해 오고 있다.

이는 미국이 사위일체의 인적 요소 측면에서는 국민의 단합을 통해 총력전을 수행하고, 지적 요소 측면에서는 능력 기초 접근 정책을 통해 사전 기반 구축과 후근대적 제국주의를 바탕으로 정전(正戰)의 명분을 확보함으로써 포괄적 안보 전략을 구사함을 의미한다. 또한 우연성과 개연성 측면에서는 첨단 기술력을 바탕으로 군사기술, 군사조직 및 작전 운용 개념의 혁신을 핵심으로 하는 네트워크 중심의 신합동체계전을 수행함을 나타낸다.

따라서 우리 군은 미국의 대아프간 전쟁에서 도출된 교훈을 양병 및 용병의 분야에 적극 반영해야 한다. 그러나 기대의 빈곤이라는 오류를 범하지 않는 차원에서 이번 전쟁이 미래전의 표준 모델이 아니라 한 부분임을 명심하고, 변화되는 상황에 적합한 새로운 전쟁 모델을 개발하기 위해 지속적으로 노력해야 한다.

참 고 문 헌

공군본부, 『아프가니스탄전 분석: 항공작전 중심으로』, 2002. 1.
국방부 해외정보부, 『미국의 대(對)아프간전 전승요인 분석』, 국방부 해외정보부장 '02년도 해군사관학교 졸업반(제56기) 특별 강연자료.
김진우, "비대칭 위협의 양상과 전망," 『주간국방논단』, 제835호, 2001. 2 .19.
박선섭, "초국가 위협에 대한 대응책을 서둘러야 할 때," 『주간국방논단』, 제827호, 2002. 1. 7.

서정해, "군사혁신에 대한 소고," 『주간국방논단』, 제603호, 1995. 10. 9.
이종학, 『현대전략론』, 서울: 박영사, 1994.
<조선일보>, 2001. 9. 11 - 2002. 3. 31, 국제면.
최경락,. "국가안전보장론," 국방대학원(편), 『안전보장이론 Ⅰ』, 1998.
한국국방연구원, 군 인트라넷, 항구적 자유작전 교전 상황 요약.
합동참모본부, 『아프간 전쟁 종합분석: 항구적 자유 작전』, 2002.

Beaufre, Andre, *An Introduction to Strategy,* 국방대학원(역), 『전략론』, 서울: 국방대학원 안보문제연구소, 1975. 안보총서 3.
Buzan, Barry, *People State & Fear,* 김태현(역), 『세계화 시대의 국가안보』. 서울: 나남 출판, 1995.
Clausewitz, Carl von, *Vom Kriege,* Michael Howard and Peter Paret(ed. and trans.), *On War,* New Jersey: Princeton Univ., 1976.
Drehle, David von, "World War, Cold War Won. Now, The Gray War," *Washington Post,* September 12, 2001.
Handel, Michael I., "Clausewitz in the Age of Technology," Michael I. Handel(ed.). *Clausewitz and Modern Strategy,* London: Frank Cass, 1986.
Harkavy, Robert, "Strategic Geography and the Greater Middle East," *Naval War College Review,* Autumn 2001.
Lider, Julian, *Military Theory,* Aldershot: Gower Publishing Co., 1983.
Owens, William A., "The Emerging System of Systems," *U.S. Naval Institute Proceedings,* Vol. 121, No. 5. May 1995.
Shanker, Thom, "Conduct of War is Redefined by Success of Special Forces," *The New York Times,* Jan. 21, 2002.

| 제 6 장 |

해양통제권이 한국전쟁에 미친 영향

박 재 필*

1. 문제제기

고대부터 현대전에 이르기까지 전쟁사를 살펴볼 때 해양통제권 혹은 해군력이 전쟁에 미친 직접적·간접적 영향은 지대하다. 특히 한국전쟁의 경우 해양통제의 영향력이 더욱 분명히 드러난 사례였다. 한국전쟁은 잘 준비된 북한에 의한 남침에 의해 발생하였고 남북한 군사력의 극심한 불균형으로 전쟁 개시 3일 만에 수도 서울이 북한군에 의해 함락될 정도로 일방적으로 밀릴 수밖에 없었던 전쟁의 양상을 되돌릴 수 있었던 것은 미국이 한반도 주변 해역의 해양통제권을 확보하고 있었기 때문이다. 일본에 전개된 미 해군력과 이를 바탕으로 유엔군이 자유국가군과 한반도 사이에 놓인 바다와 한반도 전 해역에 대한 해양통제권을 보유하고 있었기 때문에 파죽지세로 남하

---

* 해군 정훈감, 충남대 국방연구소 연구위원, 미래군사학회 부회장.

하던 북한군을 낙동강에서 저지할 수 있었던 힘이 되었다.

한국전쟁 초기 전황이 북한군의 일방적인 우세 속에 전개되다가 낙동강 전선에서 교착되면서 유엔군이 반격의 기회를 잡은 것도 미 해병1사단의 포항상륙이 있었기 때문이며 그 후 전개된 인천상륙작전도 한반도 해역에서 압도적인 해군전력 우위를 바탕으로 한 유엔군의 해양통제력이 전제되었기 때문이다. 만약 유엔군의 압도적인 해상통제력에 대한 확신이 없었다면 계획수립단계에서 거부되었을 가능성이 컸다는 것이 일반적인 평가다.[1] 한국전쟁 휴전협정이 체결된지 55년이 지났다. 그동안 많은 학자들과 군사전문가들이 한국전쟁에 대한 연구를 하였고 연구 성과 또한 상당하다. 그러나 연구주제가 대부분 전쟁원인에 치중되어 있고 이와 대비하여 전쟁에 영향을 미친 군사력에 대한 연구는 대단히 빈약하다. 특히 한국전쟁의 흐름을 바꾼 해상통제력이나 해군력이 한국전쟁에 미친 영향에 대한 연구는 국방부 및 해군본부 등 군 관련기관에서 편찬한 기초자료가 대부분이며, 학위논문은 물론이며, 학술지 연구 논문 또한 거의 찾을 수 없는 것이 현실이다.

한국전쟁에 대한 해양통제력 혹은 해군력이 미친 영향에 대한 빈약한 연구의 이유는 여러 가지가 있을 수 있지만, 첫 번째로 가장 큰 것은 당시 우리 한국 해군의 세력이 미약했고 북한해군 역시 보잘것 없어 해전다운 해전이 없었다는 것이 가장 큰 이유로 보인다.[2] 둘째

---

[1] 맥아더가 인천상륙작전을 제안했을 때 극동아시아와 합참의 많은 미 지휘관들이 그 계획에 반대했다. 가장 심하게 반대한 사람은 미 합참의장인 브레들리 장군과 육군참모총장인 콜린스 장군이었다. 미 해군참모총장은 비교적 중도적 입장을 취했지만 그 역시 초기에는 지역의 위험한 수로의 조건을 들어 반대했다. Malcolm W. Cagle, Frank A. Manson, 『한국전쟁 해전사』, 신형식 역(서울: 21세기군사연구소, 2003), pp.93-99 참조.

는 유엔 해군에 대항할 수 있는 해군전력은 중국과 소련인데, 중국은 초창기 해군 건설 시기라 그 힘이 미약했고 참전 범위도 지상군이 위주였으며, 소련은 외형상 한국전쟁에 참여하지 않았기 때문에 해상통제권 장악을 위한 바다를 무대로 한 전투가 없었다는 것이다. 셋째는 한국전쟁 당시 해상작전의 주 세력으로 활동한 유엔 해군의 핵심 전력인 미국 내의 한국전쟁 연구 분위기인데, 전문가들 사이에서 한국전쟁 해전 연구를 인위적으로 가치가 없는 것으로 평가 절하하는 경향에서 비롯된 것이다.

한국전쟁을 통하여 미 해군은 상륙전, 군수, 항공, 작전계획 및 운용 등 모든 분야에서 기념비적인 변화가 있었고, 또한 미 해군의 무기체계, 전략, 전술을 시험할 수 있는 좋은 기회를 제공받았다. 한국전쟁은 지금까지 기록된 많은 육군 위주의 전투 측면보다는 해양력 우위에서 수행된 해군전쟁이라는 드러나지 않은 독특한 점이 있다. 한국전쟁은 전격적인 핵전쟁을 준비하는 관점에서 제한전쟁이라는 또 하나의 전쟁형태를 제시하였고, 이런 형태의 전쟁을 준비하는 데 해전의 중요성에 대한 교훈을 제시하였다. 한국전은 상륙전과 해군항공 그리고 기뢰전에 있어 매우 중요한 교훈을 우리에게 가르쳐 주었다.3) 과거 교훈을 통해서 우리는 미래의 지침을 제공할 수 있다.

---

2) 한국전쟁 발발 당시 한국 해군은 초창기로서 미국에서 구입한 백두산 한 미최고 전투력을 보유한 함정이었고, 나머지는 일본과 미군으로부터 도입한 연안 소해정이 주류를 이루고 있었다. 북한 해군도 30여 척의 함정과 80여 척의 보조정이 전부였으므로 해전을 할 만한 전력이 되지 못하였다. 남북한 당시 해군 전력에 관해서는 해군본부, 『대한민국 해군사: 작전편』 제1집, 제2집(서울: 해군본부, 1954) 및 해군본부, 『대한민국 해군사: 행정편』 제1집, 제2집(서울: 해군본부, 1954) 참조

3) *The Sea War in Korea*의 공동저자인 말콤 카글(Malcolm W. Cagle) 과 프랭

이러한 측면에서 한국전의 교훈, 특히 해상통제권이 한국전쟁에 미친 영향은 우리가 미래의 전쟁을 준비하는 데 유용한 교훈과 지침이 될 수 있다.

한국전쟁의 발발에서 휴전협정이 조인되는 그 날까지 계속된 전황과 전투의 가장 큰 특징은 전쟁 초기 한반도 전역을 밀고 내려오고 올라가는 공방전이 있었지만, 1년이 지난 이후부터는 38선을 중심으로 지리적인 면에서 유리한 위치를 차지한 공산 측과 비록 지리적인 면에서는 불리한 위치에 있지만 해상통제권을 바탕으로 원하는 장소에 군수품을 수송하고 함포와 항공기를 앞세운 압도적인 화력이 균형을 이루었으며, 그 결과 승패 없이 휴전에 돌입했다는 점이다.

본 연구의 핵심적인 주제는 유엔 해군의 해상통제권이 한국전쟁의 성격을 특징지었고 오늘의 휴전선을 있게 했다는 것이다. 한국전쟁 연구성과와 한국 해군사 및 미국 해군사, 그리고 한국전쟁 해상통제권과 관련된 연구자료와 기초자료를 중심으로 상술한 본 연구의 핵심적인 주제를 논증하고자 한다.

2. 한국전쟁 전황 개관

한국전쟁은 1950년 6월 25일 북한의 남침으로 시작되어 1953년 7월 27일 휴전협정이 체결됨으로써 종료되었다. 한국전쟁은 3년간 계

크 맨슨(Frank A. Manson)이 서문에서 한국전쟁의 특징을 정리한 내용. Malcolm W. Cagle, Frank A. Manson, 『한국전쟁 해전사』, 신형식 역(서울: 21세기군사연구소, 2003), 서문 참조.

속되었으며 참가국의 수, 전투의 성격 등 모든 면에서 그 이전의 전쟁과는 전혀 다른 양상의 전쟁이었다. 한국전쟁은 크게 5단계 흐름으로 진행되었는데, 그것은 다음과 같다.

먼저 제1단계는 북한의 남침과 북한의 일방적 우세 속에 진행된 초기 전투로서, 전쟁이 발발한 1950년 6월 25일부터 인천상륙작전이 실시된 9월 15일까지다. 선전포고 없이 실시된 북한의 공격은 완전한 기습이었으며 남한의 수도 서울은 3일 만에 함락되었다. 계속된 전투에서 남한은 일방적으로 밀렸으며 개전 1달 만에 남한지역의 75%를 북한에 점령당하였다. 이후 1950년 9월 15일 인천상륙작전이 개시되기 전까지 부산 교두보를 사이에 두고 치열한 공방전이 계속되었으며, 8월 중순부터 유엔군에게 본격적으로 병력과 군수품 보급이 이루어짐으로써 유엔군의 전력은 급격히 증강되었다.

2단계는 한국 및 유엔군의 반격단계로서 인천상륙작전이 시작된 1950년 9월 15일부터 중공군이 한국전쟁에 참여하여 공방전을 벌이는 1950년 12월 말까지이다. 인천상륙작전을 계기로 한국 및 유엔군은 방어적 입장에서 공세적 입장으로 전환하였으며 북한군은 괴멸되어 전력이 급격히 약화되었다. 그 결과 한국 및 유엔군은 9월 28일 서울을 수복하고 10월 1일 38선을 돌파했으며 10월 27일에는 압록강까지 진출함으로써 승리를 눈앞에 두게 되었다. 인천상륙작전으로 반격을 시작한 한국 및 유엔군은 북쪽 끝단까지 진출하여 완전한 승리를 눈앞에 두었지만, 대규모 중공군의 참여로 11월 하순부터는 다시 후퇴 할 수밖에 없었다. 이 기간 중 한국 및 유엔군은 육상 및 해로로 철수작전을 실시하였으며, 또다시 북한 공산 측에게 수도 서울을 내줌으로써 전쟁의 양상은 새롭게 전개되게 되었다.

3단계는 1951년 1월부터 6월 30일까지로 38선을 중심으로 한 공방과 전선의 교착기간이다. 중국군의 개입으로 다시 서울을 내준 한국 및 유엔군은 1951년 1월 오산, 장호원, 제천, 영월, 삼척을 연결하는 선에서 전열을 재정비하고 공격적 방어작전에 나서 서울을 재탈환했으며, 이후 양측은 38선을 사이에 두고 공방을 계속했다.[4] 이 기간 중 양측은 전력을 보완하였는데, 유럽의 안보사정[5]으로 유엔군의 주축인 미국과 영국의 병력증강이 어려워진 유엔군은 확립된 해상통제권을 바탕으로 중화기와 탄약의 대량 보급에 힘썼으며, 이에 반하여 공산측은 병력보충과 약점인 보급지원 체계 개선에 힘을 쏟았다. 1951년 봄을 기준으로 볼 때 양군의 병력은 유엔군이 한국군 40만 명, 미국군 40만 명, 기타 유엔군 2만 5천 명으로 총 82만 5천명을 확보하고 있었으며, 이에 반해 공산군은 북한군 45만 명, 중국군 50만 명, 기타 소련 의용군 약 1만 명 등으로 총 95만 명이었다. 병력상으로는 공산군이 우세했다.[6]

4단계는 1951년 7월부터 1953년 3월 말까지 기간이다. 1951년 1월부터 6월까지 38선을 중심으로 양측 간의 지리한 공방전이 계속되자 유엔군과 공산군은 전쟁의 승리에 대한 전망을 버렸다. 왜냐하면 한국전쟁은 한반도를 무대로 일어난 것이면서도 미국을 선두로 하는 서방 측 자유주의 여러 나라와 중국 및 소련으로 대표되는 사회주의 나라의 대리전쟁이 되었기 때문이다. 1950년 여름 한국의 위기와 그

---

[4] 해군본부, 『대한민국 해군사: 작전편』 제1집 (서울: 해군본부, 1954), pp.2-3.

[5] 당시 유럽에서는 소련과의 알력이 고조되고 있었으며, 독일주둔군을 증강시키지 않으면 안되는 상황에 처해 있어 미국과 영국은 한반도에 더 이상 파견할 병력 여유가 없었다. 또 프랑스도 인도지나 반도의 월남에서 월맹군의 저항을 받아 힘을 빼앗기고 있었으며, 터키도 유럽에서 전쟁이 발발하게 되면 자국의 방어를 위해 한반도에 파견된 군대를 빼내가지 않으면 안되는 상황이었다. 김행복 외, 『20세기 지구촌전쟁』(서울: 병학사, 1996), pp.286 참조

[6] 위의 책, p.286.

리고 같은 해 북한의 위기가 지나간 지금, 어느 진영도 대전쟁을 각오하지 않았으므로 승리의 희망은 나타나지 않았다. 당면한 적을 처부순다 해도 배후에 있는 대국은 전혀 동요되지 않을 것이기 때문이다.7) 이런 이유로 순식간에 강화가 양측의 희망이 되어 1951년 7월 10일 휴전을 논의하는 회담이 개전 후 처음으로 개최되었다. 이러한 휴전을 위한 회담은 이후 2년간 지루하게 진행되었고, 이 기간에 전투는 중단되었다가 이어졌고, 회담의 진행과는 관계없이 양군은 상대편의 약한 부분에 대한 공격을 주고받았으며 사상자가 속출하였다.

제5단계는 1953년 4월부터 7월 27일 휴전협정 조인까지의 기간이다. 1951년 7월 휴전과 관련된 회담이 시작된 이후 2년 가까운 세월 동안 양방의 고집이 맞서 그 사이 많은 젊은이들이 죽고 막대한 전쟁비용이 부질없이 소비되었다. 4월 11일 상병 포로 교환협정이 정식으로 타결되어 수개월 내에 평화가 이루어질 것이 분명해졌으나, 휴전 조건을 유리하게 하기 위한 대규모 전투가 이어진 기간이었다.

이 기간 중 대부분의 전투는 공산 측에 의해 시작되었으며, 유엔군이 중공군의 파상공세에 후퇴했다가 다시 전열을 정비하여 압도적인 해상통제권과 항공력을 바탕으로 반격하여 점령지를 탈환하는 과정이 반복되었다. 이 휴전 직전의 대전투에서 사상자는 양군을 합하여 최저 5만 명이 넘는 막대한 수에 달하지만, 전쟁국면에는 이렇다 할 변화가 없었다.8)

1950년 6월 25일에 개시되어 1953년 7월 27일에 끝난 한국전쟁은 한반도에 커다란 상흔을 남겼다. 남북 양국의 대부분은 초토화되고 희생자의 총 숫자는 현재에 이르기까지 확실치 않다. 특히 민간인 사

---

7) 위의 책, p.288.
8) 위의 책, pp.290-292.

상자에 관한 기록은 전무에 가깝고, 억지로 숫자를 제시한다면 남측은 100만, 북측은 50~70만이라 할 수 있을 것이다.9)

3. 한국전쟁 참전국가의 해군력 수준과 역할

1) 북한 해군력 수준과 역할

한국전쟁 발발 당시 북한 해군은 경비함정 30여 척, 보조선박 80여 척을 보유하고 있었다. 북한 해군의 함정은 남포호 같은 1,780톤의 대수송선도 있었으나, 대부분 소형함으로 250톤급이 십수 척 있었으며 나머지는 45톤 및 35톤급의 소선이었다. 보조선의 경우는 어업에 이용하던 발동선과 목선에 불과하였다.10) 해군병력의 경우 함정 운영을 위해 2만여 명이 동원된 것으로 추산되나 정규 해군은 채 1만 명이 안 되는 수준으로 판단되며, 이외 한국전쟁 발발 직전에 모집한 육전대원이 약 1만 명이 있었다.11) 북한은 해군 건설에서 대해전이나 지상군 엄호포격 등을 목표로 한 것이 아니라 다만 지상 진격에

---

9) 위의 책, p.293.
10) 해군본부,『대한민국 해군사: 작전편』제1집 서울: 해군본부, 1954), p.39.
11) 위의 책, p.36. 북한 해군병력의 지역별 주둔 규모에 대해서는 극동문제연구소,『북한전서』중권(서울: 극동문제연구소, 1974), p.27 참조. 총사령부에 약 1,000명, 원산 기지에 4,750명, 청진기지에 3,290명, 진남포 기지에 5,000명, 해군군관학교에 500명, 기술훈련소에 200명 등 15,000명과 한국전쟁 발발 직전에 원산과 진남포 등에 육전대를 증설하여 총 병력 16,200여 명을 보유한 것으로 추정된다.

호응하여 기습작전을 감행하려는 데 의도를 두었다고 볼 수 있다.12)

북한 해군함정 대부분은 어뢰정이나 포함이었는데, 두 종류의 함정은 모두 미국군에 의해 쉽게 파괴되었으며 보조정을 비롯한 나머지 선박은 활동을 거의하지 못했다. 북한 해군은 한국전쟁 개전 초기 동해안에 일부 병력을 상륙시키는 데 성공하였으나 한국 해군과 유엔 해군이 동·서·남해안에서 강력한 봉쇄작전을 개시한 이후 해상활동이 좌절되어 한국 및 유엔 해군이 전쟁수행에 필요한 군수품 수송을 하거나 지장작전과 연계된 활동을 하는 데 제한이 되지 않았다. 그러나 북한 해군에 의해 설치된 기뢰는 유엔 해군에 대단히 위협적이었다. 북한이 유엔 해군에 대해 바다에서 유일하게 저항활동을 한 것은 소련의 도움을 받아 3천 개의 기뢰를 원산항에 부설한 것이었는데, 항구에서 기뢰가 완전히 제거될 때까지 유엔 해군 함정들은 함포로 엄호사격을 할 수 있을 만큼 해안에 충분히 가깝게 접근할 수 없었다. 해상 소해의 필요성 때문에 한국 및 유엔군의 원산상륙작전은 지연되어 1950년 10월에야 실시될 수 있었다.

한국전쟁 시 유엔 해군과 북한 해군 간 최초의 해전은 1950년 7월 2일 발생하였다. 이 날 미국 해군의 주노(Juneau)함이 영국의 경순양함 자메이카(Jamaica)함과 호위함 블랙 스완(Black Swan)함과 같이 동해안에서 초계작전을 수행하던 중 주문진 근해에서 북한 어뢰정(PT) 4척을 발견하였다. 이들 어뢰정은 포함(PGM) 2척과 함께 탄약을 운반하고 있는 트롤어선 10척을 호송하고 주문진에 입항하려는 중이었다. 이 교전에서 주노함은 PT 3척과 포함 2척, 탄약선 2척, 그리고 탄약운반선 7척을 격침하는 전과를 거두었으며, 자메이카함은 2명의 북한군을 생포하였다.13) 이 해전은 유엔 해군함정과 북한 해군함정

---

12) 위의 책, p.39.

의 처음이자 마지막 해전이었다. 이 해전 이후 유엔 해군의 북한해역 봉쇄에 대하여 북한군에 의한 해상에서의 도전이나 잠수함 공격 또는 실질적인 항공 공격은 없었다. 그리하여 미국 해군이 주도하는 유엔 해군은 북한의 500여 마일에 이르는 전 해안에 대한 완전한 제해권(command of the sea)을 유지할 수 있었다.14)

이를 종합하면 한국전쟁 기간 중 북한 해군의 전력과 활동은 미미했으며, 개전 초기 육상전투 지원을 위한 기습작전에 함정을 동원하였으나 유엔 해군에 의해 전멸했다. 이후 북한군은 1950년 11월 말 중공군의 전쟁개입을 계기로 전황이 호전되자 해군 재건을 기도하였으나, 제해권을 완전히 상실한 탓에 해상으로 진출하지 못하고 지상으로 연결하여 근해에 기뢰 부설을 시도하는 일방, 수척의 어뢰정을 위시하여 발동선, 고무보트, 전마선 등을 이용하여 도서 기습을 기도하는 정도였다.

2) 중국 해군력의 수준과 역할

마오쩌둥은 중화인민공화국 창설 직전인 1949년 9월 '중국인민정치협상회의'에서 "우리는 강력한 육군뿐만 아니라 강력한 해군과 강력한 공군을 보유할 것이다"고 하였다. 해군의 임무에 대해서는 "우리 영해를 방위하고 예상되는 제국주의자들의 어떠한 침략도 저지할

---

13) James A. Field, *History of United States Naval Operations: Korea* (Washington, D.C. :Department to the Navy, 1962), p.36; 해군대학, 『한국해전사』(대전: 해군대학, 2007), p.251.

14) 해군대학, 위의 책, p.251.

수 있어야 한다"고 주장했다.15) 이러한 마오쩌둥의 해군 창설 인식에 따라 1년 후인 1950년 9월 해군본부가 베이징에 설치되고 각 지역 해군이 본부 통제 하에 들어갔다. 그러나 중국은 지난 1987년 12월 17일 중국 중앙군사위원회가 해군 창설일을 1949년 4월 23일로 소급 제정하였는데, 그 이유는 이 날이 중국 최초의 해군인 화동군구 해군이 창설된 날이기 때문이다. 1940년대에 시작된 국공내전이 공산당의 승리로 끝나자 대부분의 성(省)·시(市)는 경제 부흥기에 접어들었지만, 국민당 정부기구와 국부군은 해상 무장력과 미국의 지원을 받으며 대만으로 이동하고, 일부는 대륙 등 남연안의 많은 도서를 점거하고 대륙 반공을 부르짖었는데, 1949년 8월 마오쩌둥은 화동군구(華東軍區) 해군사령관 장아핑(張愛萍)과 전 국부군 해군제독 린쭌(林遵)을 접견한 자리에서 "대만을 해방하지 못하면 국가 안녕을 누릴 수 없다"고 하였으며, 이에 중국 화동군구 해군위원회는 "모든 노력을 대만 해방투쟁에 쏟자"는 활동방침을 발표하고 그 준비에 착수하게 되었는데, 이러한 중국의 움직임이 중국 해군 건설의 시발이었다.16)

이러한 과정을 거쳐 중국 해군이 창설되었으나, 이는 구일본 해군과 국부군으로부터 노획한 구식 함정에 육군에서 이양받은 대원과 국부군에서 전향한 해군장병 및 징집된 지식청년 등으로 구성된 잡다한 집합체였다. 창설 당시 중국 해군은 국부군으로부터 접수한 함정 183척(43,000톤)을 중심으로 기타 상선을 개조한 군함과 홍콩에서 수입한 함정 48척(25,000톤)을 보유하고 있었다.17) 대부분의 함정은 내구연한이 지난 낡은 것이었고, 항속은 최고가 15노트 정도였으며,

---

15) 해군본부, 『중국·러시아 해군사 연구』(계룡: 해군본부, 2002), p.79.
16) 위의 책, p.69.
17) 위의 책, p.72.

대다수 함정의 속도는 8노트 정도쯤 되었다. 특히 화포는 소련·미국·영국·일본·프랑스제 등 다양했으며 무장이 없는 함선도 많았다.18) 그리고 중국의 한국전쟁 참가와 더불어 전국의 대학과 고급중학의 학생·청년에게 군사학교에 입학하도록 지령이 내려져 화북지구에서 4,800명, 화동지구에서 850명이 각각 해군에 입대하였다.19) 1950년 11월 말에 참전한 중국은 해군으로서는 어떠한 위협도 보여주지 못했다.

한국전쟁 기간 중 유엔 해군은 중국 해안을 봉쇄하지 않았는데, 만약 미 해군이 봉쇄했다면 중국의 전쟁수행 능력을 무력화시켰을 것이다. 중국은 대부분의 산업생산품과 석유의 90%를 수입하고 있었기 때문이다.20) 유엔헌장 하에서 유엔군 해군의 봉쇄작전은 전쟁행위가 아니었다. 그러나 만약 미국이 일방적으로 중국 해안에 대한 봉쇄조치를 취했더라면 소련의 반발을 불러일으켰을 수도 있다. 한국전쟁에서 미국의 목표는 전쟁을 제한적이고 국지적인 형태로 유지하려는 것이었기 때문에, 미국은 중국 해안을 봉쇄하는 대신 미 7함대를 대만해협에 파견하여 대만을 고립시켰다.21) 한국전쟁 기간 동안 거의

---

18) 위의 책, p.73.

19) 위의 책, p.73.

20) Military Situation in the Far East: Hearitages beforethe Committee on Armed Services and the Committee on Foreign Relations, Unite States Senate, 82d Cong., 1st Sess., m pp.1512-1525.

21) 북한이 남한을 침략한 지 이틀 후에 트루먼 미국 대통령은 대만을 고립시키라고 해군에게 명령했는데, 이런 명령을 내린 의도는 대만에 있는 장제스를 보호하는 한편 장제스가 자기 자신을 본토에서 축출한 공산당 정부를 공격하지 못하게 만들려는 데 있었다. George W. Bear, 『미국해군 100년사』, 김주식 역(서울: 해양전략연구소, 2005), p.600.

내내 대만해협에서 실행된 제7함대의 이러한 임무는 항공모함 함재기를 한국에서의 육상작전을 지원하기 위해 사용할 수 있는 가능성을 그만큼 줄여 버렸다.

3) 소련 해군력의 수준과 역할

제2차 세계대전 후부터 1950년대 초까지의 기간은 소련 해군력 발전에서 매우 획기적인 시기였다. 이 시기에 소련 해군은 전쟁에서 중요한 임무를 수행할 수 있는 세력으로 정비되었다. 이 시기에 스탈린은 요새함대 및 균형함대 개념으로 전력을 건설하였는데, 스탈린을 포함한 소련 해군 지휘부는 전후의 시대는 전함 시대는 가고 함상탑재 항공기에 의해 해전의 승패를 결정짓는 항공모함 시대가 왔음을 분명히 인식하였다. 이에 대해 소련은 1945년 이후 8년간 두 개의 광범위한 계획을 세워 해군력을 증강하였는데, 크게 요새함대와 균형함대의 형태로 나타났다.[22]

그 첫째로 요새함대는 해안포 부대와 요새, 해군육전대 또는 해병대포함, 고속어뢰정, 육상기지 항공기 같은 근해 경비정으로 구성하는 것이다. 둘째, 균형함대는 육상기지의 해군 항공기의 엄호 하에 순양함, 구축함 및 잠수함들로 근간을 이룬 기동부대로 해군 항공기의 엄호를 받을 수 있는 수역 내에서 작전활동을 하는 것이다. 이 기동부대는 전략적으로는 수세지만 전술적으로는 공세적 해상작전 능력을 보유하였다.

---

22) 김정현, 『대륙국가의 해군력건설 요인에 관한 연구』(서울: 연세대, 2004), pp.85-86.

소련은 이와 같은 요새함대 및 균형함대 개념에 의거, 4개 함대가 각각 해당 함대 작전구역에서 독립작전을 가능하도록 해군력을 증강시키려고 노력하였으며, 특히 스탈린은 소련에 직접적으로 가장 큰 피해를 입히는 전략적인 방어해역을 발트해와 흑해로 보고 이 두 지역의 함대전력 건설에 관심을 쏟았다. 그 결과 블라디보스토크를 근거로 하는 태평양함대 전력은 두 지역에 비해 관심이 미약하였으며, 배치된 전력도 잠수함을 비롯한 방어적 전력이 주력이었다. 이 시기에 건조된 소련 해군의 주요 무기체계는 연안 해역에서 지상작전 지원임무를 수행하기 위한 재래식 함포, 어뢰, 함포탄 등으로 무장된 함정과 항공기였다.

  미 합동참모부는 처음부터 끝까지 한국전쟁을 좀 더 대규모화되고 점차 더 커지고 있는 세계적인 안보위협이라는 관점에서 보았다.[23] 한국전쟁과 관련하여 미 해군의 주요 관심사는 소련이 블라디보스토크나 사할린에서 공중이나 잠수함으로 공격하지 않을까 하는 것이었다. 당시 북한 국경에서 몇 마일 떨어지지 않은 블라디보스토크에는 70척의 잠수함으로 구성된 해군부대가 주둔해 있었으나 소련의 위협은 구체화되지 않았다. 미 해군 항공기들은 소련의 폭격기가 적대적 의도를 가지고 있을 것으로 간주하여 격추시켰으며, 해군 함정은 소련 잠수함으로 추정되는 잠수함을 추적했다. 소련 전투기와의 공중전이 몇 차례 발생했다. 그러나 그것이 전부였다. 한국전쟁 기간에 소련 해군은 해안에 머물러 있으면서 방어적인 태도를 취했다. 소련 해군은 미국 함정을 공격하지 않았으며, 유엔군이 계속 전투할 수 있게 해주는 해상교통로를 차단하려고 노력하지도 않았다.[24]

---

  23) George W. Bear, 『미국해군 100년사』, 김주식 역(서울: 해양전략연구소, 2005), p.595.

왜 소련은 전쟁에 참여하지 않았을까? 주 소련 대사인 커크(Alan G. Kirk)는 트루먼 대통령에게 "소련이 한국전쟁을 통해 특히 미국을 포함한 서방세계 전반으로 하여금 출혈하게 함으로써 얻는 것이 너무 많기 때문에, 이익을 누리고 있는 상황에서 우리를 향해 이동할 것 같지는 않다"고 말했다.25) 미국은 세계대전을 원치 않았고 그런 연유로 미국은 한국전쟁이 확대되는 것을 막고 싶어 했다. 미국 정부에 있어서 한반도의 중요성은 북한의 침략이 세계적인 음모가 아닌 일종의 분리된 사건이라는 점이 분명해진 뒤로 줄어들었다.

4) 한국 해군력의 수준과 역할

한국전쟁 개전 초기 한국 해군의 병력은 육상 병력이 5,878(해병대 1,241명 포함), 해상 병력이 1,077명으로 총 6,956명이었으며, 함정세력은 경비함정 28척, 수송선 2척, 유조선 2척 및 연안경비정 2척으로 총 33척이었는데,26) 이들 전력은 한국 해군의 모체인 조선해안경비대가 1946년 9월 상륙주정(LCI) 2척을 미군으로부터 인수받은 것을 비롯하여 1948년 1월까지 도입한 36척의 일본 연안소해정(JMS) 및 미국 연안소해정(AMS) 등과, 1949년 거군적으로 모금활동을 전개하여 미국으로부터 구입한 백두산함(PC-701)을 모체로 구성되었다. 이들 함정

---

24) George W. Bear, 김주식 역, 위의 책, pp.596-597.

25) *FRUS* 1950, Vol.1, p, 481; George W. Bear, 『미국해군 100년사』, 김주식 역 (서울: 해양전략연구소, 2005), p.606.

26) 해군본부, 『대한민국 해군사: 행정편』 제1집(서울: 해군본부, 1954), pp.73-75.

의 무장은 대부분 육군으로부터 인수한 37mm 대전차포와 중기관총이 전부였으며, 함포다운 함포는 백두산함이 보유한 3인치 포가 유일한 것이었다.

한국 해군은 한국전쟁 발발 20여 일이 지난 전황이 급박했던 7월 16일 3척의 PC함(702, 703 및 704함)을 확보하게 되는데, 이들 함정은 모두 손원일 해군참모총장이 미국에 체류하며 구입한 것으로서 한국전쟁 기간 중 한국 해군의 주전력으로서 유엔 해군과 함께 해상방어 및 봉쇄작전에 큰 역할을 하게 된다.27) 전쟁기간 중 한국 해군에 의한 봉쇄작전은 소주정을 이용하여 유엔 해군함정이 할 수 없는 연안에서 남한 어선과 북한 선박들을 통제하고 적전선 후방에서 정보를 수집함으로써 유엔 해군의 봉쇄와 소해 작전에 크게 기여하였다. 한국 해군의 전력은 소해함, 상륙주정, 소주정 등으로 이루어져 유엔 해군의 전력에 비하면 보잘것없었지만, 압도적 전력을 보유한 유엔 해군의 봉쇄작전에 힘입어 전력손실을 최소화할 수 있었으며 피해도 개전 초기 미 해군 경순양함 주노함의 오인사격에 의해 JMS-305정이 침몰된 것과 원산 기뢰제거 작전에서 피해를 입은 사례를 제외하고는 거의 없었다. 한국 해군은 한국전쟁 기간 중 대한해협해전, 통영상륙작전, 인천상륙작전, 원산상륙작전, 흥남철수작전 등 수많은 작전과 전투에서 유엔 해군과 더불어 큰 전과를 거두었으며, 이외 수복항만, 도서 접수, 해안경비, 도서방어, 군수품 수송 등 제반 작전에서 부여된 임무를 성공적으로 수행하였다.

---

27) 한국전쟁이 발발하던 당시 해군참모총장이던 손원일 제독은 함정을 구입하기 위해 미국에 체류하고 있었는데, 이 3척의 함정을 구입하고 7월 8일 귀국하여 해군을 지휘하였다.

5) 유엔군 해군력의 수준과 역할

　북한의 남침에 대한 미국 트루먼 행정부는 신속하고 단호하게 강력한 군사적 조치를 취하기로 결정을 내렸다. 개전 초기에 취해진 미국의 한국전쟁 개입 결정은 다음과 같은 네 단계로 진행되었다. ① 미국 시민의 철수를 위한 해·공군의 지원과 한국군에 대한 군수지원, ② 한국군을 지원하기 위한 38선 이남 지역에서 북한군에 대한 해·공군 작전, ③ 38선 이북 지역으로 해·공군 작전범위 확대, ④ 북한군의 진격을 격퇴하기 위한 미 지상군의 투입이었다.28)

　한국전쟁 발발 당시 극동에 있는 육·해·공군은 모두 극동군총사령관 맥아더 장군의 휘하에 통합·편성되어 있었다. 당시 미국 극동해군의 활동범위는 매우 광범위하였으나, 사령관 조이(Turner G. Joy) 해군 중장 예하에 있는 전투세력은 결코 충분하였다고 볼 수는 없다. 한국전쟁이 경과하면서 미국 본토로부터 증원 세력이 도착함에 따라 극동해군의 기동편성이 수시로 변했지만, 초기 극동해군에는 약간의 전투함으로 구성된 제96기동부대(Task Force 96: TF 96)와 상륙작전 부대인 제90기동부대(TF 90)가 있었을 뿐이다.

　제96기동부대의 전투함은 속력이 빠르고 성능이 우수했다. 히긴스(John M. Higgins) 해군 소장 지휘 아래 기함인 경순양함(CL) 주노함과 구축함(DD) 4척이 있었다. 대공순양함으로 건조된 주노함은 배수량 6천 톤, 속력 33노트, 주포로서 5인치 양용포 12문을 탑재하고 있었다. 구축함 4척은 2천 톤, 속력 35노트, 5인치 포 6문을 탑재한 섬머(Allen

---
28) 해군대학, 앞의 책, pp.244-245.

M. Sumner)급의 구축함이었다.29) 극동해군 예하의 또 다른 중요한 세력은 도일(James H. Doyle) 해군 소장이 지휘하는 제1상륙전대(Amphibious Group 1)로서 지휘함(AGC) 1척 공격인원수송함(APA) 1척, 공격화물수송함(AKA) 1척, LST 1척, 그리고 함대예인함(ATF) 1척으로 구성되었다. 제90기동부대로 편성된 이 상륙전대는 맥아더 장군의 요청에 따라 주일 미 육군의 상륙전 훈련을 실시하기 위하여 때마침 일본에 도착해 있었던 것이다.30) 조이 제독이 지휘하는 세 번째 부대는 제3기뢰전대(Mine Squadron 3)의 함정이었다. 제3기뢰전대는 함대소해함(AM) 4척과 연안소해함(AMS) 6척으로 구성되어 있었다.31)

이외에 필리핀 슈빅만에 기지를 미 해군 7함대가 있었으며, 스트러블(A. D. Struble) 해군 중장이 지휘하는 미 7함대에는 항공모함(CV)인 27,000톤급 밸리 포지(Valley Forge)함을 주축으로 하는 항모강습부대인 제77기동부대(TF 77)를 비롯하여 전비태세가 잘 유지된 몇 개의 기동전대(Task Group: TG)로 편성되어 있었다. 미 해군 7함대는 미 해군참모총장의 지시에 따라 6월 27일 오후부터 극동해군사령관의 작전통제를 받게 되었다.32) 이외 1950년 6월 27일 유엔에서 한국에 대한 군사원조에 관한 결의가 통과된 후 영국 해군본부는 극동지역 부사령관 앤드루스(Willilam G. Andrews) 해군 소장이 지휘하는 영국함대를 6월 29일 미 극동함대에 배속시켰으며, 30일에는 오스트레일리아 함정이 도착하여 배속되었다. 영연방의 해군세력은 영국의

---

29) James A. Field, *History of United States Naval Operations: Korea*(Washington, D.C.: Department to the Navy, 1962), p.45; 해군대학, 위의 책, pp.245-246.
30) 해군대학, 위의 책, p.246.
31) 위의 책, p.246.
32) 위의 책, pp.246-247.

경항모 트라이엄프(Triumph)를 비롯하여 경순양함 벨패스트(Belfast)함 및 자메이카함, 그 외에 구축함 3척과 호위함(PF) 4척이었다. 이외 캐나다, 뉴질랜드도 조속히 전투함을 파견할 것을 약속하였다.33) 영 연방 함정들은 제96.8기동전대로 지정되어 앤드루스 제독의 지휘 아래 주로 한국의 서해에서 작전하였다. 극동해군은 크게 나누어 제96 기동부대, 제90기동부대 및 제7함대로 구성되었으며, 이 중 7함대는 6월 27일 트루먼 미국 대통령의 명령에 따라 대만해협으로 이동하여 중공군의 대만 침공이나 중국 본토에 대한 자유중국군의 군사행동을 억제하는 임무를 수행하였다.34)

미 해군의 한국전쟁 참가는 극동해군 사령관 조이 제독이 6월 27일 한국 전장에서 극동해군이 수행할 임무에 관한 기본명령으로 작전명령 5-50을 시달함으로써 구체화되었는데, 조이 제독은 이 명령에서 주노함과 구축함 4척으로 구성된 제96.5기동전대(TG 96.5)를 편성하여 한국 지원전대로 지정하였다. 사세보에 기지를 둔 한국 지원전대의 임무는 한국 연안해역을 초계하면서 적의 상륙을 저지하고 침공해 오는 적의 함정을 격침시키며, 우군에게는 함포지원을 제공하고, 철수작전을 수행하거나 한국에 군수물자를 수송하는 함선을 호송하도록 하는 것이었다.35)

한국전쟁 기간 중 유엔 해군이 중점을 두고 실시한 주요한 작전의 하나는 한국 연안에 대한 해상 봉쇄작전이었다. 이 작전은 7월 4일 트루먼 미국 대통령의 명령에 의해 실시되었는데, 실제 미국 해군에

---

33) Malcolm W. Cagle and Frank A. Manson, *The Sea War in Korea* (Annapolis: U.S. Naval Institute, 1957), p.35; 해군대학, 위의 책, p.247.

34) Harry S. Truman, *Memori*.

35) Field, 앞의 책, p.77.

의한 봉쇄작전은 1950년 6월 30일부터 수행되었다. 봉쇄작전의 북방한계선은 서해에서는 북위 39도 30분, 동해에서는 북위 41도 51분이 설정되었는데, 이러한 한계선은 유엔 해군의 모든 작전부대가 소련이나 중공 해역에 접근하지 않도록 하는 사전경고의 의미를 갖고 있었다.36) 유엔 해군이 개전 초기 한반도 해역에 전개되어 한국전쟁에 참전한 후 북한 해군이 초기 해전에서 괴멸된 이후 원산상륙작전 시기뢰에 제해권이 1주일간 제한된 것을 제외하고는 해양에서 유엔 해군과 겨룰 상대가 없었으며, 그것은 비록 지상전투는 전선이 형성되어 치열한 공방전을 벌이고 있었지만 바다는 유엔군이 장악한 가운데 동해와 서해 및 남해 세 방향에서 유엔 해군이 원하는 시간과 원하는 장소에서 전투를 할 수 있도록 할 수 있었으며 이러한 사실이 전쟁의 상황을 결정했다.

  해양으로의 자유로운 접근능력은 미국이 3차례에 걸쳐 상륙작전을 감행할 수 있게 해 주었다. 인천상륙작전은 북한군의 측면을 공격하여 남쪽으로의 진격을 방해했다. 원산상륙작전은 북한에 대한 반격에 박차를 가할 수 있게 해 주었다. 흥남상륙작전은 중공의 침공 때문에 퇴각해야 했던 병력을 구하고, 재배치할 수 있도록 해 주었다.

---

36) 위의 책, pp.58-59.

4. 한국전쟁 전황에 해상통제권이 미친 영향

1) 제1기: 개전

1950년 한국전쟁 발발 이후 유엔군의 해상작전은 개전 초기 육상 전투에서의 열세를 극복하기 위한 봉쇄전략이 중심이었다. 한국전쟁이 발발한 1950년 6월 25일부터 인천상륙작전이 실시된 9월 15일까지 실시된 한국 및 유엔 해군에 이한 해상작전은 부산 교두보를 지키는 힘의 원천이 되었다. 한국전쟁 발발 초기에 실시된 유엔 해군에 의한 한국 연안 봉쇄작전에는 미국세력으로 경순양함 1척과 구축함 4척, 영국 해군 세력으로 경순양함 2척, 구축함 2척, 호위함 3척, 그리고 오스트레일리아 구축함 1척 및 호위함 1척 등 모두 14척에 불과하였지만, 위력은 대단하였다. 한국전쟁 초기 3개월 동안 해상 봉쇄부대는 지상전의 전황과 해군세력의 부족으로 인하여 부차적인 임무를 수행하는 데 전념하게 되었다. 즉 북한 해역에 대한 적극적인 봉쇄작전을 수행하는 것이 아니라, 함포사격으로 한국 지상군을 지원하는 임무와 전선으로 이동하는 적의 병력과 장비를 가능한 한 많이 파괴하는 두 가지 임무를 수행하였다. 따라서 제96기동부대는 주로 함포사격으로 적 지상군을 살상하거나 차량이나 열차를 파괴하고 적의 군수물자 이동을 차단하는 등 모든 작전을 위기에 빠진 부산 교두보에 대한 적의 압력을 약화시키는 데 집중했다.

유엔군이 북한군의 침공을 저지하고 그들을 38선 이북으로 패퇴시키는 참전 목적을 달성하기 위해서는 시간과 공간, 그리고 수송능력이라는 변수가 중요했으며, 한국의 운명은 바로 증원군과 군수물자가 얼마나 빨리 도착하느냐에 달려 있었다. 그러나 여기에는 태평양이라는 장애가 놓여 있었다. 대규모 병력과 군수물자를 한국으로 신속히 수송하기 위해서는 더 많은 함선이 필요하였는데, 전쟁 발발 후 10일이 지난 7월 초에는 15,000명의 병력과 1,700대의 차량을 포함한 많은 화물을 탑재한 55척의 함선이 대한해협을 건너 부산에 입항하였다.37)

낙동강 방어선에서 치열한 공방전이 전개되고 있는 동안 누가 누구를 포위하고 있느냐 하는 문제는 그 의미가 자못 심장한 것이었다. 왜냐하면 이 기간에 양측은 각각 상대방에 의해 거의 포위당해 있었고, 각각은 멀리서부터 군수지원을 받고 있었기 때문이다. 즉 한반도 대부분은 북한군이 확보하고 있는 반면, 한반도 주변 해역과 상공은 유엔군이 장악하고 있었다. 북한군이 낙동강 전선에 공세를 가하고 있는 반면, 유엔군의 해군과 공군은 북한군의 측방과 병참선에 공격을 가하고 있었다.38) 한국전쟁 발발 후 4일이 지난 6월 29일 극동군 총사령관 맥아더 장군은 한국전선을 시찰하고 한국전쟁을 어떻게 수행할 것인가를 구상하였는데, 그 핵심은 상륙작전이었으며 그 구상의 원천적 배경은 미국을 비롯한 유엔 해군의 능력, 즉 해상통제권에 대한 확신이었다.

극동군사령부의 합동전략계획작전단(Joint Strategic Plans and Operations Group: JSPOG)이 맥아더 장군의 지시에 따라 '크로마이트 작전' (Operation Chromite)이란 이름으로 상륙작전 계획을 수립하고 상륙 장소로 인천을 확정하자 미국 합동참모본부에서 강력하게 반대했다.

---

37) Field, 위의 책, p.66.
38) 해군대학, 앞의 책, p.298.

가장 극심한 반대는 합참의장인 브래들리 장군과 육군참모총장 콜린스 장군에 의해 제기되었다. 우선 브래들리 장군은 상륙작전을 현대전에서 용납되는 하나의 전술로 인정하는 데 근본적으로 반대하고 있었다. 예컨대 그는 1949년 10월 하원 군사위원회에서 "예상컨대 앞으로 대규모 상륙작전은 다시는 결코 수행되지 않을 것이다"39)고 공언한 바 있다. 콜린스 장군은 작전이 성공하기 위해 필연적으로 요구되는 우회기동의 종심이 깊다는 점에서 반대하고 있었다. 해군참모총장 셔먼 제독은 처음에 수로적 조건의 위험 때문에 인천 지역 선정에 반대하였다.40) 그러나 맥아더 장군은 정치적, 심리적 및 전략적 이유와 제2차 세계대전 시 남서태평양에서 수행한 상륙작전을 상기하면서 해군에 대한 신뢰를 피력함으로써 반대자들을 설득하고 인천상륙작전을 확정지었다.41) 그러나 막상 인천상륙작전을 확정짓고 나자 인천이 가진 최악의 수로 조건과 항만 입구를 막고 있는 월미도가 걸림돌로 작용하였다. 월미도를 무력화하기 위한 공격은 근접항공지

---

39) Robert D. Heinl, *Victory at High Tide: The Inchon-Seoul Campaign* (Annapolis: the Nautical & Aviation Publishing Company of America, 1984), p.3.

40) Cagle and Manson, *Sea War in Korea*, p.76; 해군대학, 앞의 책, p.300.

41) 1950년 8월 23일 오후 도쿄 극동군사령부에서 개최된 회의에 맥아더 장군, 콜린스 장군, 셔먼 제독, 극동해군사령관 조이 해군 중장, 제7함대 사령관 스트러블 해군 중장, 제1상륙전대 사령관 도일 해군 소장과 그의 참모들, 그리고 합동전략계획작전단 요원들이 참석하였는데, 이 회의에서 맥아더 장군은 "지금까지 해군은 본인을 실망시킨 적이 없었으며, 이번에도 본인을 실망시키지 않으리라고 생각한다." 그리고 "나는 인천에 상륙할 것이며, 북한군을 궤멸시킬 것이다"고 하였다. Walter Karig, Malcolm W. Cagle and Frank A. Manson, *Battle Report: The War in Korea* (New York: Rinehart and Co, 1952), p.169; 해군대학, 위의 책, pp.301-302.

원전대에 의한 함재기 공격과 함포지원전대에 의한 함포사격 등 두 가지 방법으로 실시되었는데 특히 9월 13일과 15일 11척의 순양함과 구축함을 동원하여 실시된 함포지원전대의 작전은 유엔 해군의 압도적인 전력을 바탕으로 한 해상통제권을 완전히 장악했기 때문에 가능한 일이었다.42)

인천 상륙이 성공하고 아군의 총반격이 시작된 후 북한군은 1주일도 못 되어 붕괴되기 시작했는데, 이후 시기의 한국 및 유엔 해군의 작전은 지상군의 반격작전에 맞추어 함정과 육전대로 잔적을 소탕하면서 해안지대와 연안 인근 도서의 치안을 확보하고 각 해역의 해군기지를 수복하는 것이었다. 또 해군은 지상군 진격과 더불어 북한 해역으로 진출하여 북한의 주요 항구에 전진기지를 설치하였으며, 육군에 필요한 군수물자를 수송하고 해안경비를 강화하였다. 북진 이후 한국 해군과 유엔 해군은 북한의 주요 항구인 원산, 흥남, 성진, 해주 및 진남포에서 소해작전을 전개하여 이들 항구를 지상군의 진격을 위한 군수 지원항으로 개방하였다. 특히 북한 항구의 개방은 지상군의 진격을 지원하기 위한 군수지원뿐만 아니라 위급 시에 지상군 철수작전에도 매우 유용했던 것이다.

한국전쟁 발발 이후 전개된 전황에서 유엔군이 초기 전황의 열세를 극복하고 인천상륙작전이라는 도박을 성공시켜 전세를 일거에 역전시킨 힘의 원천은 해상통제권 확보에 있었음을 실증으로 보여주고 있다. 상륙작전에서 가장 중요한 요소의 하나는 기습의 효과라고 볼 수 있다. 유엔 해군은 북한군의 주의를 분산시키고 기만하기 위하여

---

42) 구축함은 월미도 800야드에부터, 순양함은 수마일 떨어진 곳에 투묘하여 함포사격을 실시하였는데, 이러한 대담한 작전은 완전한 해상통제권이 담보되지 않고는 불가능한 일이다. 해군대학, 위의 책, pp.311-313.

9월 8일부터 15일 까지 동·서해안에 위치한 원산, 마양도, 삼천, 군산 지역에 대한 집중적인 함포 및 항공공격을 실시했는데,43) 이러한 동·서해상 전 해안에 대한 자유로운 양동작전은 해양통제권이 전제되었기 때문에 가능한 일이었다. 인천상륙작전에 대한 합참의장과 육군총장의 강력한 반대와 해군총장의 해역조건의 위험 지적에도 불구하고 맥아더 장군이 총장이 인천을 상륙작전 지역으로 선택한 것은 전략적 고려가 전술적 고려보다 우선했기 때문이기도 하지만, 해군에 대한 신뢰, 즉 해양통제권을 바탕으로 한 해군 상륙작전 수행능력에 대한 신뢰가 없었다면 절대 가능하지 않았을 것이다.

2) 제2기: 유엔군의 북진과 중국군의 개입

한국전쟁에서 제2기는 유엔군의 북진과 중국군의 본격적인 참전이 이루어진 시기이다. 유엔군의 북진과 중국군 개입 기간은 1950년 9월 15일부터 1950년 10월 말까지로 볼 수 있다. 1950년 11월 말과 12월 초에 이루어진 중공군의 침공은 워싱턴 당국을 크게 놀라게 했다. 중공군의 엄청난 진격으로 모든 부대가 휘청거리고 있을 때, 군사적 논리는 철수인가 아니면 중국 본토로의 전쟁 확대인가 중 하나를 선택할 것을 요구했다.44) 미 해군참모총장 셔먼 제독은, 합동참모부가 맥아더에게 미국군을 즉시 해안 교두보로 이동시키라고 명령해

---

43) Robert D. Heinl, *Victory at High Tide: The Inchon-Seoul Campaign* (Annapolis: the Nautical & Aviation Publishing Company of America, 1984), p.79; 해군대학, 위의 책, p.308.

44) *FRUS* 1950, Vol.7, p.1330; George W. Bear, 김주식 역, 앞의 책, p.604.

줄 것을 촉구했다. 미 합동참모본부의 어느 누구도 중국과의 전쟁을 원치 않았다.

우선 압록강에서 후퇴하는 미국군과 한국군 118,000명을 구하는 일이 필요했다. 제8군의 제7보병연대에 불어 닥친 피해(1,000명 전사)와 제1해병사단의 22,215명이 장진호에서 흥남으로 질서정연하게 철수한 영웅적인 후퇴(해병대는 이 후퇴를 재배치로 수정하여 부르고 있다)는 미국군의 전설이 되었다.45) 인천상륙작전과 장진호로부터의 영웅적인 후퇴작전이 있은 후 의회는 해병대에 보답해 주었다. 트루먼 대통령, 국방부, 합동참모본부, 그리고 셔먼 제독(그는 해병대의 지휘권을 해군참모총장에게 주기를 원했다)의 반대에도 불구하고, 의회는 1952년 전투사단 3개와 항공대 3개로 구성된 최소 규모의 해병대를 설치했으며, 해병대사령관이 해병대와 관련된 문제에 대해 합동참모본부의

---

45) Roy E. Appleman, *East of Chosin: Entrapment and Breakout in Korea, 1950* (College Station: Texas A&M University Press, 1987), pp.336-340에는 이 작전에 대한 중요한 비교가 들어 있다. 애플맨은 다음과 같이 결론내리고 있다. "나는 장진호에 있던 제1해병사단이 미국 지상군에서 작전하고 있던 가장 훌륭한 전투조직 중 하나였다고 믿는다. 그들은 자신들이 실행해야 할 일을 하기 위해 중공군을 각 요소에서 멈춘 채로 싸우게 하고, 다음으로 약 40마일 가량…… 확장된 적의 도로 봉쇄와 사격 봉쇄에 대응하여 전투하면서 남쪽으로 퇴각시키기 위해 그곳에 있어야 했다. 이것은 극단적으로 불리한 기상조건 하에서 실행되었다. 해병대는 해병대의 오랜 역사에서 결코 장진호의 군사적 활동보다 더 찬란한 시기를 가진 적이 없다." *The United States Army in the Korean War*, Vol.1, South to the Nakdong, North to the Yalu (Washington, D.C.: Department to the Army, 1961)라는 공식적인 육군사를 저술한 애플맨은 해병대의 성공이 경험, 세력 집중, 단위부대들과 해안의 무선 연결 유지, 그리고 제1해병항공대의 훌륭한 근접항공 지원을 기초로 하였다고 저술하였다. George W. Bear, 김주식 역, 위의 책, p.604.

참모들과 합석할 수 있게 해 주었다.

　1950년 12월 실행된 흥남철수작전은 또 다른 성공적인 상륙작전이었다. 해군 함정들은 육군이 유지하고 있던 장벽의 앞뒤에 함포사격의 벽을 쳐서 부대를 이송했다. 해군과 해병 항공대가 이송을 보호하기 위해 1,700여 회나 출격했다. 공격용 항공모함 4척, 전함 1척, 순항함 2척, 그리고 구축함 22척이 해안에 맹렬하게 함포사격을 한 적도 있다. 상륙작전 전문가였던 도일(James Doyle) 해군 소장의 지휘 하에 193척의 함선이 196,000명의 인원과 350,000톤의 화물 및 17,500대의 차량을 수송했다. 미국과 연합국의 모든 장병은 바로 얼마 전에 수천명의 인원이 인천과 원산에서 물러난 것처럼 흥남에서 안전하게 철수했다.

　유엔군의 제해권은 전력이동의 자유를 보장하였다. 만약 제1해병사단이 한국의 북동부에서 격파되었더라면, 미국 정부는 아마 제한전을 계속하지 못할 수도 있었을 것이다. 그러므로 그러한 비극을 피해 제한을 유지할 수 있었던 것은 최소한 부분적으로라도 흥남철수작전을 가능하게 한 해군력 덕분이었다.[46] 흔히 말하기를 공격작전보다는 철수작전이 더 어렵다고 한다. 그러나 흥남철수작전은 성공리에 끝났고 함대의 기동력이 훌륭하게 발휘된 예를 보여주었다. 흥남철수작전은 적의 공중공격이나 잠수함을 포함한 적 해군부대의 방해가 전혀 없었고 전차나 야포 등 우수한 장비를 갖춘 적 지상군의 공격도 받지 않았다. 항공모함과 함포지원함에서 제공하는 화력지원은 위력적이었고 지상군의 사기를 높이는 데 공헌하였다.[47]

---

　46) Field, *United States Naval Operations: Korea*, pp.305, 367; George W. Bear, 김주식 역, 위의 책, p.605.
　47) 통계에 의하면 한국군과 유엔군 105,000명, 피난민 91,000명, 차량 17,500

3) 제3기: 38선의 공방과 전선의 교착

 38선 공방과 전선의 교착기는 1951년 1월부터 6월 30일까지로 볼 수 있다. 중국과의 전쟁에 대한 하나의 대안은 한국에서 미군을 자발적으로 철수시키는 것이었다. 미 해군참모총장 셔먼 제독은 유엔군이 중국의 맹공에 의해 압도당할 것처럼 보였던 1950년 12월 19일에 자발적인 철수를 지지한다는 발언을 했다. 그는 미군의 철수가 "전체적인 상황을 다룰 미국의 능력"을 향상시킬 것이고, 또한 "우리가 철수하는 것을 보고 서유럽이 기뻐할 것"이라고 말했다. 그러나 유엔군사령부가 참패 상태에서 벗어나 회복하여 기반을 고수하자 세 번째 대안이 나타나게 되었는데, 그것은 협상을 통한 해결이었다.[48] 협상은 힘을 보유한 상태에서 진행되어야 했다. 이것은 확전을 의미하는 것은 아니었다. 비록 해군과 공군의 지도자들이 대중전에서 미국의 승리를 확신하고 있었더라도, 문제는 중국과의 전투가 핵무기 사용을 필요로 할 수도 있다는 것인데, 그것에 반대하는 의견이 너무 많았다. 영국은 핵무기 사용을 맹렬히 반대했다. 그러면 연합국의 단결 이상의 것이 위험에 처하게 된다. 게다가 한국전쟁이 중국으로 확대되는 것은 중국 내전을 재개시킬 수도 있었다. 왜냐하면 확전이 되면 장개석의 군대가 대만에서 중국 본토로 진격할 것이 분명했기 때문

 대, 그리고 활물 350,000톤이 해상으로 철수하였으며, 공군과 해병대 항공기 112대가 동원되어 인원 3,600명, 차량 196대, 화물 1,300톤이 연포 비행장을 통해 공수되었다. 해군대학, 앞의 책, pp.356-357.

48) *FRUS* 1950, Vol.7, p.1572, p.1583; George W. Bear, 김주식 역, 앞의 책, pp.607-608.

이다. 대만은 소련의 지원을 받고 있는 중국 공군에게 대단히 취약할 것이 분명했다. 그리고 아시에서 확대된 지상전은 희귀물자가 한국에 배치되어 있고 또 나토군의 군비가 지나치게 불충분하여 유럽에 있던 연합군이 해상으로 혹은 라인강으로 철수해야 할 때, 미국의 거대한 증원군을 극동으로 이동시킬 것을 요구할 것이다. 그것은 전략적 딜레마였다.

만약 중국이 직접적인 공격으로 지배될 것 같지 않다면, 유엔은 한국에서의 군사행동에 의해 얻을 수 있는 목표를 추구해야 했다. 또한 유엔은 그 결과로 얻은 것을 협상에 의한 평화협정의 기초로 이용해야 했다. 그것이 리지웨이 장군 휘하에 재구성된 제8군의 임무였다. 1951년 1월에 38선 이남으로 밀려난 후 리지웨이는 킬러(Killer)라 불리는 작전으로 북한군을 반격했으며, 1951년 3월 미국군은 세 번째로 38선을 넘어 북한으로 다시 진격하여 중국군을 몰아냈다. 그들은 그리고 나서야 비로소 멈추었다. 합동참모본부는 미국의 행동목적에 대한 정치적 지침이 없는 상태에서 더 나아가기를 꺼렸다.

이 기간 한국 해군 및 유엔 해군의 작전은 지상 작전의 진전에 따라 소해작전과 해안 근접 함포지원 사격, 해군, 해병대 항공기를 이용한 지상전투 지원, 적의 병참선에 대한 집중 공격 등 지상군 작전을 지원하기 위한 작전이 중점 실시되었다. 1950년 11월 중국 공산군의 참전으로 후퇴하여 한강 이남의 전선에서 전열을 재정비한 한국 및 유엔군이 동·서해에서 반격작전을 펼침에 따라 한국 및 유엔 해군은 인천, 원산 등 주요 해역에 대한 화력지원을 집중하였다. 또한 유엔 해군은 1951년 3월 7일 리퍼(Ripper) 작전이 개시되자 지상군의 북진에 맞추어 동·서해상에서 구축함들이 화력지원을 하였으며, 특히 운송수단, 철도, 교량, 도로 등 수송표적과 병참선에 대해 집중 작전을 실시하여 군수보급 차단과 지상군 활동을 무력화시켰다.[49]

이 기간 중 유엔 해군은 함정과 항공기에 의한 화력지원과 별도로 특수부대 투입에 의한 적의 철도차단 작전도 실시하였는데 한국 및 유엔 해군에 의해 실시된 작전은 중국 공산군의 한국전쟁 개입에 따라 잠시 흔들렸던 전선을 38선에서 유지될 수 있게 하는 데 결정적 역할을 하였다.

4) 제4기: 휴전교섭의 시작과 진지전

휴전교섭의 시작과 진지전에 해당되는 기간은 1951년 7월부터 1953년 3월 말까지 2년간 지속되었다. 미 8군사령관 리지웨이의 후임 자였던 밴플리트(James Van Fleet) 장군은 앞으로 진격하지 말고 전선을 그대로 유지하라는 지시를 받았다. 원상태로의 복귀라는 목표로 돌아간 미국은 정전회담을 준비했는데, 그것은 1951년 7월에 시작되었다.[50] 최종 국면에서 1953년 7월에 휴전협정이 조인되기 전 2년간의 협상기간 동안 전선은 제1차 세계대전 때 서부전선과 비슷했다. 유엔군은 그 2년 동안 참호를 파고 가시 달린 철사를 이용하여 방어태세를 취했다. 전투가 일진일퇴를 거듭했고, 대화도 그러했다. 결국 중공군의 주요 공세를 두 차례나 막아낸 후 협상 테이블에서 바라던

---

49) 해군본부, 『미해군 한국전 참전사』(서울: 해군본부, 1985), pp.392-417 참조 이러한 한국 및 유엔 해군의 활약으로 1951년 2월 북한지역 수송망의 2/3를 담당하던 동해안 철도망이 3월에는 1/2 이하로, 4월에는 1/3 이하로 감소되었으며, 동해안의 도로망을 통한 적의 활동량도 비슷하게 감소되었다.

50) 물론 미국은 진격 중단을 결정했다고 선언하지 않았다. 그랬다면 잠재적인 군사적 주도권을 포기하는 것이며 또한 중요한 교섭요소를 중국에게 양보하게 되었을 것이다. George W. Bear, /김주식 (역), 앞의 책, p.610.

것을 얻었다. 그러나 이 기간에는 변화가 없었다. 그리고 위치를 차지하기 위한 전투는 위험하고 실망과 희생도 컸다. 미국은 휴전회담 기간 동안에 전체 사상자의 45%라는 피해를 입었다. 전쟁 첫해에 78,000명의 사상자가 발생한 후 다음 2년 동안에 63,000명의 사상자가 발생했다. 그리고 항상 중공군이 갑자기 돌진해 올 위험도 있었다.

이 기간 중 적군의 증강된 병력이 돌진하여 전진하는 것을 막기 위해 유엔 해군 제77기동함대에서 날아온 해군 항공대와 한국과 일본에 주둔하고 있던 육상기지 항공기가 계속해서 폭격작전을 펼쳤다. 전쟁 기간 중 출격한 전투기 중에서 해군과 해병대의 전투기가 41%를 차지했다. 그 출격 중 절반은 연속적인 폭격임무를 수행하기 위한 것이었다. 나머지 절반은 근접항공 지원과 적의 전투기에 맞서기 위한 대응출격이었다. 1953년 7월 중공군의 돌격 시도를 저지하기 위해 총 7,571회나 출격했다.51) 그러나 대중국전에서 연속적인 폭격작전은 부분적으로만 성공했다. 그것은 북한의 군수보급 기반을 파괴시켰지만, 전쟁을 종식시키지는 못했다. 북한의 수송체계에 대한 계속된 공격 결과를 평가한 공군 역사가 퍼트렐(Robert Futrell)은 다음과 같은 결론을 내렸다.

전반적으로 철도에 대해 10개월간 이루어진 연속 폭격은 적의 군수보급을 지연시키고 방해했지만, 소련군으로 하여금 유엔의 휴전조항을 수용하도록 군사적 압박을 할 만큼 충분하게 이루어지지는 않았다.52)

이 기간 중 대부분의 전투는 공산 측에 의해 시작되었으며, 유엔군

---

51) George W. Bear, 김주식 역, 위의 책, pp.610-611.

52) Furrell, *United States Air Force in Korea*, p.703; George W. Bear, 김주식 역, 위의 책, p.611.

이 중공군의 파상공세에 후퇴했다가 다시 전열을 정비하여 압도적인 공군력을 바탕으로 반격하여 점령지를 탈환하는 과정이 반복되었다. 이 휴전 직전의 대전투에서 사상자는 양군을 합해 최저 5만 명이 넘는 막대한 수에 달하지만 전쟁 국면에는 이렇다 할 변화가 없었다.53) 협상은 2년간이나 질질 끌었다. 양 진영 중 어느 쪽도 군사적으로 승리하지 못했고 정치적 패배로 고통받지도 않았다. 분명한 것은 공산군은 한국체제를 무너뜨리고 미국인을 한반도에서 내쫓겠다는 자신들의 목표를 달성하지 못했다는 것이며, 여기에는 해상통제권 장악이라는 상황이 그렇게 만들었다는 것이다.

전쟁의 나머지 2년 동안 고위 정책결정자들의 무관심과 상륙군의 부족, 그리고 적의 해안방어 능력의 강화로 인하여 사실상 상륙작전이 실현될 수 없었기 때문에 유엔 해군의 주요 과업은 해상 봉쇄작전의 수행과 부차적으로 차단작전의 지원, 소해작전, 호송작전, 대잠작전, 그리고 연안어업의 통제였다. 봉쇄작전은 유엔군 항공세력의 차단작전을 보강해 준다는 측면에서 매우 중요하였다. 즉 봉쇄작전은 소련과 중국의 항구로부터 북한에 이르는 모든 연안 및 원해 해상교통로를 차단함으로써 공산군으로 하여금 해상으로 수송되어야 할 군수물자를 항공기의 폭격과 함포 공격을 받아야 하는 철도나 도로를 따라 수송하도록 강요하였다. 전선이 교착되고 전투가 진지전 양상으로 변함에 따라 공산군에 대하여 유엔 지상군이 향유하고 있던 화력과 기동성의 이점을 이용하지 못하게 되었고, 무엇보다 해군이 지상군에게 부여할 수 있는 융통성과 기동성을 제공할 수 없게 되었다. 따라서 전쟁의 나머지 2년 동안 유엔 해군은 상륙작전을 비롯하여 지상군에 대한 근접항공지원과 함포지원 등 직접적인 전투지원보다

---

53) 김행복 외, 앞의 책, pp.290-292.

는 봉쇄작전과 차단작전 등에 종사함으로써 지상전선에 대하여 간접적인 지원을 제공하였다.

상륙작전에 대한 확고한 신념을 가졌던 맥아더 장군이 인천상륙작전에 앞서 언급하였듯이 상륙작전은 유엔군이 보유한 가장 강력한 도구였다. 그럼에도 전쟁 마지막 2년 동안 상륙작전은 유엔군의 병력 부족, 합참의장의 반대, 그리고 유엔군의 상륙작전에 대비하는 적의 연안 방어능력 강화 등 몇 가지 이유로 실현되지 못하였다. 다만 유엔군은 지상전선에 대한 적의 압력을 완화시키고자 하는 목적으로 여러 차례 상륙작전을 실시하였을 뿐이다. 그러나 유엔군의 상륙작전 위협에 대해 적의 반응이 늦게 나타났다는 것은 유엔군의 의지만 있었다면 상륙작전을 성공시킬 수 있었다는 것을 말해 준다.

전반적으로 보아 한국전쟁에서 봉쇄작전은 성공적으로 수행되었다. 적의 5개 병참선 가운데 만주로부터 북한, 그리고 블라디보스토크에서 북한으로 연결되는 두 개의 육상 병참선만 제외하고 해상으로 연결된 병참선은 모두 봉쇄되었다.[54] 이러한 측면에서 유엔 해군에 의한 해상봉쇄는 완벽하게 수행되었다고 평가할 수 있으며, 휴전 국면에서 해상통제권은 우리의 입장을 강화시켜 주는 역할을 했다고 할 수 있다.

5) 제5기: 휴전 직전의 공방과 휴전으로 향한 길

1953년 4월 11일 포로 교환협정이 정식으로 타결되어 수개월 내에 평화가 이루어질 것이 분명해진 가운데 휴전조건을 유리하게 하기위

---

54) 해군대학, 앞의 책, pp.421-423.

한 대규모 전투가 이어졌다. 지상전은 고지 쟁탈전에 돌입하여 새로운 국면을 맞이하였다. 공산군의 발악적인 공세로 말미암아 중동부 전선의 우군이 불리하게 되자, 제8군사령관은 극동 해군사령관에게 함포 및 함재기의 지원을 요청하기에 이르렀다. 이리하여 제7함대 사령관은 6월 6일 제77기동부대와 제95기동부대에 전선지원을 명령하였다. 지상전에서 한 치의 땅을 두고 다투는 격돌이 계속되자, 유엔 해군의 전 항공모함과 함포지원함은 적의 공세를 좌절시키기 위해 동해안의 고성 앞 해상에 집결하여 휴전이 조인되는 날까지 공중폭격과 함포사격을 계속하였다. 특히 6월 14일과 15일에는 고성 부근의 351고지 재탈환작전을 지원하기 위하여 제95기동부대의 뉴저지(New Jersey)함을 비롯한 순양함과 구축함이 16인치 포를 비롯한 각종 포화로 351고지와 동부전선을 지원하였다. 이렇듯 휴전이 될 때까지 유엔 해군의 함포지원함은 함포사격으로 지상군에 대한 지원작전을 전개하였다.

특히 해상에서는 중순양함 세인트폴(Saint Paul)함이 7월 27일 21시 59분에 최후의 포격을 함으로써 휴전을 맞이하였다. 7월 24일부터 26일까지 3일 동안 전함 뉴저지(New Jersey)함과 순양함 3척, 그리고 구축함 12척이 3개조로 나누어 전선을 지원하였다. 전쟁 마지막 2개월 동안 16인치 포탄 1,774발, 8인치 포탄 2,800발, 6인치 포탄 700발, 그리고 5인치 포탄 13,000발이 발사되었다. 이리하여 전진을 기도하던 적의 마지막 발악이 좌절되고 군사분계선이 최종적으로 확정되었을 때, 동해안의 전선이 크게 돌출하여 북상했던 것은 해군 함포지원의 공헌이 컸다는 것을 잘 보여주고 있다.[55]

---

55) Cagle and Manson, *Sea War in Korea*, pp.369-370.

5. 결 언

한국전쟁은 미국이 참전했던 어떤 전쟁보다 바다의 힘을 잘 보여준 전쟁이었다. 유엔군의 목적을 달성하고 적이 바다에서 활동하지 못하도록 하기 위해서 미 해군이 강력하고 안정되며 적절하게 대양을 통제해야 하는 중요성이 강조된 전쟁이었다.56) 밴 플리트 장군은 한국에서의 해군작전에 대한 의견을 다음과 같이 말했다.

> 우리는 한국에서 해군이 없었다면 살아남을 수 없었다. 해양봉쇄는 완벽하여 적은 해상을 통해서 공급을 받을 수가 없었다. 동해안과 서해안에서 해군의 함포지원은 그들을 더욱 힘들게 하였다. 그리고 양 측면에 있는 해군의 함포지원으로 8군은 보다 공격적으로 적군을 공격할 수 있었다. 적 공중과 해상 공격이 없어서 우리는 더욱 자유롭게 작전을 수행할 수 있었다.57)

한국전쟁 초기 2년 동안 해군 지휘관이었고 유엔 측 수석대표였던 조이 중장은 극동을 떠나면서 이렇게 말했다.

> 한국전쟁은 역사상 큰 전쟁도 아니었고 세계 지도를 크게 바꾼 전쟁도 아니었다. 하지만 중요한 의미를 갖는 전쟁이었다. 더 큰 전쟁을 막기 위한 전쟁이었고 침략자는 더 이상 그 세력을 확장할 수 없다는 것을 보여준

---

56) 위의 책, pp.372-373.
57) 위의 책, p.574.

전쟁이었다. 그리고 우리 주위에 있는 위험에 대해 깨우치게 한 전쟁이었다. 계속 깨어 있기를 희망한다. 전투 효율성의 관점에서 제2차 세계대전 후에 우리가 잊어버렸던 교훈을 다시 강조해 주었다. 이제는 전쟁에서 쉽고 빠르며 적은 비용으로 승리할 수 없다는 것을 알았다. 우리의 안전을 위해 어떤 특정한 무기와 군에 의존할 수 없다는 것을 보여주었다. 적이 우리의 무기에 맞추어 전쟁을 계획하기를 기대해서는 안 된다. 우리의 무기를 적이 원하는 장소와 때에 맞추어야 한다. 전쟁의 시기, 장소, 상황에 대한 선택권을 적이 가지고 있다. 우리는 각 군간, 그리고 군내에서 균형을 유지하고 있어야 한다. 예를 들어 해군은 다시는 소해세력을 소홀히 해서는 안 된다. 그리고 우리는 항공무장을 소홀히 해서는 안 된다. 인천과 홍남에서 우리는 상륙작전 세력이 절실히 필요하다는 것을 느꼈다. 해군의 포는 낡지 않았다. 한국전쟁에서 다시 포의 위력이 증명되었다.……

우리는 전쟁에서 모든 해군 무기들이 긴요하게 필요하고 사용된다는 것을 알았다. 그리고 전쟁에서 해군 역할의 대부분이 거의 알려지지 않았지만 한국전쟁에서 해군이 없었다면 전쟁은 순식간에 멈추었을 것이라는 것을 쉽게 알 수 있었다.58)

한국전쟁 중 가장 중요한 보습 수송수단은 선박이었다. 한국에 상륙한 병력 7명 중 6명이 해상수송을 통해 왔다. 수송기 1대로 1톤의 화물이 태평양을 횡단하여 수송되는 것에 비해 선박 1척이 수송할 수 있는 양은 270톤이었다. 고체로 된 화물 54,000만 톤과 가솔린, 석유 같은 액체로 된 화물 2,200만 톤이 함정에 의해 서태평양으로 수송되었다.59) 전쟁지역에 보낸 보급품 중 85% 이상이 미국 상선에 의

---

58) 위의 책, pp.574-580.
59) 위의 책, pp.491-492.; George W. Bear, 김주식 역, 앞의 책, p.599.

해 수송되었다. 1950년에 미국 상선단은 1,248척의 개인소유 선박으로 구성되어 있었다. 게다가 제2차 세계대전 때 사용된 리버티급과 같은 함정 2,277척이 국가방위 예비함대에 있었다. 그 중에서 778척은 다른 미국 함정을 보충하기 위해 한국에 대한 수송임무를 수행했다.60) 거리가 얼마이고 목적이 무엇이든 간에 바다를 이용하는 것은 필수적인 요소였으며, 또한 해군이 그것을 보장해 주었던 것이다.

　한국전쟁의 승자는 누구인가? 미국을 중심으로 한 유엔군인가, 아니면 중국의 지원을 받은 북한인가? 이 질문에 대한 답은 다양하다. 1953년 7월 27일 휴전협정이 체결된 후 한국전쟁의 원인과 성격, 그리고 경과과정과 군사작전에 대한 많은 연구가 이루어졌으며 전쟁의 승패에 대한 견해도 다양하다. 이 질문에 대한 해답은 아직도 진행 중이고 미래의 역사가들, 그리고 군사전문가들 등에 따라 다양하게 전개될 것이다. 하지만 확실한 것은 한국전에서 만약 자유국가들과 한국 사이에 있는 바다와 한반도 근해에 대한 해상통제권이 우리 손에 있지 않았다면, 결국에는 군사적으로 정치적으로 분명히 패배했을 가능성이 높았다는 사실이다.

---

60) Glay W. Hampson, *Strategic Sealift Learned: A Historical Perspective* (Washington, D.C.: Industrial College of the Armed Forces, 1988), p.9; George W. Bear, 김주식 역, 위의 책, p.599.

참고문헌

<단행본>

국방부, 『한국전쟁 상, 하』, 군사편찬연구위원회, 2002.
_____, 『한국전쟁사의 새로운 연구』, 정문사, 2002.
_____, 『6.25전쟁 보고서 1, 2, 3』, 군사편찬연구소, 2001.
김행복 외, 『20세기 지구대전쟁』, 병학사, 1996.
합동참모본부, 『한국전사』, 교학사, 1984.
해군대학, 『세계해전사』, 해군인쇄창, 1998.
_____, 『한국해전사』, 해군인쇄창, 2007.
해군본부, 『미 해군한국전참전사』, 해군인쇄창, 1985.
_____, 『중국·러시아 해군사 연구』, 해군인쇄창, 2002.
해본본부 전사편집실, 『대한민국 해군사 작전편 제1권』, 계문사, 1990.
_____, 『대한민국 해군사 작전편 제2권』, 계문사, 1990.
_____, 『대한민국 해군사 행정편 제1권』, 계문사, 1990.
_____, 『대한민국 해군사 행정편 제2권』, 계문사, 1990.
George W. Bear/김주식(역)— 『미국 해군 100년사』, 한국해양전략연구소, 2005.
Malcolm W. Cagle 외/신형식(역), 『한국전쟁 해전사』, 21세기 군사연구소, 2003.

<논문>

김길수, "해군력이 러일전쟁에 미친 영향," 한국해양대 박사학위논문, 2007.
김정현, "대륙국가의 해군력 건설 요인에 관한 연구," 연세대 박사학위논문, 2004.
Cagle, Malcolm W. and Manson, Frank A., "The Sea War in Korea," Annapolis: U.S. Naval Institute, 1957,
Millitary Situation in the Far East: Hearitages beforethe Committee on Armed Services and the Committee on Foreign Relations, Unite States Senate, 82dcong., 1st sess., m.
Heinl, Robert D., "Victory at High Tide: The Inchon-Seoul Campaign," Annapolis: the Nautical & Aviation Publishing Company of America, 1984.

| 제 7 장 |

북한의 핵무기 위협과 한국의 대응방향

이 원 희*

1. 서 론

   2006년 10월의 핵실험을 통해 북한이 잠재적 핵보유국으로 등장함으로써 한반도에서 한국은 주도권 상실과 함께 생존권마저 직접적으로 위협받게 되었고, 북한 핵문제는 '불길 속의 뇌관'처럼 동북아 지역의 안보 불안요소로 작용하고 있다. 그 동안 북한은 대내적으로는 선군의 기치 아래 군부 중심의 통치체제를 강화하면서도 대외적으로는 2007년에 실시된 2.13합의와 남북정상회담을 통해 한반도의 평화정착과 공동번영을 위해 노력하는 듯한 모습을 보였다. 그러나 2009년 4월 5일 북한이 2차 로켓발사1)를 강행함으로서 국제사회의 온갖

---

* 육군대학 훈육관, 충남대 국방연구소 연구위원, 미래군사학회 섭외이사.
 1) 북한은 시험통신위성 '광명성 2호'를 운반로켓인 '은하 2호'로 쏘아 올렸다고 주장하고 있음. 그러나 이는 2006년 10월 9일 북한 핵실험 이후 '추가

비난과 함께 남북관계, 북미관계는 또다시 새로운 기로에 접어들고 있다. 북한은 2006년에도 대포동 2호 발사실험에 이어 핵실험을 감행함으로써 국제사회의 지탄을 받은 바 있다. 결국 북한의 이러한 행위는 동북아 군비경쟁의 도화선 역할을 하고 있는 셈이다.

주지하다시피 북한에 있어 핵개발은 단순한 군사력으로서만의 의미를 갖는 것이 아니고, 대외적으로는 북한 정권을 유지하기 위한 수단이요 경제적 지원을 받기 위한 협상의 카드이며, 대내적으로는 최근 들어 혼란을 보이고 있는 북한 내부체제를 결속하기 위한 수단이기도 하다. 그리고 유사시에는 아직도 포기하지 못하고 있는 대남 적화통일의 수단으로 사용 가능한 비장의 카드이기에 개발 중인 핵의 폐기나 군사력의 감축은 쉽사리 기대하기 어려운 것이 사실이다.

미국의 '버락 오바마 행정부'가 출범하기 직전인 2009년 1월 13일 북한은 "미국과의 관계정상화가 먼저 돼야 한반도 비핵화가 가능할 것"이라는 입장을 외무성 대변인 담화를 통해 밝힌 데 이어, "정상화가 돼도 미국의 핵위협이 있는 한 핵을 포기하지 않겠다"고 천명하였다.[2] 그리고 1월 30일 북한의 조국평화통일위원회[3]는 남북 간 정치·군사적 대결상태와 관련한 모든 합의사항의 폐기 및 무효화를 선언한 데 이어 2009년 2월 2일에는 '핵군축' 주장을 들고 나왔다. 북한군 총참모부 대변인은 한반도를 비핵화하려면 "핵무기를 보유한

핵실험 및 미사일 발사중지' 내용을 포함하고 있는 유엔 안보리 결의 1718호 위반임.

2) "'벼랑끝 전술' 매달리는 북한의 무모함," <국방일보> 2009년 1월 19일; "북, 남북합의 무효화 선언," <동아일보> 2009년 1월 31일.

3) 1961년 5월 13일 발족한 북한의 주요한 통일관련 사회단체. 약칭은 '조평통'이며 조선노동당의 통제를 받음.

당사자들이 동시에 핵군축을 실현하는 길 밖에 없다"고 하면서 "미국의 핵 위협을 청산하기 위한 남핵 폐기가 없는 한 우리의 핵무기를 제거하기 위한 북핵 폐기는 영원히 실현될 수 없을 것"이라고 주장하였다. 그는 자신들이 주장하는 비핵화는 "남조선에서의 핵무기 생산과 반입, 그 배비와 이용, 남조선과 그 주변지역에서 우리에게 가해지는 모든 핵 위협에 대한 근원적인 청산을 목표로 하고 있는 조선반도 전역에 대한 비핵화"라고 덧붙였다.4) 그러나 총참모부 대변인은 설명 과정에서 "조선반도 전역에 대한 핵 검증은 북·남간 비핵화 공동선언이나 6자 공동으로 합의하고 채택한 9.19 공동성명의 부인할 수 없는 원칙적 요구"5)라고 밝혀 비핵화 공동선언과 9.19 공동성명의 두 가지 합의는 무효화 대상이 아님을 시사했다.

북한뿐 아니라 한반도를 둘러싼 주변국들의 안보환경도 여러 가지로 혼란스런 상황이다. 성공적인 경제정책과 함께 국제사회에서 나날이 영향력이 증대되고 있는 중국에 대해 미국은 패권 확보를 위한 눈에 보이지 않는 경쟁을 계속하면서도 북핵문제나 테러문제에 대해서는 '건설적 동반자'의 관계를 유지하고 있다.6) '버락 오바마 행정부'는 '단호하고 직접적인' 외교방식을 추구하는 가운데 북·미 양자협상과 고위급회담을 통해 문제를 해결하려는 태도를 보이고 있다. 일본도 냉전이 종식된 이후 안보정책에 있어 중대한 변화를 모색하

---

4) http://www.segye.com/Articles/News/Politics/Article.asp?aid=20090202004820& subctg1=&subctg2(검색일 2009. 2. 3)

5) http://www.ytn.co.kr/_ln/0101_200902030234095154(검색일 2009. 2. 3).

6) Alan Romberg, "동북아에서의 미국의 전략적 이해: 2009년 그리고 그 이후," 『격동하는 동북아 전략균형과 한국안보의 새로운 접근』(KRIS 국제심포지엄, 2007. 6. 1), pp.3-5.

고 있다. 미국과의 굳건한 군사협력을 바탕으로 이라크·인도양에 자위대를 배치하는 등 국제적 평화협력 활동에 참여하면서 보수우경화 및 군사대국화를 추진하고 있는 것이다. 또한 '보통국가화' 또는 '정상국가화'라는 명목으로 집단적 자위권과 국제적 집단안보를 위한 무력사용권이 집중 논의되고 있고, 중·장기적으로는 헌법개정 문제까지도 해결하려고 하고 있다.7) 중국은 6자회담을 통해 평화의 후원자 역할을 감당하면서 북한의 모험주의를 억제하는 역할을 수행해 오면서, 대북원조로 북한의 식량배급 위기를 극복하도록 지원하고 있다. 아울러 대만문제 등을 고려하여 '화평발전'(和平發展)8) 전략과 함께 한·중간 의 경제협조와 긴밀한 안보협력 등 한반도에서 영향력을 증대시키기 위해 노력하고 있다.9) 러시아는 한국과 북한 양국과 모두 우호적인 관계를 맺고 있으며, 평화공존의 원칙에 의거하여 남·북한의 통일을 지지하고 있다. 따라서 소련의 계승자로서 러시아는 한반도의 문제를 해결하는 데 있어 유익한 조언을 할 수 있는 가장 적절한 국가라는 주장을 하고 있다.10) 이러한 주변국가들의 자

---

7) Eiichi Katahara, "일본의 보통국가화가 동아시아에 미치는 영향," 『격동하는 동북아 전략균형과 한국안보의 새로운 접근』(KRIS 국제심포지엄, 2007. 6. 1), pp.6-9.

8) 중국의 후진타오 국가주석이 사용한 '화평굴기'가 다소 과격한 표현이라는 지적에 따라 수정된 용어로 미국과 일본 중심으로 대두되고 있는 중국위협론에 대한 평화공세 제스처로 이해할 수 있음.

9) You Ji, "중국의 화평발전 전략과 군사적 측면과 한반도에서의 영향력 증대," 『격동하는 동북아 전략균형과 한국안보의 새로운 접근』(KRIS 국제심포지엄, 2007. 6. 1), pp.10-11.

10) Vladimir V.Evseev, "'강한 러시아'가 한반도 안보에 미치는 전략적 함의," 『격동하는 동북아 전략균형과 한국안보의 새로운 접근』(KRIS 국제심포지

국의 이익에 기초한 안보전략에 의해 앞으로 한반도의 정치적·군사적 불확실성은 증대될 수도 있다. 더욱이 북한 핵문제를 필두로 해서 국제사회의 대량살상무기 확산추세는 점점 증가되고 있고, 현재까지만 해도 25개국 이상이 WMD 프로그램을 보유한 것으로 알려져 국가 간의 갈등은 증대되고 있는 실정이다.[11]

이와 같이 급변하는 국제사회에서 생존하기 위해서는 유비무환의 자세가 필요하다. 병의 근원적 치료를 위해서는 발병 원인을 알아야 하듯이, 어떤 문제의 근원적 해결을 위해서는 그 문제의 발생배경과 원인을 찾아내야 한다. 이러한 측면에서 본 연구는 그 동안 우리에게 많은 고민과 우려를 자아내게 하는 북한이 왜 핵을 개발해야 했는지, 그 역사적 배경과 김일성·김정일 부자의 의도, 그리고 현재까지의 개발현황에 대해 알아보고, 핵의 위력과 위협에 대해 분석한 후 북한이 선택 가능한 시나리오와 이에 따른 한국의 대응방향에 대해 고찰해 보고자 한다. 이를 위한 연구자료는 그 동안 발표된 국내·외 각종 논문과 전문가들의 세미나, 신문 및 인터넷 자료를 참고하였다.

2. 북한의 핵무기 개발 배경

1) 비대칭전략 수행

오늘날 핵을 포함한 대량살상무기(WMD)[12]의 위협은 세계적인 차

엄, 2007. 6. 1), pp.12-14.
11) 국방부, 『대량살상무기(WMD) 문답백과』(2004), p.190.

원의 문제로서 "인류가 직면하고 있는 가장 어려운 문제 중의 하나"라고 할 수 있다. 인류 역사상 수많은 전쟁이 계속되어 왔고 늘 새로운 전략·전술과 신무기체계가 등장했지만, 최근 무기체계의 급속한 발전과 강화된 위력은 그 무기의 파괴 및 살상효과를 상상하기조차 힘들 정도가 되었다. 그래서 현대전은 '인간 중시의 사상'에 의해 대규모 파괴를 지양하고 정밀무기를 이용한 선별적인 공격으로 최소한의 인명살상을 추구하고 있음에도 불구하고 WMD는 불특정 다수를 목표로 하며 대규모 인명피해를 동반한다는 데 심각한 문제가 있는 것이다. 그렇다면 왜 북한은 국제사회의 온갖 비난여론에도 불구하고 핵무기를 개발하였는가? 이를 알기 위해서는 먼저 과거부터 현재에 이르기까지 사용되어 온 비대칭전략 개념을 이해해야 한다.

비대칭전이란 "약한 것으로 강한 것을 대적하며, 실(實)한 것을 피하고 허(虛)한 것을 공격한다(以弱戰强 避實擊虛)는 개념이다. 손자병법의 시계편(始計編)에 "적이 방비하지 않은 곳을 공격하고, 적이 생각하지 않은 것(시기, 방법, 수단)으로 나아간다"(攻其無備 出其不意)는 원칙은 바로 미래전에서 요구하고 있는 비대칭성 전략과 그 맥을 같이한다고 할 수 있다.13) 비대칭전은 수단인 동시에 전쟁수행의 개념이라고 할 수 있다. 강자에게도 항상 취약점은 있고, 약자의 입장일지라도 상대적인 강점이 있다. 따라서 약자의 위치에 있다 하더라도 비대칭의 술(術)을 적절히 발휘한다면 충분히 승산은 있는 것이다. 지

---

12) Weapons of Mass Destruction. 생화학무기, 중장거리미사일, 핵무기 등과 같이 짧은 시간에 많은 인명을 살상하는 강한 파괴력을 가진 무기를 통틀어 이르는 개념으로 핵확산금지조약(NPT), 생물무기금지협약(BWC), 화학무기금지조약(CWC) 등 여러 국제협약에서 대량살상무기 개발을 금지하고 있음.

13) 노병천, 『기적의 손자병법』(서울: 양서각), p.104.

금까지 식별된 주요 비대칭 위협수단으로는 핵과 화생무기, 테러리즘, 정보전, 해커, 컴퓨터 바이러스, 장거리 미사일, 특수전 부대 및 비살상무기 등을 들 수가 있다.

이러한 비대칭전에 대해 미국은 '전 영역에서의 우위'(full spectrum dominance)라는 그들의 전통적인 '강자의 비대칭전'을 추구하고 있는 반면, 미국에 도전적인 세력과 약자의 입장에 있는 국가는 '약자로서의 비대칭전'을 추구하고 있다. 이러한 측면에서 WMD는 개발비용이 저렴하고 대량 파괴력을 지니고 있는 비대칭수단으로서 약소국을 포함한 모든 국가들에게 매우 매력적인 무기체계가 아닐 수 없다. 이는 북한에게도 예외가 아니다. 미국도 "세계의 모든 전쟁과 위협에 대처하기가 결코 쉽지 않다"는 이유가 바로 상대가 이러한 비대칭전을 추구할 것으로 판단하고 있기 때문이다.

이러한 여러 가지 사항을 고려해 볼 때 북한이 비대칭전략을 채택한 것은 너무도 당연하다고 하겠다. 그 이유를 좀 더 구체적으로 알아보면 다음과 같다. 먼저 미·소 냉전체제 붕괴로 구소련의 영향력이 사라진 상황에서 북한 나름대로 외부의 군사적 위협으로부터 체제를 수호하기 위한 불가피한 선택이라 할 수 있다. 둘째로 비약적인 경제성장을 이룬 한국의 경제력과 한·미연합방위력에 대응하기 위해서는 저비용·고효율의 새로운 전략이 필요하였고, 이는 남한에 비해 상대적 우위에 있는 핵, 미사일, 화생무기, 특수전 부대 등을 통해 비대칭 우위를 점할 수 있다고 판단했을 것이다. 셋째로 아직도 한반도 적화통일의 야욕을 버리지 못하고 있는 북한이 '기습에 의한 속전속결 전략'을 달성하기 위해서는 기존의 대칭적인 재래식 수단과 전력으로는 도저히 달성이 불가능하며 갈수록 그 성공 가능성이 희박해질 것이기에 새로운 수단이 요구되었다고 볼 수 있다. 넷째로 한국과 미국이 화학·생물학 무기 사용금지협약14)에 가입함으로써 가입국 의무사항으로 이들 무기를 군사적 목적으로 개발·생산하거나 사용할 수 없는 반면, 여기에 가입하지 않은 북한은 일방적으로 이러한 비대칭적 무기를 사용할 수 있다는 데 있다.15) 마지막 이유로 WMD는 다른 무기체계와 혼합하여 운용할 수 있을 뿐만 아니라, 효과 면에서 상대방을 패닉상태에 빠지게 하여 대량살상을 발생시킴으로써 몇 배의 승수효과를 나타낼 수 있다는 이점이 있다. 특히 핵무기는 북한군이 운용하려는 비대칭전략의 수단 중 가장 강력한 효과를 나타낼 수 있는 수단이라 할 수 있다.

2) 핵무기 개발의 배경과 의도

북한의 핵무기 개발 배경을 알기 위해서는 우선 김일성 생전의 핵무기에 대한 인식에 대해 살펴볼 필요가 있다. 여기에 대해서는 1987년부터 1989년까지 평양에서 소련 대사로 근무했으며, 1995년도에 북한 핵문제에 대한 논문을 기고한 바 있는 만소로프의 주장이 설득력을 얻고 있다. 만소로프는 김일성으로 하여금 핵무장을 하도록 한 영향 요인으로 다음 4가지를 들고 있다.16)

첫째, 2차대전 시 미국의 일본에 대한 핵폭격은 젊은 김일성에게

---

14) 우리나라는 CWC(Chemical Weapons Convention, 화학무기금지협약)에는 1993년 1월 14일, BWC(Biological Weapons Convention, 생물학무기금지협약)에는 1987년 6월 25일 가입하였음.

15) 한국원자력연구소, 『핵비확산 핸드북』(2003, 개정판), pp.122-127.

16) Alexandre T. Mansourov, "The Origin, Evolution, and Current Politic of the North Korean Nuclear Program," *The Nonproliferation Review*, Spring-Summer, 1995, pp.28-30.

깊은 인상을 남겼다. 1945년 히로시마, 나가사키에 투하된 단 두 발의 핵폭탄으로 일본이 무조건 항복하는 것을 보고 아무리 강력한 적일지라도 핵무기로 극복할 수 있다는 믿음과 함께 핵무기에 대한 깊은 경외심을 갖게 되었다고 한다. 둘째, 김일성은 6·25전쟁 당시 미국에 의한 핵무기 사용은 없을 것으로 생각했다. 그런데 1950년대 후반에 공개된 트루먼 행정부의 문서에서 미국이 6·25전쟁 중 북한에 대해 핵무기 사용을 진지하게 고려했었다는 사실에 커다란 충격을 받았다고 한다. 미국이 핵무기를 사용할 수 있는 국가의 블랙리스트에 북한이 올라와 있다는 것을 비로소 알게 되었고, 이를 계기로 북한은 1961년에 중국, 소련과 동맹조약을 체결함으로써 그들로부터 핵우산의 보호를 받고자 하였다. 셋째, 김일성은 1962년 '쿠바 미사일 사태'를 통해 자신들의 든든한 방호자로 생각했던 소련에 대해 크게 실망하게 되었다고 한다. 자국의 안보를 위해 동맹국인 쿠바를 포기하는 소련의 태도는 북한에 제공하는 핵우산에 대한 신뢰성을 크게 손상시켰으며, 북한으로서는 자주적인 안보대책을 수립하지 않을 수 없게 되었다는 것이다. 넷째, 1972년 '7·4남북공동선언'에도 불구하고 박정희 정권은 핵무기 개발을 시도했으며, 이 핵무기의 표적이 바로 북한 정권이라는 사실에 김일성은 감당할 수 없는 충격을 받았다고 한다. 미국은 남한이 핵개발을 포기하는 대가로 전술핵무기를 공개적으로 배치하였으며, 팀스피리트 훈련의 전개는 북한으로 하여금 핵공격 연습으로 오인케 하여 김일성으로 하여금 본격적인 핵개발에 착수하도록 영향을 미쳤다는 것이다. 이러한 여러 가지 이유를 간략히 요약해 보면, 김일성의 누적된 안보 불안감과 주변국에 대한 배신감으로 인하여 1970년대 말에 북한은 핵개발에 착수하게 되었으며, 이 핵무기를 통하여 전략적인 균형을 도모하여 미국의 핵위협에 대응하고자 했다고 볼 수 있다.[17]

김일성의 후계자인 김정일 역시 선친의 사상을 그대로 물려받았다고 해도 과언이 아닐 것이다. 북한의 김정일이 국제사회의 비난과 고립에 따른 엄청난 경제적 타격을 자초하면서까지 핵개발에 나서는 이유는 과연 무엇 때문인가? 어떤 학자는 북한이 핵무기를 개발하고자 하는 기본목적과 의도는 단지 대내·외의 위기국면을 모면하기 위한 것이라기보다는 재래식 전력열세에 대해 WMD를 중심으로 한 비대칭전략을 구사하려는 것으로 분석하기도 한다.[18] 이를 정치, 경제, 군사안보 등의 분야별로 좀 더 구체적으로 분석해 보면 다음과 같은 사실을 유추 해석할 수 있다.

먼저 국제정치적 측면에서 볼 때, 김정일은 국내외에 자신의 능력을 과시하여 체제안정을 공고히 하려는 데 우선적인 목적이 있다고 본다. 즉 북한은 세계 유일의 초강대국 미국이 핵무기를 포함한 무장력으로 북한체제에 대한 무력 선제공격과 체제붕괴를 시도하고 있다고 우려하고 있다. 따라서 북한이 군사 억제력을 유지하고 체제안전을 보장하기 위한 수단으로 핵무기 개발이 필요하였다고 볼 수 있다.

둘째, 국내정치적 측면에서 볼 때, 북한 내부체제를 결속하기 위한 수단으로 핵을 보유하고자 했을 것이다. 김정일은 소련을 비롯한 사회주의 진영이 붕괴하고 독일이 통일되는 것을 보면서 사회주의 체제 존속에 대한 우려와 함께 국가목표 또는 국가 경영전략으로 '강성대국 건설'을 내세우고 '선군정치'를 추구하게 된다. '선군정치'는 북한체제를 유지해 주는 기제이자 동시에 김정일 개인의 권력을 유지

---

17) 송인진, "2·13이후 북한 핵폐기 전망," 『북핵문제 국제해법 모색과 남북관계 발전방안』(충남평화통일포럼 제10차 학술세미나, 2007. 5. 3), p.60.

18) 홍관희, "북한의 대량살상무기 개발과 한국의 대응," (통일연구원, 2003), pp.4-8.

해 주는 기제이며, 핵과 미사일은 '반제국주의'에 대응하는 수단이라고 판단한 것이다. 북한은 1990년대부터 총체적인 경제위기에 직면해 있고, 2005년 2월 핵보유 선언과 2006년 7월 미사일 발사실험 등으로 국제적인 경제지원도 크게 줄어들었다. 이러한 상황에서 핵실험을 감행한 것은 비록 경제적 어려움이 있더라도 핵보유국이라는 사실을 주민들에게 인지시킴으로써 자긍심을 고취시키고 불만을 해소시키려는 의도가 내포되어 있다고 본다.

셋째, 경제적 측면에서 볼 때, 비약적인 경제성장을 이룬 한국의 경제력과 한·미연합방위력에 대응하기 위해서는 저비용·고효율의 새로운 전략이 필요했을 것이다. 아무리 많은 재래식 무기를 갖추었다 하더라도, 또 아무리 성능이 뛰어난 무기를 개발한다 하더라도 현재 단계에서 핵보다 더 확실한 안보수단은 없다. 이러한 측면에서 북한은 재래식 무기보다 적은 비용을 투자하여 확실한 효과를 나타내는 핵을 비대칭 수단으로 선택하였다고 볼 수 있다. 뿐만 아니라 무기밀매를 통해 외화를 획득하여 통치자금으로 사용하고 있는 북한의 입장에서 핵무기나 핵기술 등 WMD에 대한 국제적인 구매력을 증대시킬 수 있다는 계산도 했을 것이다. 노동 1호, 대포동 1호 등 수차례에 걸친 미사일 발사실험을 통해 사거리를 증가시킴으로써 중동 및 서남아 국가들의 구매욕구를 증대시킨 것으로 판단된다. 아울러 미국, 동북아 주변국가 및 한국에 대해서는 핵무기 개발을 실질적인 경제적 실익을 챙기기 위한 협상수단으로 활용했다고 볼 수 있다. 실제로 북한은 그 동안 핵카드를 통해 한국 및 국제사회로부터 많은 경제적 이득을 달성한 것으로 평가된다.

넷째, 군사·안보 측면에서 볼 때, 북한이 핵무기를 사용할 가능성은 희박하지만, 체제의 존망이 걸린 안보상의 결정적 위기를 맞이하거나 아니면 적화통일의 확고한 승리가 담보되는 경우 실제로 핵무

기를 사용할 가능성도 완전히 무시할 수는 없다.19)

　마지막으로 외교적 측면에서 볼 때, 북한은 '버락 오바마 행정부'와 정권교체 전 대북 강경 일변도의 미 부시 행정부와의 담판을 시도하여 전략적 이득을 얻고자 했던 것으로 보인다. 북한은 미국이 이스라엘, 인도, 파키스탄의 핵보유는 인정하면서도 이란과 북한에 대해서는 '악의 축', '불량국가' 등으로 명명하며 문제로 삼고 있다는 것에 강한 불만을 가지고 있었다. 따라서 북한도 당당히 핵보유국으로서 국제적 지위를 모색하고자 했을 것이다.20)

3. 북한 핵무기의 위협과 국제사회의 반응

1) 북한 핵무기 개발의 현황과 위협

(1) 핵무기 개발현황

　북한의 핵관련 활동은 주요국면을 기준으로 크게 다음과 같이 몇 단계로 구분할 수 있다. 즉 핵개발 연구역량 축적 및 핵 관련시설 건

---

19) 실제로 한반도에서 전쟁이 발발한 상태에서 북한이 핵을 사용할 경우를 상정해 보면, 일정 부분 피해를 감수하더라도 남한의 견고한 방어지대를 돌파하거나 핵심표적에 대해 사용할 수 있고, 미국의 증원군 투입을 견제하고, 미국의 핵 보복에 대한 위협을 무력화시키기 위한 수단으로 활용할 가능성이 있다고 판단됨.

20) 홍현익, "북한 핵실험 의도 및 국제사회의 반응과 대응전략," 『북한 핵 어떻게 볼 것인가』(시민사회단체 토론회, 2006), pp.6-10.

설에 집중했던 핵개발 초기단계(1950~1980년대), 1992년 IAEA 사찰결과 다량의 플루토늄 추출사실이 확인됨으로써 발단된 제1차 북핵위기(1990~2000년), 2002년 북한이 농축우라늄을 이용하여 핵무기를 개발하고 있다고 시인한 이후 조성된 제2차 북핵위기(2002~2006년 9월), 2006년 10월 9일 북한 핵실험 강행으로 야기된 제3차 북핵위기(2006년 10월~현재) 단계로 구분할 수 있다.21) 한 국가의 핵개발 능력을 판단하는 주요요소는 핵관련 시설·인력·자원, 핵물질 확보량, 핵 제조기술, 핵탄두 운반수단, 핵실험 실시 등이라 할 수 있다. 일부 전문가들은 북한은 이미 핵실험을 실시하였으므로 잠재적 핵기술 보유국으로 평가하기도 하지만, 미국을 비롯한 국제사회에서는 북한을 아직 핵보유국으로 인정하지 않고 있다. 그렇다면 과연 북한의 핵개발은 어디까지 진척되었으며 그 위협은 무엇인가? 여기서는 북한의 전반적인 핵개발 현황과 그 위협에 대해 알아본 후, 6자회담과 2·13합의 및 10·3합의의 내용과 의미, 그리고 북 핵개발에 대한 주변 국가들의 반응에 대해 고찰해 보고자 한다.

핵관련 시설 현황

북한의 핵관련 핵심시설은 1960년대에 건설된 평양 북방 약 90km 지점의 영변지역에 집중되어 있다. 북한은 핵개발에 필요한 제조시설, 재처리시설 등 모든 핵관련 시설을 갖추고 있으며, 다만 고농축우라늄 프로그램 추진에 대해서는 북한의 부인에도 불구하고 여러 가지 의혹이 제기되고 있다. 현재까지 확인된 북한의 핵시설 현황은 다음과 같다.22)

---

21) 박양우, "북한핵 위협에 따른 우리 군의 대책," 『군사평론』 제385호(2007. 2), p.105.

① 영변 핵시설: IRT-2000 연구용 원자로, 영변 원자력 연구센터, 5MWe 실험로, 미신고 폐기물 저장소, 방사화학실험실, 50MWe 원자력발전소, 신고 폐기물 저장소, 빌딩 500, 핵연료 제조공장.
② 우라늄 농축시설(추정): 영저리, 천마산, 하갑, 태촌, 백촌, 평양(레이저 연구소).
③ 원자력시설 현황: 원자로(금호지구 경수로 부지, 200MWe 원자력 발전소, 평양 지하 원자력발전소), 연구개발(국립방위대학, 국방대학, 함흥화학산업대학, 평성과학대학, MGC-20 입자가속기, 김일성대학, 김책공대), 무기제조(금평리 고폭실험실), 미확인(금창리 지하시설).
④ 우라늄 광산: 광산(나진, 손봉, 무산, 혜산, 신포, 구장, 철산, 흥남, 순천, 백촌, 평산, 금촌), 제분소(천마산, 구송, 백촌, 평산, 한국 국제화학연합벤처회사), 저장소(위원, 함흥, 해금강).

핵관련 전문인력 및 자원

북한의 핵관련 전문인력은 3,000여 명이며, 1950년 소련 두바(Duba) 핵연구소의 과학자 30여 명이 파견된 것으로 추정하고 있다. 또한 원자로에서 핵연료를 만드는 데 사용되는 우라늄은 전체 매장량이 약 2,600만 톤이며, 이 중 가채량은 약 400만 톤 정도로 상기 12개소의 우라늄 광산에서 생산되는 것으로 추정된다.[23]

---

22) 세부내용은 송인진, "2·13 이후 북한 핵폐기 전망," 『북핵문제 국제해법 모색과 남북관계 발전방안』(충남평화통일포럼 제10차 학술세미나, 2007. 5. 3), pp.50-55 참조.

23) 박양우, 앞의 책, p.118.

핵물질 확보량

핵무기를 제조할 때 가장 핵심적인 것이 플루토늄을 확보하는 것이다. 2003년 4월 23일 중국 베이징 3자회담 이후 수차례에 걸쳐 폐연료봉 재처리 사실을 밝힌 점이나 2006년 10월의 핵실험 실시 등을 고려할 때, 북한은 이미 핵무기 생산에 필요한 일정량의 플루토늄을 추출·확보한 것으로 보인다. 플루토늄 핵폭탄 한 발 제조에 필요한 핵물질의 최소량은 4~6Kg 수준이다.

『2006 국방백서』와 『2008 국방백서』에 의하면, 북한은 1994년 북미 기본합의 이전에 추출한 것으로 추정되는 10~14kg과 2003년, 2005년에 폐연료봉 재처리를 완료했을 경우 30여kg의 플루토늄을 추가로 확보할 수 있었을 것으로 추정할 때 현재 북한이 보유 중인 플루토늄 양은 총 40여kg으로, 이는 히로시마에 투하된 것과 비슷한 20kt급 핵탄 6~9개를 만들 수 있는 분량이다. 그러나 영변 5MWe 원자로를 계속 가동한다면 추가적으로 플루토늄을 추출·생산할 수 있으며, 현재 보유 중인 플루토늄을 가지고 20kt급보다 작은 소형 핵탄두를 만들 경우에는 수십 개의 핵탄두를 제조할 수 있을 것이다. 현재 건설이 중단된 원자로 건설을 재개하여 완공한다면 이보다 훨씬 많은 양의 플루토늄을 확보할 수 있을 것이다.[24]

고폭장치와 고폭실험

북한은 1997년 이후 고성능 폭발실험을 70여회 이상 실시하였고,

---

[24] 북한 핵무기 보유량은 현재까지 명확히 밝혀진 바가 없지만, 미국 국방정보국(DIA) 12~15개, 미국 중앙정보국(CIA) 2~3개, 미국 에너지부 정보국 8개, 미국 민주당(상원의원 존 케리) 4~7개, 미국 과학국제보안연구소(CSIS) 2~9개, 영국 국제전략문제연구소(ISIS) 2~5개 등으로 추정하고 있음.

기술적 완성도가 높은 것으로 판단된다. 특히 1993년부터는 핵실험 이전 단계인 완제품 고폭 장치에 대한 고폭 실험을 실시한 것으로 분석되고 있다. 고폭 실험은 고성능 폭약을 폭발시켜 정확한 타이밍(100만분의 1초)에 플루토늄이 핵폭발을 일으킬 수 있는 조건을 만들어 내는 실험으로, 핵실험의 전단계라 할 수 있다. 2006년 10월 9일 전격적으로 실시한 북한의 지하 핵실험은 부분적인 성공이라는 평가와 함께 수 kg의 플루토늄을 사용한 것으로 추정하고 있으며, 이때 핵실험 시 폭발이 이루어진 점으로 미루어 고폭 장치는 제조된 것으로 판단된다. 참고로 미국은 최초 핵무기 개발계획인 맨해튼계획[25] 시행기간에 약 2,500여 회의 고폭 실험을 한 것으로 알려져 있다.[26]

핵탄두 운반수단

아무리 강력한 핵무기를 만들더라도 이를 목표지점까지 효과적으로 운반할 수단이 없으면 핵무기로서 가치를 발휘하지 못한다. 원거리에 위치한 목표지점에 핵을 투발하기 위해서는 핵탄두를 소형화(경량화)하거나 장거리 발사능력을 갖추어야 한다. 이러한 측면에서 북핵 관련 핵심내용은 북한이 과연 실제로 자신들의 핵탄두를 목표지점까지 운반해서 폭발시킬 수 있는 수준까지 탄도미사일을 개발했는가 하는 문제다. 2009년 4월 5일의 로켓발사도 장거리 발사능력을 증대시키기 위한 하나의 실험으로 판단된다. 핵탄두를 운반하는 수

---

25) Manhattan Project. 제2차 세계대전 중에 이루어진 미국의 원자폭탄 제조계획으로서 1945년 7월 16일 뉴멕시코주 아라마고드에서 플루토늄 239를 사용, 사상 최초의 원자폭탄실험에 성공하였음.

26) http://kr.blog.yahoo.com/jungsung35/17(검색일 2009 2. 4), 국정원장 국회 정보위 보고내용(2006. 4. 9).

〈표 1〉 운반 및 투발수단

구 분	SCUD-B	SCUD-C/D	노동 1호	대포동 1호	대포동 2호	IL-28
탄두중량	800kg	500~560kg	500kg~1t	500~700kg	850kg~1t	3t

* 출처: 국방부, "북한 핵문제: 실상과 대응"(2007).

단으로는 미사일, 항공기, 포탄 등을 들 수 있는데, 이러한 운반수단에 핵탄두를 탑재하기 위해서는 앞에서 언급한 바와 같이 핵탄두의 소형화·경량화가 필수적이라 할 수 있다. <표 1>에서 보듯이 북한이 보유하고 있는 SCUD 미사일, 노동 및 대포동 미사일에 탑재하여 운반할 수 있는 탄두중량은 500kg~1톤 규모이다. 따라서 북한이 보유하고 있는 미사일을 이용해 핵무기를 투발하기 위해서는 핵탄두 중량을 1톤 이하로 만드는 것이 핵심이라고 하겠다. 북한이 보유하고 있는 IL-28폭격기의 탑재중량은 약 3톤이며 MIG-21전투기, SU-25전투기 등도 핵무기를 투발할 수 있는 것으로 알려져 있다. 10kt 이하의 소형 핵무기는 170밀리 자주포, 240밀리 방사포 등 포병에 의해서도 투발될 수 있다.

(2) 위협 분석

북한의 핵위협을 분석하기 위해 먼저 핵무기의 폭발효과와 위력에 대해 알아보고, 북한이 핵보유 및 핵공격 시 한반도에 미치는 안보위협에 대해 살펴보자.

핵무기 폭발 효과 및 위력

핵무기[27)]는 핵분열 또는 핵융합 반응 시에 방출되는 핵에너지를

〈표 2〉 1Mt 위력의 핵무기와 TNT 비교

구 분	핵무기	TNT
크 기 (위 력)	• 핵탄두 크기: 길이 1m, 직경 50cm • 위력: TNT 1,000톤의 폭발력	• 5톤 화물차 20만여 대 적재 분량 • 차량 행렬 길이: 수백km
중 량	탄두 1개 중량은 1톤 미만(미·러)	100만 톤
폭발반응 시간	수백만분의 1초	1,000분의 1초

* 출처: 박양우, "북한핵 위협에 따른 우리 군의 대책," 『군사평론』 제385호(육군대학, 2007), p.122.

이용하여 인원과 물자를 살상 및 파괴하는 무기를 말한다. 핵무기가 폭발하면 폭풍파(55%), 열복사선(30%), 초기방사선(15%)을 대량으로 방출하고 잔류방사선(낙진)에 의한 방사능 오염과 전자기파(EMP) 효과를 수반한다. 핵폭발 시 발생하는 물리적 피해의 대부분은 폭풍효과에 기인한 것이다.[28]

히로시마와 나가사키에 투하된 원폭의 위력과 피해현황은 <표 2>와 같으며, 미국에서 진행된 핵실험 결과를 종합해 미 국방부가 1977년 작성한 보고서 "핵무기의 효과"(The Effects of Nuclear Weapons)에 따르면 피해는 크게 일곱 가지로 나누어진다. 폭발 충격파와 이로 인한 폭풍파, 100만℃의 화구(fire ball)에서 발생한 열복사선, 초기방사선과 낙진 등의 잔류방사선, 전자장 발생으로 인해 모든 전자장비가 손상

---

27) 핵무기는 핵반응 형식에 의하여 핵분열무기(예컨대 원폭)와 핵융합무기(예컨대 수폭, 중성자탄)로 분류되고, 사용목적에 따라 전략핵무기, 전술핵무기, 전구핵무기로 분류되며, 위력의 대소에 따라 표준원폭(20Kt급), 대형원폭(20~50Kt급), 소형원폭(20Kt급 이하)으로 분류한다. 『안보관계용어집』 (국방대학교, 2003), pp.335-336.

28) 국방부, 『대량살상무기(WMD) 문답백과』(2004), p.45.

〈표 3〉 원자폭탄 사용 및 피해현황

구 분	히로시마	나가사키
피 해	13만명	7만명
위 력	14Kt	20Kt
핵탄종류	우라늄탄(Little Boy)	플루토늄탄(Fat Man)

* 출처: 최석철, 『무기체계@현대·미래전』(21세기군사연구소, 2003), p.409.

되는 전자기파동(EMP)이 그것이다.29)

북한 핵보유 시 한반도 안보위협

북한이 그 동안 핵개발에 집착하고 국제사회의 반대에도 불구하고 핵실험을 강행한 이유는 앞에서 언급하였듯이 세계에서 아홉 번째30)의 실질적인 핵보유국 지위를 확보함으로써 정권을 유지하고 북한 내부체제를 결속하는 데 그 목적이 있다. 또한 남·북한 경제력의 격차 심화에 따른 열등감을 극복하고 낙후된 재래식 전력의 열세를 만회하며 한미 연합전력에 대한 대책의 확보, 그리고 미국을 비롯한 국제사회를 상대로 한 '벼랑끝 전술'의 하나로 분석된다.

이제 북한이 잠재적 핵무기 보유국으로 등장함으로써 한반도와 동북아지역, 나아가 세계 안보질서 구도의 변화가 예상된다. 2006년 10

---

29) "美 NRDC의 한반도 핵폭격 시뮬레이션," (신동아, 2004년 12월호).

30) 국제사회에서 핵무기 보유국 지위는 NPT에 의거 규정되는데 NPT 제9조 제3항에는 1967년 1월 1일 이전에 핵무기 또는 핵 폭발장치를 제조하거나 폭발시킨 국가를 핵무기 보유국으로 정의하고 있음. NPT에서 인정하는 공식 핵보유국으로는 미국, 영국, 프랑스, 중국, 러시아 등 5개국이 있고, 비공식 핵보유국으로 인도, 파키스탄, 이스라엘 등 3개국이 있음.

월의 북한 핵실험과 2009년 4월 5일 로켓발사는 핵 비확산을 추구하는 국제질서에 대한 중대한 도전이자 6자회담을 포함한 동북아 주변 국가들의 공동압력에 대한 정면대응으로 볼 수 있다. 또한 NPT체제의 약화와 함께 WMD확산 방지를 추구하고 있는 미국의 역할에 대한 도전으로서 대미협상을 도출해 내기 위한 레버리지 역할을 하게 되었다. 북한의 핵보유는 경제력의 격차로부터 발생하는 남·북한 간의 필연적인 재래식 군사력의 열세를 일거에 뒤집고, 대남 우위는 물론 미국의 핵위협에 대해서도 체제안전을 보장받는 수단으로 작용할 것이다. 또한 대내적으로 '강성대국 건설'과 '선군정치'의 논리를 더욱 정당화하여 김정일의 통치기반을 강화하고, 극심한 경제난으로 초래된 체제이완을 적절히 통제할 수 있게 되며 내부결속을 증대시키는 효과가 있을 것이다. 그리고 남한을 북한의 대남 및 대외정책의 인질로 활용할 수 있게 되었다. 이에 따라 한국의 대북정책과 안보전략의 변화는 불가피하다고 하겠다.[31]

한반도에서 핵이 사용될 수 있는 대표적인 경우는 미국의 '대북 선제공격'[32]과 북한의 '서울 핵공격'을 들 수 있다. 미국이든 북한이

---

31) 박영호, "북한 외교정책에서 핵·미사일(대량살상무기)의 의미와 한계,"『북한 핵실험 이후 한반도 정세변화와 우리의 과제』(통일문제연구협의회·충남대학교평화연구소 공동학술회의, 2006. 11. 2). pp.14-15; 조찬래, "남북관계의 전망과 과제,"『북한 핵실험 이후 한반도 정세변화와 우리의 과제』(통일문제연구협의회·충남대학교평화연구소 공동학술회의, 2006. 11. 2), pp.2-4.

32) '선제공격'(preemptive attack)이란 "적의 공격이 임박한 확실한 증거를 기초로 시작하는 공격으로서 자위권 차원에서 실시하는 공세행동"(『합동·연합작전 군사용어사전』) 또는 "긴박하게 적의 공격이 이루어질 명백한 증거에 기초해 실시되는 공격"(『미 국방용어사전』)을 말함. 즉 '선제공격'이란

든 한반도에서 핵을 사용한다면 어떤 결과가 나올까? 피해규모는 어느 정도이며 낙진은 어디까지 퍼지고, 그로 인한 사상자 수는 어느 정도일까? 물론 기상, 인구밀도, 지형 및 주요시설의 위치와 도시화 정도, 건물의 종류 등에 따라 그 결과는 다르다. NRDC[33]의 토머스 코크란 박사와 매튜 매킨지 박사가 'HPAC'[34]을 이용해 연구한 자료에 의하면, 미국이 지하화된 북한 내 군사시설에 대해 **400Kt** 혹은 **1.2Mt** 수준의 벙커버스터[35]를 사용할 경우 북한 주민 **25만~135만 명**의 사망자가 발생한다. 만약 북한이 서울에 핵폭탄을 투하할 경우 최우선순위는 국방부, 합참, 주한미군사령부와 한미연합사령부가 위치하고 있는 용산지역이 될 가능성이 높다.[36] 북서풍이 부는 시점에 서

"적이 공격하려는 의도를 가지고 이미 전쟁의 준비가 완료된 상황에서 상실된 주도권을 회복하고 자신에 대한 자위(self-defence) 차원에서 실시되는 공격"을 뜻하며, 1967년 6일전쟁에서 이집트에 대한 이스라엘 공격은 '선제공격'의 전형적인 예라고 할 수 있음.

33) Natural Resources Defense Council(천연자원보호협회).

34) Hazard Prediction and Assessment Capability. 미국 정부가 대량살상무기의 효과를 산출할 때 사용하는 컴퓨터 시뮬레이션 모델로 핵폭탄의 위력, 투하된 위치, 폭발고도, 풍향, 계절 등에 따라 케이스별로 직접적인 폭발피해 규모, 방사능 낙진에 의한 피해지역 범위, 사망자 수가 자동적으로 산출됨.

35) 미국의 지하 침투용 무기로 6m 두께의 콘크리트 벽을 뚫고 들어갈 수 있는 레이저 유도폭탄. 1991년 걸프전 당시 이라크 지하사령부를 파괴하기 위해 개발되었으며, 그 후 개조과정을 거쳤음.

36) 북한의 핵 선호표적은 ① 군사시설(용산, 오산·평택), ② 산업시설(울산), ③ 인구 밀집지역(서울, 부산) 등이 될 것이다.(김태우, "North Korea's Nuclear Endgame & South Korea's Survival Strategy," 『절대 포기하지 않을 북한핵 어떻게 할 것인가?』(제13회 국제항공전략 심포지엄, 2007. 9. 13).

〈표 4〉 북한 핵 장착 미사일 발사시 피해 현황

구 분	20Kt, 300m, 4m/s	50Kt, 300m, 4m/s
사 망	489,129 명	1,170,364 명
부 상	477,537 명	758,114 명
합 계	966,666명	1,928,478 명

* 출처: 김태우, "North Korea's Nuclear Endgame & South Korea's Survival Strategy,"『절대 포기하지 않을 북한핵 어떻게 할 것인가?』(제13회 국제항공전략 심포지엄, 2007. 9. 13), pp.103-104.

울 용산 삼각지에서 TNT 15Kt 위력을 지닌 핵폭탄 1기가 폭발하면 과연 어떤 일이 벌어질까? 핵폭격으로 국방부, 합참, 미군기지는 '증발'되고, 국방부로부터 반경 1.8km 이내는 초토화, 4.5km 이내 시설은 반파된다. 정부 중앙청사와 청와대도 직접 피해범위에 들고 63빌딩은 붕괴된다. 서울 중심가 일대 40만 명이 즉사하고 수도권 남부지역의 낙진 사망률은 10%에 이른다. 서울의 피해규모는 히로시마, 나가사키의 6~10배가 될 것으로 NRDC는 분석하고 있다.[37]

또 다른 연구보고서에 의하면, 서울 용산가족공원 300m 상공에서 20Kt 또는 50Kt 플루토늄 핵탄두가 장착된 스커드미사일 한 발이 폭발하면 그 피해 정도는 <표 4>와 같다(조건: 북서풍 4m/s, 광역수도권 인구밀도 적용). 이와 같이 한반도에서 전쟁이 발발하여 어떠한 형태로든 핵무기가 폭발한다면 그 피해는 가공할 만한 수준이 되는 것이다.

---

37) "美 NRDC의 한반도 핵폭격 시뮬레이션,"『신동아』(2004년 12월) 내용을 요약·재정리한 것임.

2) 2·13합의와 10·3합의

(1) 6자회담의 진행

6자회담은 북한 핵문제를 해결하고 한반도의 비핵화를 실현하기 위해 주변 6개국이 참가하는 다자회담으로서 1994년 미국과 북한간의 '제네바 핵합의', 1997년 제1차 4자회담 개최의 연장선상에 있다고 볼 수 있다. 이러한 6자회담은 2003년 8월 이래 지금까지 총 6차례에 걸쳐 모두 중국 베이징에서 개최되었으며, 주요 쟁점은 북한의 핵폐기, 핵동결에 대한 전력공급 요청, 핵폐기 로드맵 이행방안 협의 등이다. 제1차 6자회담(2003. 8. 27~29)에서는 북핵의 평화적 해결, 6자회담이 계속되어야 한다는 원칙 등에는 합의했으나, 구체적인 공동발표문에는 실패하고 의장이 구두로 협의내용을 요약 발표하는 데 그쳤다. 제2차 6자회담(2004. 2. 25~28)은 1차회담보다 다소 진전된 '의장성명'[38])이 채택되었고, 제3차 6자회담(2004. 6. 23~26)은 '행동 대 행동'('word for word', 'action for action')이라는 원칙에 대해 합의하기에 이르렀다. 제4차 6자회담(2005. 7. 26~8. 7, 9. 13~19)은 북한의 핵무기 포기와 이에 따른 북한의 체제보장 및 경제지원에 관한 내용이 포함된 9·19공동성명[39])을 채택하였다. 제5차 6자회담(2005. 11. 9~11, 2006.

---

38) 의장성명(chairman's statement)에는 핵무기 없는 한반도, 3차 회담 4~6월 중 개최, 본 회담 준비를 위한 실무그룹 구성원칙 합의, 핵문제 및 관련 관심사에 대한 상호 조율된 조치 등 7개항의 합의사항을 담고 있음.

39) 북한의 핵무기와 현존하는 핵프로그램의 포기, NPT 및 IAEA 복귀에 따라 여타국은 북한의 체제를 보장하고 경제지원을 한다는 6개항의 합의사항이

12. 18~22, 2007. 2. 8~13)에 이르러서는 '2·13합의'⁴⁰⁾를 채택하였다.⁴¹⁾ 제6차 회담(2007. 3. 19~22, 7. 18~20, 9. 27~9. 29)은 미국이 BDA⁴²⁾에 동결된 북한자금의 해제, 북한 영변 핵시설의 가동 중단과 함께 '10·3합의'를 발표하게 되었다. 그 이후 북한은 2008년 5월 미국 측에 핵시설 가동자료를 제공하고 6월에는 의장국인 중국에 핵프로그램 신고서를 정식으로 제출하였다. 6월 27일에는 영변 핵원자로 냉각탑을 폭파시키는 '쇼'를 연출했으며, 10월 11일 미국은 북한을 테러지원국 명단에서 해제하기에 이르렀다. 그러나 북한은 2009년 4월 5일 또다시 로켓발사 실험을 강행함으로써 4월 14일 UN안보리는 이에 대한 조치로 의장성명을 채택하였고, 북한은 이에 반발해 6자회담 거부 및 핵시설 복구를 천명하기에 이르렀다.

(2) 2.13 합의의 내용과 의미

6자회담 참가국들은 2007년 2월 8일부터 13일까지 베이징에서 개최된 제5차 3단계 6자회담을 통하여 북핵폐기를 위한 초기조치에 합의하였다. 합의문의 주요내용은 첫째, 30일 이내에 5개의 실무그룹⁴³⁾

포함되어 있음.

40) 원명은 "Initial Actions for the Implementation of the Joint statement"(9·19공동성명 이행을 위한 초기조치). 세부내용은 『군축 비확산 편람』(외교통상부, 2007. 7) pp.234-238. 참조.

41) 라미경, "6자회담 후 2·13공동성명이 갖는 정치적 함의," 『북핵문제 국제 해법 모색과 남북관계 발전방안』(충남평화통일포럼 제10차 학술세미나, 2007. 5. 3.), p.4.

42) BDA에 동결된 북한자금은 2,500만 달러 규모로, 초기 중국 측의 비협조로 BDA자금 해제에 어려움이 있었으나 러시아의 도움으로 해결됨.

을 구성하여 가동하도록 한다. 둘째, 60일 이내에 북한은 핵시설 폐쇄 및 봉인, IAEA요원 복귀, 모든 핵프로그램의 목록작성 협의를 이행하고 북한을 제외한 여타 5개국은 중유 5만 톤 상당의 긴급 에너지 지원, 북·미 및 북·일간 의 관계정상화를 위한 양자대화를 개시한다. 셋째, 60일 이내 조치단계 이후에도 북한은 모든 핵 프로그램을 완전히 신고하고 현존하는 핵시설의 불능화를 달성해야 하며, 여타 5개국은 중유 95만 톤 상당의 경제적 지원을 한다는 것이다.44)

2·13합의는 2005년의 9·19공동성명을 구체화하는 합의로서 다음과 같은 중요한 의미가 있다. 첫째, 6자회담 참가국들의 합의는 북한에게 더 이상 핵무기 원료를 생산하지 못하게 함으로써 한반도 및 동북아 안정에 기여할 것으로 평가된다. 둘째, 2007년 1월 16일부터 18일 사이에 개최된 미국과 북한 간의 베를린회담 이후 북한 핵문제를 교착시켜 온 북한과 미국의 태도가 유연해지고 있다는 것인데, 이는 북핵문제 해결에 긍정적인 방향으로 작용할 것이다. 셋째, 5개의 실무그룹 설치로 9·19공동성명의 이행을 가속화하는 제도적 기반을 마련한 것으로 평가된다. 넷째, 북한 핵시설의 폐쇄·봉인을 넘어 '불능화'단계까지 합의했다는 점에서 1994년 북미 제네바 합의보다는 진전된 성과를 이끌어 냈다고 평가할 수 있다. 다섯째, 북·미, 북·일관계의 정상화 협의 개시로 상호갈등과 우려사항을 해소할 수 있는 계기를 마련한 점도 중요하다고 하겠다.

이러한 의미에도 불구하고 2·13합의는 다음 몇 가지의 문제점이 아쉬움으로 남아 있다. 첫째, 60일 이내 북한 핵시설 폐쇄와 북한에

---

43) 5개 그룹은 ①한반도 비핵화, ②북·미관계 정상화, ③북·일관계 정상화, ④경제 및 에너지 협력, ⑤동북아 평화·안보체제 그룹으로 구성되어 있음.

44) 외교통상부, 『군축 비확산 편람』(2007.7), pp.177-179.

대한 긴급 에너지 지원에 대해서는 합의를 이루어 냈지만, 60일 이후 북한이 보유하고 있는 핵시설을 폐기하는 조치에 대해서는 구체적인 합의를 이끌어 내지 못했다. 둘째, 북한의 주장대로 그들이 핵을 보유하고 있다면 현재 보유하고 있는 핵무기를 언제 어떻게 폐기할 것인가에 대한 논의가 전혀 이루어지지 않았다. 셋째, 상호 합의한 사항을 이행하지 않을 경우 이를 강제할 제재원칙과 수단이 누락되었다. 북한은 이미 핵실험을 통해 이전의 9·19공동성명에 대해 정면으로 도전하였음에도 이에 따른 국제사회의 마땅한 대응조치가 이루어지지 않았는데, 또다시 합의사항을 이행하지 않을 경우에는 어떻게 할 것인가? 합의내용과 유엔결의안 1718호[45] 이행의 관계를 명확히 하여 또다시 북한이 오판을 하지 않도록 할 필요가 있었다는 것이다. 북한의 입장에서는 언제든지 협상내용이 마음에 들지 않으면 발을 뺄 수 있는 것도 문제라고 할 수 있다. 넷째, 2·13합의의 결정적인 문제점은 다시 한 번 북한에게 모험주의와 '벼랑끝 전술'이 보상을 받을 수 있다는 그릇된 인식을 주었다는 점이다.[46] 다섯째, 2·13합의에는 과거와 다른 용어를 사용하고 있는데, 1단계에서 시설을 폐쇄(shutdown)·봉인(Seal)하고 2단계에서 불능화(disable)한다는 것이다. 그런데 불능화에 대한 정확한 정의가 없다. 해체는 돌이킬 수 없다는 의미가 있지만, 불능화는 폐기가 아니기 때문에 시간이 걸리더라도

---

45) 북한이 2006년 10월 9일 실시한 핵실험에 대한 규탄, 추가 핵 및 미사일 발사 금지, NPT 탈퇴 철회, 6자회담의 조기 재개를 요구하는 내용을 포함하고 있으며(2006. 10. 14 결의), 세부내용은 『군축·비확산 편람』(외교통상부, 2007. 7) pp.234-238 참조.

46) 북한 핵실험에도 불구하고 경제적 인센티브를 제공하는 합의를 함으로써 북한은 "핵실험이 협상력을 높이는 데 도움이 된 것"으로 오판할 수 있음.

돌이킬 수 있어 다시 사용할 수 있다는 뉘앙스를 남긴다.

이상과 같은 몇 가지 우려와 아쉬움에도 불구하고 2·13합의는 한반도 비핵화를 구현하기 위해 상당한 역할을 한 것으로 보인다. 보다 중요한 것은 합의 그 자체가 아니라 북한과 관련 국가들이 의지를 가지고 합의사항을 얼마나 성실히 이행하느냐에 달려 있다고 하겠다.

(3) 10·3합의의 내용과 의미

2007년 6월 25일 북핵 진전을 가로막고 있던 BDA문제가 해결되고 중유 5만 톤이 도착하자, 7월 15일 북한은 영변 핵시설 가동 중단을 발표했다. 이를 계기로 북핵 해결의 1단계인 폐쇄와 동결은 완결되고 2단계 신고와 불능화 조치를 위한 노력이 시작되었다.

10·3합의의 주요 내용은 한반도 비핵화, 북측의 조치와 병행해 테러지원국 해제 및 적성국교역법 적용 종료시기 판단, 북·미 및 북·일 간 관계정상화, 중유 100만 톤 상당의 대북 경제·에너지의 인도적 지원, 적절한 시기에 6자 외교장관 회담의 베이징 개최 등으로 구성되어 있다.[47] 그러나 10·3합의에는 다음과 같은 몇 가지 비판이 제기되고 있다. 먼저 핵무기와 북한·시리아 간 원자력 협력부분에 대한 문제가 포함되지 않았다. 둘째, 북한의 우라늄 농축 프로그램에 대한 합의가 포함되지 않고, 이미 생산한 것으로 추정되는 플루토늄 또는 핵무기 신고문제도 명확히 정리되지 않았다. 셋째, 북핵 신고 및 불능화의 정확성에 대한 검증과 관련해 원칙적인 내용만 제시돼

---

[47] 한국전략문제연구소,『동북아 전략균형 2008』, pp.289, 352; 최강·최명해, "북핵문제의 현황 및 전망과 향후 대책,"『전략연구』2008년 제ⅩⅤ권 제3호 (통권 제44호), p.157;『2008 국방백서』, p.264.

있어 향후 추가협상이 불가피하다. 넷째, 합의사항 실천에 대한 구체적인 시간표나 내용이 충분히 제시되지 않았다. 결국 10·3합의가 북핵 진전에는 기여하겠지만, 그 모호성으로 인하여 합의사항의 이행이 지연되거나 추가협상 과정에서 갈등이 표출될 개연성이 있다.[48]

2·13과 10·3합의에 대한 이러한 비판에도 불구하고 북핵문제는 상당한 진전이 있었다. 2008년 미 국무부 한국과장인 성김은 북한을 방문해 5월 10일 영변 핵 활동일지 총 314권 18,882쪽 분량을 북한으로부터 제출받았고, 북한은 6월 26일 플루토늄 생산량 등을 적시한 핵 신고서를 의장국인 중국에 제출하였으며, 다음날인 6월 27일 영변 핵 원자로 냉각탑을 폭파하였다. 또 이러한 조치가 CNN 등 세계의 매스컴에 보도될 수 있도록 조치하였다.[49] 그리고 2008년 10월 11일 미국은 북한을 테러지원국 명단에서 해제하였으나, 2009년 4월 5일 북한이 로켓발사를 강행함으로써 북핵문제는 새로운 전기를 맞고 있다.

3) 동북아 4개국의 반응

북한의 핵실험과 미사일 발사에 대한 주변국의 반응은 어떤 형태로든 대북제재가 불가피하다는 데는 의견이 일치하지만, 그 정도는 국가별로 약간의 차이가 있다. 미국과 일본은 유사시 군사적 제재까지 시행할 수 있는 강력한 제재를 제안하고 있지만, 중국과 러시아는

---

[48] 최강·최명해, 앞의 책, p.156. ; 한국전략문제연구소, 『동북아 전략균형 2008』, p.291.

[49] 한국전략문제연구소, 『동북아 전략균형 2008』, pp.354~356. ; 최강·최명해, "북핵 문제의 현황 및 전망과 향후 대책", 『전략연구 2008년』 제ⅩⅤ권 제3호(통권 제44호), p.158. ; 『2008 국방백서』, pp.266-267.

비군사적 제재에 국한하는 신중한 태도를 보이고 있다. 이러한 각국의 입장차이는 국제사회의 역할과 자국의 국익이 반영된 것으로 보이며, 동북아지역의 패권구도가 아직도 해양세력인 한·미·일과 대륙세력인 북·중·러로 양분되어 있음을 알 수 있게 하는 대목이다.

(1) 미 국

미국은 북핵문제에 대해 2가지 전략을 마련해 둔 것으로 추정된다. 첫째는 최선책으로 6자회담을 통해 북한이 핵을 포기하도록 하는 것이고, 둘째는 차선책으로 미국이 북한의 핵보유를 어쩔 수 없이 인정해야 하는 상황이라면 차라리 북한과 관계를 개선해 친미(親美)국가화하는 것이 국익에 도움이 된다는 것이다. 핵 비확산을 추구하고 있는 미국은 북한의 핵무기, 핵물질, 핵기술 등이 북한지역을 벗어나 테러집단에게 넘어가는 것을 가장 우려하고 있다. 9·11테러 이후 철저히 국익에 입각해 대외정책을 추진하고 있는 미국의 현실주의적 성향을 고려해 볼 때, 한국으로서는 두 번째 가능성에 대해 특별히 주목할 필요가 있다.[50] 최근 미국 스탠퍼드대 아시아태평양연구소와 코리아 소사이어티가 주도하는 정책연구 그룹이 보고서 "한미동맹의 새로운 출발"에서 "미국은 북한이 핵확산을 하지 않는다면 소량의 핵무기 보유는 묵인할 것"이라고 분석한 것과 미국의 최신자료가 북한을 '핵보유국'으로 지칭한 것은 크게 우려할 만한 사항이다.[51] 그

---

50) 남만권, "한반도 평화체제 논의의 접근방향,"『동북아 안보정세분석』(서울: KIDA, 2005. 10. 5), p.2; 박영호, 앞의 책, p.16.

51) "북의 미사일·핵 위협에 근본적 방어력 필요하다,"〈동아일보〉2009년 4월 2일.

러나 국제사회를 주도하는 미국의 입장에서 최악의 경우에는 북한에 대해 '이라크 모델'을 적용해야 하는 상황도 전혀 배제할 수는 없다.

향후 미국은 북한의 핵무기 포기를 위한 협상을 다시 시도할 것이다. 그 동안 북한은 미국을 '미제국주의'로 부르고, 미국은 북한을 '악의 축' 또는 '불량국가'로 지칭하는 등 상호 비방으로 인해 양국 간 신뢰도가 많이 떨어져 있었다. 그러나 최근 미국이 유화적인 자세로 전환하고 있고 북한도 북·미 양자 간 대화를 희망하고 있기 때문에 비록 2차 미사일발사로 인해 일정기간 냉각기를 거치겠지만 양국은 적당한 선에서 접점을 찾을 것으로 예상된다.

(2) 일 본

북한 핵문제에 대한 일본 정부의 입장은 북한의 핵과 미사일 등 WMD가 더 이상 일본 자국민의 안전과 안보에 위협이 되지 않도록 평화적으로 해결하는 것이다. 일본은 북한핵이 동북아 안전보장뿐 아니라 국제사회의 평화와 안전질서 유지 차원에서도 중대한 문제로 인식하고 있다. 이를 위해 일본은 미국과의 공조체제를 유지하면서 또 다른 한편으로는 독자적인 노선을 통해 북핵을 군사대국화에 이용하고 있다.52) 일본은 세계 유일의 핵 피해국가로서 그 동안 '비핵 3원칙'53)의 입장을 견지해 왔으나 최근 북한의 핵실험과 미사일 발

---

52) 일본의 군사대국화 경향은 보통국가화, 방위청 승격, 자위대 해외파병, MD체제 동참, 핵 무장 논의, 헌법 개정 등에서 알 수 있음.

53) 1967년 12월 11일 일본 사토 수상이 한 발언으로 "일본은 핵무기를 제조하지 않고, 핵무기를 보유하지도 않으며, 핵무기의 반입을 허용하지 않는다"는 내용으로 이후 일본의 주요 핵정책이 됨.

사를 계기로 미국과 공조하여 MD체제 구축에 적극 나서는 한편, '핵무장 불가론'이 점점 '핵무장 불가피론'으로까지 변환되고 있는 추세이다. 지난 4월 5일에 북한이 함경북도 화대군 무수단리에서 로켓을 발사하자, 이지스 구축함 2대를 동해에 배치하고 자위대에 사전 파괴조치 명령을 발령하는 등 적극적인 대응을 하였다.[54] 일본은 북한의 로켓발사에 대해 UN안보리에서 의장성명을 채택한 것과 별도로 대북 무역제재 기간을 1년 연장하였다. 그 동안 일본은 북핵문제를 납치문제와 연계하는 등 철저히 국익에 기초하여 대응해 왔지만, 최근 들어 미국이 과거보다 좀 더 유연한 정책을 추진함에 따라 일본의 입지는 다소 약화될 것으로 보인다.

(3) 중 국

중국은 북핵문제의 해결에서 '평화', '안정', '번영'이라는 3가지 보편적 원칙을 가지고 있다. 중국은 북한 핵개발이 한반도 평화에 상충된다고 믿고 있으며, 북핵문제는 평화적 방법으로 해결되어야 한다고 생각하고 있다. 북핵문제를 해결함에 있어 중국은 군사적 대치나 동북아지역의 안정성을 해치는 것을 원하지 않는다. 또한 중국은 한국과의 경제적 협력관계를 만족해하며 북한 지도자들로 하여금 진정한 경제개혁을 하도록 권장하고 있다.[55]

---

54) "한·미·일 이지스함 '동해 감시작전'," <동아일보> 2009년 3월 28일; "북미사일 단호히 제재해야," <동아일보> 2009년 3월 27일. 일본은 SM-3미사일이 장착된 해상자위대 소속 이지스함 곤고(DDG-173)와 조카이(DDG-176)를 동해에 배치하여 발사 순간과 궤적, 추진체 낙하지점을 추적하는 한편, 지대공 유도 패트리엇3(PAC-3)를 주요지점으로 이동 배치하여 피해 예상시 요격할 수 있도록 조치하였음.

중국은 북핵문제가 평화적으로 해결되지 않을 경우 한반도에 전쟁 위기가 조성되고 동아시아에 군비경쟁이 확산될 가능성이 높다고 보고 있다. 동아시아에서 중국은 유일한 핵보유국이다. 만약 북한을 핵보유국으로 인정하게 되면 일본과 대만은 도미노현상에 의해 자국의 안보를 위해 핵무장을 추진하게 될 것이다. 중국은 결코 이런 상황의 전개를 원치 않는다. 세계 패권국을 노리는 중국은 북핵문제를 단순히 한반도문제 또는 동북아 몇 개국 간의 문제로 보기보다는 미국의 전략에 대응하기 위한 범세계적 차원에서 접근하고 있기 때문이다. 따라서 현 단계에서 중국의 가장 중요한 역할은 6자회담의 의장국으로서 북핵문제와 관련한 협상을 원활히 이끌어 나가는 것이다.

그 동안 북한은 중국이 영향력을 발휘할 수 있는 동맹국가로서 국제적으로는 전략적 카드 역할을 해 왔으나 점점 이러한 중국의 영향력이 떨어지고 있는 실정이다. 최근에는 북한이 과거와 달리 중국의 반대에도 불구하고 미사일 발사실험, 핵실험 등 독자적인 행동을 하는 데 대해 불만을 표시하면서 상호 신뢰도에 균열이 발생하고 있는 것처럼 보인다. 그럼에도 불구하고 중국은 북한에 대한 국제사회의 군사적 제재에는 반대하고 있고, 경제적 제재에도 일정 부분 이상의 제재에는 동참하지 않을 듯하다. 그 이유는 먼저 북한에 대한 경제제재의 효과를 믿지 않을 뿐 아니라 경제적 제재의 효과가 발생하더라도 이후 벌어질 북한 난민의 발생이나 북한의 급속한 변화는 중국 입장에서는 결코 바람직한 일이 아니기 때문이다. 이러한 판단의 근거는 최근 북한의 국제무역수지 현황을 보면 잘 알 수 있다. 주지하다

---

55) Li Bin, "China's Approaches in Solving North Korean Nuclear Issue," 『절대 포기하지 않을 북한핵 어떻게 할 것인가?』(제13회 국제항공전략심포지엄, 2007. 9. 13), pp.75-77.

시피 북한의 무역은 현재 최악의 상황이다. 북한 자신이 '경제 활성화' 시기56)라고 주장했던 2005년에도 30억 달러에 못 미치는 수준이었다. 북한의 대외무역 구조는 중국에 편향57)되어 있으며 2006년의 북한 핵실험에도 불구하고 2005~2007년 북한의 대외무역 국가별 추이를 볼 때 중국과의 무역은 꾸준히 증가한 것으로 보인다.58) 결국 세계의 패권국인 미국과 경쟁하고 있는 중국의 입장에서 볼 때, 북핵문제는 반드시 넘어야 할 산이요 마치 계륵과 같은 것으로서 국제사회의 눈치를 보지 않을 수도 없는 처지이다. 이처럼 북핵문제에 관한 한 중국은 국제사회와 북한의 중간에서 고민에 고민을 거듭하고 있으며, 미국과 북한의 중개자적 역할을 수행하면서 나름대로 입지를 강화해 나가려고 하고 있는 것이다.

(4) 러시아

러시아는 국제사회의 흐름에 따라 핵 비확산과 함께 한반도의 비핵화를 희망하고 있고 북·미 간 제네바합의와 9·19공동선언, 2·13 합의 내용이 준수되어야 한다는 입장이다. 그러나 러시아는 미·일과 달리 중국과 비슷한 입장을 표명하고 있다. 한 걸음 더 나아가 러

---

56) 조총련 기관지인 <조선신보>2006년 1월 16일에 의하면 1995~1998년을 '고난의 행군' 시기, 1999~2004년을 '생산 정상화' 시기, 2005년 이후를 '경제 활성화' 시기로 분류하고 있음.

57) 북한의 대중국 무역 비중은 2005년 15.82억 달러로 52.6%, 2006년 17.00억 달러로 57.7%, 2007년 19.74억 달러로 67.1%를 차지하고 있음. 자료: *World Trade Atlas 2008*.

58) 최진욱 외, "북한체제의 안정성 평가: 시나리오 워크숍," KINU연구총서 08-01(통일연구원), pp.25-27.

시아는 북한이 어떤 국가에 대해서도 공격을 감행할 가능성이 희박하며, 북한에 대한 공격은 비인도주의적인 것이고 북의 안보상황을 이해해 주어야 한다는 입장이다.59) 그 동안 러시아는 북핵문제에 대해서는 개입과 중재보다는 관망하는 자세를 보여 왔고 6자 회담국 중 가장 북한을 지지하고 있다. 기본적으로 군사강국으로의 부활을 꿈꾸는 러시아는 미국이 주도하고 있는 국제사회 질서와 WMD 비확산에 대한 주도권, 그리고 미국의 MD체제 구축을 의식하면서 북한의 핵문제에 대한 해법을 강구하고 있는 것으로 보인다.

이상에서 살펴본 바와 같이 북핵문제와 관련하여 6자회담 참가국들은 모두가 나름대로 약간의 차이가 있기는 하지만, 궁극적으로 한반도에서 더 이상의 상황 악화를 원치 않으며 대화와 협력을 통해 해결하기를 희망하고 있다.

4. 북한의 선택과 한국의 대응방향

1) 북핵개발의 유·불리점

북핵 개발은 김일성, 김정일 부자가 양대에 걸쳐 추진한 국가 안보와 관련된 주요사업이다. 북한도 핵실험을 실시함으로써 예상되는 국제사회의 반발을 충분히 예측했을 것이다. 국제사회의 정치·경제

---

59) 유병선, "북한의 WMD에 대한 주변 국가들의 입장: 변화와 지속,"『북한 핵실험 이후 한반도 정세변화와 우리의 과제』(통일문제연구협의회·충남대학교 평화연구소 공동학술회의, 2006. 11. 2), p.17.

·외교적인 압력과 미국의 강경한 태도, 중국·러시아와의 갈등문제는 북한을 더욱 고립시키고 체제 안전을 위협하는 요소로 작용하게 된다. 남북관계에서도 대북정책의 변화와 경제지원에 악영향을 초래될 것이다. 이러한 불리점에도 불구하고 북한은 2006년 10월의 핵실험에 이어 2009년 4월의 로켓발사를 강행함으로써 대외적으로는 국제사회의 시선을 집중시킨 가운데 체제의 안전을 보장받음과 동시에, 대내적으로는 김정일 국방위원장 건강이상설, 시장주의세력의 확산, 남한 의존심리의 확산 등으로 허트러진 내부의 결속을 공고히 하고자 하였던 것이다.

2) 선택 가능한 시나리오[60]

북핵문제를 해결하기 위한 주요 결정변수는 '미국과 북한의 선택'이라고 할 수 있다. 최근의 흐름은 북한이 '벼랑 끝 전술', '살라미 전술' 등으로 주도권을 쥐고 있고 미국이 이에 대응하는 형태를 보이고 있다. 그렇다면 북한이 선택할 수 있는 예상 시나리오는 과연 어떤 것이 있을까? 북한이 핵과 관련하여 선택 가능한 시나리오는 크게

---

60) 시나리오란 미래의 환경이 우리의 조직, 이슈, 국가 또는 세계와 관련한 미래의 환경이 어떻게 전개될 것인가에 대한 이야기(stories)이다. 이러한 시나리오는 예측이 아니다. 예측은 뚜렷한 추세가 존재하며 불확실성이 개입할 개연성이 낮은 사항에 대해 행해질 수 있다. 시나리오란 "다양한 불확실성 요소 때문에 미래가 복합적이고 불확정적일 때, 실현될 가능성이 있는 미래에 대한 도발적이고 그럴듯한 묘사이다." Walter Parkes, Why Scenarios?, Global Business Network, http://www.gbn.com/about/scenario_planning.php(검색일 2009. 4. 1).

핵무기를 포기하고 핵을 폐기하는 상황, 국제사회의 제재와 비난에도 불구하고 핵무기를 보유하는 상황, 그리고 외형적으로는 핵을 폐기했다고 하면서 실제로는 은닉하여 잠재적으로 핵을 보유하는 상황 등 3가지를 고려할 수 있다. 물론 더 세분화할 수도 있다. 그러나 시나리오 구상 시 중요한 것은 정확성보다는 이러한 시나리오를 통해 잠재적 위험과 기회를 식별해 냄으로써 예기치 못한 상황에 대비하, 조직의 결정이 올바른 방향으로 가고 있는가를 살피는 데 있다. 그래야 상황이 예기치 않게 변하더라도 피해를 보지 않을 뿐 아니라 여전히 추진 가능한 탄력 있는 정책을 입안할 수 있기 때문이다.[61] 이런 측면에서 단순하면서도 예측 가능한 3가지 시나리오를 선정한 것이다. 이 3가지 시나리오에 대해 좀 더 구체적으로 알아보자.

첫째는 북핵의 완전 폐기, 즉 한반도의 비핵화를 달성하는 시나리오(A)이다. 이는 6자회담의 진전에 따라 북핵 불능화 이후 핵을 완전 폐기함으로써 달성되며, 반대급부로 북한은 경제적 지원과 함께 체제유지를 보장받게 된다. 그리고 북미관계 정상화, 한반도 평화협정 체결도 추진될 것이다. 이것은 우크라이나, 리비아 모델[62]을 그 예로 들 수 있으며 이 시나리오는 신속하게 비핵화가 이루어질 수도 있고, 오랜 시간이 경과된 후에 이루어질 경우도 고려할 수 있다. 그러나 이 시나리오는 한국과 미국 등 관련국 모두가 원하는 것이지만, 핵을 체제수호의 마지막 보루로 여기고 있는 북한의 입장을 고려할 때 이

---

61) 박형중 외, "향후 5년 남북관계: 주요 환경과 전개 시나리오," KINU 정책연구시리즈 08-02, 2008.

62) 우크라이나 모델은 핵을 폐기하되 이에 대한 비용과 안보를 국제사회가 책임지는 형태를 말하고, 리비아 모델은 핵개발을 포기하고 국제사찰을 전면적으로 수용하는 형태를 말함.

시나리오가 이루어질 가능성은 거의 없다고 하겠다.

둘째로는 북한이 핵보유국이 되는 시나리오(B)이다. 북한의 핵보유 상태가 지속되면서 불완전하고 제한된 불능화의 대가로 북미 간 대화가 중단과 재개를 반복하다가 결국 파키스탄과 같이 핵보유국으로 인정받게 되는 상황이다.63) 북한은 핵을 정권유지를 위한 수단으로 인식하고 있어 이를 포기할 가능성이 적은 반면, 미국의 대북정책은 정치적 상황에 따라 항상 변해 왔고 앞으로도 변할 수 있다. 따라서 미국이 북핵폐기를 포기하는 대신 핵물질의 추가생산 및 해외이전을 차단하는 데 만족한다면, 미국도 북핵보유를 인정하게 되는 시나리오이다. 이것은 북한이 가장 바라는 시나리오로 핵규모는 작지만 새로운 핵보유국으로 등장함으로써 북한의 국제적 위상은 변화될 것이고, 동북아지역은 핵도미노 현상이 초래될 것이다. 실현 가능성이 가장 큰 시나리오라 할 수 있다.64)

셋째로는 북한이 외면적으로는 국제사회의 요구에 응하여 핵을 폐기하지만, 소수의 핵을 은닉·보유함으로써 이스라엘과 같이 잠재적인 핵보유국이 되는 시나리오(C)이다. 북한은 이미 보유한 핵무기에 대해서는 언급되지 않은 2·13합의 사항을 수용하면서 핵시설 등을 폐기한 후 이미 제조된 핵무기를 은닉, 잠재적으로 보유할 때 국제사회가 이를 묵인할 수밖에 없는 상황으로서 상당한 설득력이 있는 시나리오이다. 이는 한국으로서는 가장 우려스러운 사태로 북한은 은닉한 핵에 대해 "확인도 부인도 하지 않는"(neither confirm nor deny:

---

63) 파키스탄 모델은 핵을 보유하면서 미국 등 국제관계는 정상화되는 형태를 말함.

64) 전성훈, "북핵 폐기 로드맵(2008~2012): 향후 5년간의 예상과 우리의 대응," 『북한 핵문제와 위기의 한국안보』(서울: KRIS, 2007), pp.148-153.

NCND) 정책을 구사할 것이다. 이러한 상황이 전개된다면 한국은 정치적·군사적으로 어떠한 조치를 하기가 가장 어려운 안보함정에 빠지게 된다. 이 시나리오가 실현될 가능성은 시나리오 B 다음으로 높다고 판단된다.

3) 한국의 대응방향

북핵문제 해결을 위해서는 앞에서 언급한 김일성과 김정일의 핵개발 배경과 이유를 기초로 접근할 필요가 있다. 북한은 정권 초기에 안보문제에 대한 우려로 핵개발을 시도했을 가능성이 많다. 그러므로 북한 안보문제에 대한 위협요인을 제거하지 않고 핵문제를 해결하는 데는 한계가 있다. 엄격히 따지면 한반도에서는 아직도 전쟁이 끝나지 않은 상태이며 평화협정이 체결된 것도 아니지 않은가. 따라서 미국을 비롯한 국제사회가 아무리 지속적인 경제제재와 외교적 압박을 가하더라도 북한체제의 안정성 보장이 없는 한 북한이 핵무기를 포기할 가능성은 희박한 것으로 보인다.

북핵문제에 대한 대응방향은 방법 면에서 크게 두 가지로 분류될 수 있다. 첫째는 외교협상을 통해 WMD, 미사일, 재래식 무기 등에 대한 포괄적인 해결방안이다.[65] 이를 위해서는 북한의 핵무기 관련 프로그램의 동결, 전면적 핵사찰, 핵무기 관련시설의 폐기 및 검증, 화학무기금지협약(CWC) 및 미사일수출통제체제(MCTR) 가입, 군축협상 등이 이루어져야 한다. 둘째는 경제, 외교 및 군사적 제재를 포함

---

[65] 우크라이나식 핵무기 양도방식 또는 남아프리카공화국식 핵무기 포기방식이므로 핵무기 양도대가로 안전을 보장하고 경제적 지원이나 에너지를 지원하는 방식을 의미함.

한 강압적인 제재방안이다. 경제적 제재방안은 미사일을 포함한 무기수출 통제, 경수로 및 중유 지원의 중단, 대북 무역제재 등을 들 수 있고, 외교적 압박조치는 중국과 러시아를 비롯한 국제사회의 대북 외교압력, UN안보리 대북제재 결의안 통과, 서방국가들의 단교조치 등이 있으며, 군사적 제재로는 해상 및 공중 무력시위, 해상봉쇄, PSI 추진, 핵시설에 대한 선제공격 등이 포함된다. 이러한 북핵문제 해결을 위한 우리 정부의 대북 정책방향은 북한이 선택하는 시나리오에 따라 다음과 같은 방향으로 일관성 있게 추진해야 한다.

〈표 5〉 북한 핵보유 시나리오에 따른 한국의 대응방향

구 분	북핵 포기(A)	북핵 보유(B)	잠재적 보유(C)
공통적인 대응방향	• 기본원칙 준수: 안보 절대우선, 북핵 불용, 평화적 해결, 한・미・일 공조, 남남갈등 방지, Give & Take • WMD 확산방지를 위한 국제공조 및 미래 지향적 한미 공조체제 유지 • 다양한 대비태세 유지: 북핵 보유 시나리오에 대한 로드맵/매뉴얼 준비, 북한 급변사태 등		
시나리오별 대응방향	• 2·13합의 준수: 핵검증, 경제・에너지 지원, 북・미/북・일 간 국교 정상화 관련 조치 • 평화체제 구축: 남・북한 간 군사적 신뢰구축, 군비통제 추진	• 독자적 핵억제력 확보 • 미국의 MD체제 참여 및 한국형 MD체제 구축 방안 검토 • PSI 참여 및 한・미 미사일 협정 개정 • 동북아 다자안보체제 구축	• 일본식 '핵 선택권' 확보 • 북한의 정치・군사・심리적 공세 대비 * 북핵 보유(B)시나리오 대응방향 포함

제7장 북한의 핵무기 위협과 한국의 대응방향   259

(1) 공통적인 대응방향

북한이 선택하는 모든 시나리오에 공통으로 적용되는 한국의 대응방향은 다음과 같은 것을 들 수 있다.

첫째, 북핵문제는 아직도 진행 중인 사안으로 단기간에 조치 가능한 것이 아니라 장기적으로 해결해야 할 중대한 문제라고 할 수 있다. 따라서 확고한 원칙을 가지고 일관성 있게 대응하는 것이 무엇보다 중요하다. 대북정책 추진 시 기본원칙은 먼저 '안보 절대우선'이다. 국가를 경영하는 두 축은 '안보와 경제'라고 할 수 있다. 이는 마치 수레의 두 바퀴와 같다. 두 가지 중 어느 한쪽도 중요하지 않은 것이 없지만, 그 우선순위는 안보가 먼저다. 안보가 뒷받침되지 않는 경제는 있을 수 없기 때문이다. 이러한 안보를 지키기 위해서는 우리를 위협하는 적 북한정권에 대해 올바로 알아야 한다. 여기서 북한정권과 북한주민을 혼동해서는 안 된다. '강성대국 건설', '선군정치'를 앞세우며 식량난에 허덕이는 주민을 뒤로하고 수천억 원을 들여 핵을 개발하고 미사일을 발사하고 있는 북한정권은 분명 타도의 대상이지만, 굶주림에 처한 북한주민은 우리의 동포이자 지원의 대상이라는 점을 인식해야 한다. 따라서 북한정권의 실체를 명확히 이해하고 이들의 위협과 능력을 인식하여 이에 대비하는 것이 무엇보다 중요하다.

둘째, 북한은 국제사회의 만류와 한국의 우려에도 불구하고 핵실험과 미사일 발사를 강행하였고 한 걸음 나아가 스스로 핵무기 보유를 시인하였다. 이에 대응하기 위해 한국은 그 동안 주장해 온 '북핵 불용', '대화를 통한 해결', '한·미·일 공조와 한국의 역할'이라는 기본원칙을 철저히 지켜 나가야 한다. 즉 북핵은 한반도의 비핵화를 위해 반드시 폐기되어야 하고 문제해결 과정에 이해당사자인 한국이 반드시 참여하여야 하며, 그 방법 면에서는 상호 대화와 협상을 통해 평화적으로 해결하여야 한다는 것이다. 그러나 '북핵 불용'과 '평화적 해결'은 서로 상충되는 딜레마가 내재되어 있기 때문에 현실 상황을 고려한 융통성과 유연성이 요구된다고 하겠다. 또한 북한은 미국과의 직접대화를, 남한에 대해서는 '통미봉남' 정책을 추구하고 있어 남한은 북한으로부터 배제되는 위치에 있다. 즉 북핵문제에 관한 한 우리의 안보에 관한 직접적인 문제임에도 불구하고 한국의 역할이 축소되고 제한적이라는 것이 현실이고 정확한 평가일 것이다. 그렇다 하더라도 한국은 북핵의 피해가 우려되는 당사자로서 당위적인 목소리를 내야 한다.

셋째, 남북문제로 인해 남남갈등이 생기지 않도록 국민적 합의를 이끌어 내기 위한 노력을 계속해야 한다. 정부의 대북정책 결정과정에 지자체, NGO, 시민사회단체 등 다양한 형태의 주민참여를 보장하고 북한관련 정보의 공개와 대북정책의 원칙, 방향, 속도, 범위, 비용 등에 대한 투명성 있는 추진은 대북협상에 힘을 실어 줄 것이다.

넷째, 남북관계도 이제는 국익을 기초로 한 실용적 차원에서 문제에 접근하여야 한다. 그 동안 북한이 핵문제와 관련해 보여 온 행태를 고려해 본다면 남북 경제교류, 경제지원도 일방적으로 지원할 것이 아니라 '행동 대 행동' 원칙을 준수하고 속도조절도 필요하다고 본다. 지난 10여 년간 북핵문제의 평화적 해결을 위한 많은 노력에도 불구하고 아직도 그 효과는 불확실하다. 북한의 핵폐기에 대한 의지가 불확실할수록 '당근과 채찍', '보상과 압박'을 병행하여 추진해야 한다. 철저히 'Give & Take'라는 규칙을 준수해 나가는 것이 장기적으로 문제해결에 유리하다고 판단된다.[66]

---

66) 한국전략문제연구소, 『동북아 전략균형 2008』, pp.251~253.

다섯째, 북핵문제는 남북문제인 동시에 국제사회의 문제로서 국제적 공조, 한미공조를 통해 해결하는 것이 바람직하다. 세상에 독불장군은 없다. 남한 혼자만의 힘으로 북핵문제를 처리하기는 현실적으로 어렵다. 따라서 한국은 국제사회의 일원으로 WMD 확산방지를 위한 국제협력에 적극 동참하면서 국제기구 또는 제도를 통하여 북핵에 대한 감시 및 억제역할을 수행하는 것이 효율적이다.67) 아울러 미국의 WMD 확산방지, 대테러 정책에 적극 협조하고 한미 간 상호 신뢰회복은 물론 북·미, 북·일관계도 정상화할 수 있도록 새로운 국제환경 조성에도 노력해야 한다.

여섯째, 북핵문제가 조기에 해결되지 않고 장기화될 가능성에 대비하여 다양한 대비태세를 강화해 나가야 한다. 먼저 북한이 선택 가능한 시나리오에 대한 로드맵과 매뉴얼을 준비하여야 한다. 그리고 북한의 급변사태 발생에 대해서도 가상 시나리오를 상정, 준비해야 한다. 북한의 급변사태는 ① 쿠데타 및 주민 무장폭동에 의한 내전상태, ② 북한이 WMD에 대한 통제능력을 상실했을 경우, ③북한주민의 대량 탈북, 보트 피플(boat people) 같은 사태가 발생할 경우, ④북한 내에서 한국국민 인질사태가 발생할 경우, ⑤홍수, 지진 등 대규모 자연재해에 의해 인도주의적 지원이 필요한 경우 등을 들 수 있다.68)

---

67) 한국은 NPT, IAEA, CTBT, CWC, BWC 등 WMD 비확산체제에 모두 가입한 상태지만 북한은 BWC에만 가입한 상태임.

68) 권태영, "북핵실험, 그 후 한국의 안보개념 및 정책 방향," 『북한 핵문제와 위기의 한국안보』(한국전략문제연구소, 2007), pp.310-311.

(2) 시나리오 A: 북핵 포기 시 대응방향

북한이 핵을 포기하는 경우에 대한 대비는 모두 손쉽게 생각하는 경향이 있다. 그러나 생각처럼 쉬운 문제는 결코 아니다.

먼저 북한이 핵을 포기한다면 우선 2·13합의 준수 차원의 철저한 후속조치가 이루어져야 한다. 북한의 핵폐기에 대해서는 핵시설 불능화 이행 여부가 아직 불투명하므로 IAEA 등 국제기구를 이용한 철저한 검증이 필수적이다. 북한은 기존의 대북 제재조치에 대한 해제가 이루어진 이후에 핵무기 보유국 지위를 획득하고자 할 가능성이 농후하다. 따라서 완전하고 검증 가능하며 돌이킬 수 없는 핵폐기 (CVID: complete, verifiable and irreversible dismantlement)가 이루어진 이후에 북한에 대한 경제·에너지 지원문제가 뒤따라야 한다. 또한 북·미, 북·일 간의 국교 정상화가 기존의 한·미, 한·일관계에 어떠한 영향을 미칠 것인가를 심층 분석하여 사전 이에 대비해야 할 것이다.

둘째는 평화체제의 구축 추진이다. 한국의 안보문제를 논함에 있어 3가지 화두는 '한미동맹', '북핵문제', 그리고 '평화체제 구축'이라 할 수 있다. 이들의 추진 우선순위는 한미동맹 강화, 북핵문제 해결, 평화체제 구축 순이어야 한다. 즉 먼저 한미동맹을 전략적 '가치동맹', '신뢰동맹', '포괄동맹' 등으로 격상시키고 국제공조 체제를 확립하여 철저한 북한 핵프로그램의 신고와 검증, 불능화를 이룬 다음, 남·북한 간 군사적 신뢰구축과 군비통제를 통해 평화체제 구축단계로 나아가야 한다는 것이다.

(3) 시나리오 B: 북핵 보유 시 대응방향

미국이든 북한이든 어느 한쪽이 한반도에서 핵을 사용하게 된다면 남북 공멸의 상황이 도래하게 된다. 따라서 상호 '윈윈'하는 전략, '상생과 공영'의 정책이 필요하다. 이는 앞에서 살펴본 바와 같이 가공할 만한 핵 폭발위력과 엄청난 피해를 고려해 볼 때 어떠한 경우에도 핵무기 사용은 억제되어야 함을 의미한다. 북한은 쉽사리 핵을 포기하지 않을 것이다. 국제사회의 반대에도 불구하고 북한이 궁극적으로 핵보유국의 지위를 갖고자 할 경우 한국의 대응방향은 다음과 같다.

우선 한미동맹을 강화하고 대북 핵억제력을 갖추어야 한다. 한국의 핵무장 추진은 주변국들이 이를 허락하지 않을 뿐 아니라, 1975년도에 NPT에 가입하고 1991년에 한반도 비핵화선언을 한 우리 스스로 국제사회와의 약속을 저버리는 행위로서 실질적으로 한국의 안보에 도움이 되지 않는다. 오히려 주변국들과의 마찰 및 동북아지역의 핵도미노 현상만 초래할 뿐이다. 따라서 굳건한 한미동맹을 기초로 미국의 핵우산 보호를 받거나 주한미군의 전술핵무기를 재배치하는 방안이 실효성이 있을 것이다. 또한 한국은 2012년 전시작전통제권을 환수하기로 합의한 바 있지만, 북핵과 미사일을 효과적으로 억제 또는 방어할 능력이 확보될 때까지는 한미연합사의 해체와 전시작전통제권 환수문제도 재검토해야 한다. 그리고 북핵에 대비한 우리의 독자적인 전쟁수행 능력과 기획능력을 제고해야 한다. 하나의 예를 들면 2001년 개정된 '한미 미사일협정'과 2001년에 가입한 MTCR (Missile Technology Control Regime, 미사일기술통제체제)[69]에 의하면 우

---

69) 미사일 확산방지를 위해 1987년 미국을 포함한 서방 7개국에 의해 설립된 다자간 협의체. 500㎏ 이상의 탄두를 300㎞ 이상 발사할 수 있는 미사일, 무인비행체 및 이와 관련된 기술의 확산방지와 핵·화학·생물학무기 등 대량파괴무기를 발사할 수 있는 장치의 수출을 억제하는 데 목적이 있음. 한

리나라는 사거리 300km이상, 탄두 중량 500kg 이상의 미사일을 만들 수 없도록 제한되어 있다. 그런데 대포동 2호의 사거리가 6,700km 이상으로 추정되고, 2009년 4월 5일 북한의 로켓발사 실험결과 등을 토대로 비교해 볼 때 남·북 간 미사일 전력의 불균형은 심각한 수준이다. 따라서 미국과의 협의를 통해 이를 재개정해야 한다.

둘째, 미국은 핵우산 대신 한국의 MD체제 가입을 권장할 수 있다. 물론 북한의 핵과 미사일공격으로부터 피해를 최소화하기 위해서는 미사일 방어수단의 확보가 필수적이다. 그러나 미국의 MD체제에 참여하는 방안은 막대한 비용이 들어가는 점을 고려하여 신중한 검토가 필요하다. 차라리 비용 대 효과, 한미 자산의 활용 가능성 등을 바탕으로 북한의 위협과 한반도의 짧은 종심 등 한국의 실정에 맞는 '한국형 MD체제'를 개발하는 것이 독자적인 군사기술 향상 차원에서도 바람직한 방안이라 생각된다.

셋째, 북한의 핵실험, 미사일 발사에 대응해 그 동안 북한과의 마찰을 피하기 위해 미뤄 온 한국의 PSI 전면참여[70]는 반드시 추진돼야 한다. PSI가 핵 통제장치로서 완벽한 수단이 될 수는 없지만, 국제사회의 책임 있는 국가로서 그 역할을 다함으로써 국제사회의 동조

국은 2001년 3월 26일 정식 회원국으로 가입하였으며, 2009년 1월 현재 한국을 포함해 34개국이 회원국으로 활동하고 있음.

70) Weapons of Mass Destruction Proliferation Security Initiative(대량살상무기 확산 방지구상). 2003년 5월 부시 대통령이 제안하여 발족된 일종의 국제협력 체제로, 핵무기나 생화학무기 등 대량살상무기를 실은 것으로 의심되는 배나 비행기가 이동하는 것을 PSI 참여국들이 공동으로 차단하자는 내용으로 2009년 4월 현재 94개국이 가입되어 있음. 한국은 2005년부터 미국의 요청에 의해 PSI 8개항 중 옵서버 자격으로 가능한 5개항에는 이미 참여하고 있으며 'PSI 전면참여'란 나머지 3개항에 참여한다는 뜻임.

를 이끌어 내고 한·미·일 공조체제의 복원을 위해서도 이의 추진이 불가피하다. 아울러 불량국가 혹은 테러단체들이 WMD와 관련된 물질을 수출·입하는 경우에 PSI를 통해 이를 차단하기 위해서는 국제법상 오랜 관행인 타국 영해상의 '무해통항권'[71]과 공해상의 '자유항행권'을 제약할 수 있는 법적 근거가 추가적으로 마련되어야 한다.

넷째, 북핵문제의 평화적 해결을 위한 동북아 다자안보협력체[72]를 구축하는 방안도 고려할 수 있다. 잘 알다시피 동북아에는 유럽이나 기타지역처럼 다자간 안보협력체제가 구축되어 있지 않다. 따라서 동북아지역의 공동 안보위협요소인 북한 핵에 대한 대응방안으로, 핵무기 사용을 배제하고 핵공격을 방지하는 국제레짐을 구축할 필요가 있다고 본다.[73]

(4) 시나리오 C: 잠재적 핵 보유시 대응방향

시나리오 C(잠재적 핵보유)에는 시나리오 B(북핵 보유)에서 고려

---

[71] 무해통항권(無害通航權, right of innocent passage)이란 국제법상 선박이 연안국의 평화, 질서 또는 안전을 해치는 일 없이 그 영해를 통항(通航)할 수 있는 권리를 말함.

[72] 다자안보협력이란 "탈냉전 신국제질서 하에서 정치·군사·경제·사회·문화 등 포괄적 안보위협을 국가 간 대화와 협력을 통해 사전 방지 또는 해결함으로써 국제평화와 안전을 제도적으로 보장하기 위한 노력"이라 정의할 수 있으며, 한국이 추진 중인 다자안보협력 정책방향은 '협력안보', '포괄안보', '인간안보'를 지향하고 있음. 한국전략문제연구소, "동북아 다자안보협력 추진방안," 정책토론회 결과보고서(2008. 4), pp.3, 15.

[73] 길병옥, "북핵문제 국제해법과 한반도 평화체제 구축 로드맵,"『충남평화통일포럼 제10차 학술세미나』(2007. 5. 3), p.103.

한 대응방향을 모두 포함하고 다음과 같은 사항이 추가되어야 한다.

먼저 북한이 잠재적으로 핵을 보유하고 있는 상황에서 한국은 생존전략으로 다음과 같은 대응책을 고려할 수 있다. 단기적으로는 한미동맹과 핵우산의 보호, 중기적으로는 새로운 군사전략(NCW, EBO 등)과 첨단기술의 전략무기(비핵 대량살상무기, 이지스함, 조기경보기, 패트리엇 미사일 등)에 의한 독자적인 핵억제력 확보, 장기적으로는 북핵에 대한 대칭적 접근방법으로서 핵기술 개발을 통한 일본식 '핵 무장권'(nuclear option)을 들 수 있다. 이렇게 함으로써 북한의 '핵공갈'에도 대비할 수 있을 것이다. 주지하다시피 일본은 표면상 '비핵 3원칙'을 내세워 비핵국의 지위를 가지면서 핵의 평화적 이용 명분 아래 필요할 때는 언제든지 핵으로 무장할 수 있는 'N-t'정책이 있다. 게다가 일본은 핵연료 재처리공장까지 갖추었으니 '핵 무장권'을 행사할 수 있는 시간은 불과 몇 개월에 불과하다.74)

둘째, 북한은 '자주'와 '우리끼리'를 강조하면서 민족정서를 자극하여 안보의식을 약화시키는 등 고도의 심리전을 수행하고 있다. 핵실험 이후 가중되는 국제사회의 압박 속에서 '민족공조론'75)을 내세워 한미 간을 이간질하고 남남갈등을 유도하고 있다. 이에 대한 철저한 대비가 필요하다.

---

74) 이호재, 『핵의 세계와 한국의 핵정책』(서울: 법문사, 1981), pp.5-6.
75) 한반도문제를 외세의 간섭 없이 남북한이 주도적으로 상호 협조하여 해결한다는 개념을 담고 있으나, 여기서 말하는 외세란 미국을 지칭함으로 결국 북한은 '우군'이 되고 미국은 '적군'이 된다는 점을 유의.

5. 결 론

　이상에서 우리는 북한이 핵을 개발한 배경과 이유, 그리고 핵개발 현황과 핵의 위협, 그리고 현재까지 국제사회와 한국의 다양한 북핵 폐기 노력과 북한의 선택에 따른 한국의 대응방향에 대해 알아보았다. 이제 한국은 북한이 잠재적으로 핵을 보유하게 됨으로써 생존권마저 직접적으로 위협받게 되었고, 핵 도미노에 의한 안보불안은 앞으로 동북아지역 국가들의 군비경쟁을 더욱 심화시킬 것이다. 미국을 비롯한 국제사회가 6자회담 등을 통해 북핵 불능화를 추구하고 있지만, 최근의 국제정세와 북한의 상황을 미루어 볼 때 결코 모든 일이 긍정적인 방향으로만 전개된다고 볼 수는 없다. 북한은 국제사회의 이목 때문에 6자회담의 틀을 완전히 부정하지는 않겠지만, 북미 양자회담을 더 선호하고 있는 것이 사실이다. 미국은 북핵문제를 리비아 또는 우크라이나식 모델에 따라 정치·경제적 보상을 통해 해결하고자 하겠지만, 북한은 파키스탄 모델에 따라 핵보유국 지위를 확보한 가운데 미국과 관계를 개선하고자 할 것이다. 이러한 관계가 장기간 지속된다면 북한이 잠재적 핵보유국의 지위를 차지할 가능성도 그만큼 커진다고 할 수 있다.

　북한은 결코 핵을 포기하지 않을 것이다. "핵을 어떻게 포기합니까? 포기하려고 핵을 만들어 놓았나요?" 북한 외무성 제1부상이자 1994년 10월 북한의 수석대표로 '제네바 북미합의'를 이끌어 낸 강석주가 한 말이다.[76] 북한의 핵실험은 단순히 핵무기 보유만을 추구하는 조치가 아니며, 대내외적으로 여러 가지 목적을 가진 준비된 카드

이기 때문이다. 결국 북핵 보유는 대외적으로는 국제적인 안보위협과 압력에 대응하고, 동북아지역의 우방이었던 중국, 러시아의 지지 이탈에 대비하며, 대내적으로는 김정일 체제의 유지와 이완된 주민들을 결속시키는 데 있다. 또한 남한에 대해서는 경제적으로 월등히 앞선 남한과의 관계에서 군사적 우위를 확보하여 남한의 경제적 지원 및 관계 재설정에서 주도권을 잡기 위한 것으로 평가된다.

지난 수년간 한국은 남북정상회담과 대북포용정책을 지속적으로 추진해 왔으며, 군사적으로는 '국방개혁 2020' 추진을, 외교적으로는 한미동맹 강화 및 중국·일본·러시아와 협력적 동반자 관계를 더욱 발전시켜 나가고 있다. 이명박 정부는 '글로벌 코리아'라는 국정지표 아래 북핵문제의 평화적 해결과 북한이 핵을 포기하고 개방에 나설 경우 북한의 1인당국민소득이 10년 안에 3천 달러가 되도록 적극 협력하겠다는 '비핵·개방·3000'을 적극 추진 중이다.[77]

이러한 한국 정부의 정책이 북한을 '고립'·'봉쇄'하면서 대결구도로 전환되지 않는 이상, 그리고 한국 정부가 국제사회와의 공조, 한미공조를 동시에 추진하는 이상, 언젠가는 한반도의 비핵화가 이루어질 것으로 기대하지만, 북한이 정전협정을 위반하고 남북기본합의서와 비핵화공동선언을 무시하면서 핵을 개발·실험하고 있는 현재와 같은 상황이 계속된다면 한반도 평화는 결코 쉽게 찾아오지 않을 것이다.

북한핵의 해결방안은 외교협상을 통한 포괄적 협상방안과 경제, 외교 및 군사적 제재를 포함한 강압적 제재방안을 들 수 있다. 바람

---

[76] 방형남, "북핵해결, 정권임기와 연계하라," <동아일보> 2006년 12월 21일.
[77] 김강녕, "이명박 정부의 대북정책," 『이명박 정부의 대북정책 과제와 전망』 (2008. 3. 27), p.3.

직한 것은 '제재와 압박'보다는 '대화를 통한 협상'이라 할 수 있다. 북한이 선택할 수 있는 시나리오는 핵을 포기하거나 보유 또는 은닉 후 잠재적으로 보유하는 3가지를 고려할 수 있다. 북이 어떠한 선택을 하더라도 한국은 '안보 절대우선'의 원칙과 '북핵 불용', '평화적 해결', '한·미·일 공조체제 유지 및 한국의 역할'이라는 원칙과 '보상과 압박'정책을 병행해야 한다. 그리고 북한 급변사태 등 다양한 우발사태에 대한 대비책도 강구해야 한다. 만약 북한 핵 포기(A) 시에는 2·13합의에 따라 핵폐기의 철저한 검증과 경제지원 및 체제보장이 이루어져야 하고 평화체제 구축을 위한 준비도 해야 한다. 북핵 보유(B) 시에는 핵우산 보호, 전술핵 재배치 및 독자적인 핵억제력을 확보하고 MD체제 및 PSI 참여, 동북아 다자안보체제 구축방안을 고려할 수 있다. 잠재적 핵보유(C) 시에는 '핵 무장권' 확보, 북한의 정치·군사·심리전 공세에 대비하여야 한다.

냉혹한 국제사회에서 생존하기 위해서는 '유비무환'의 자세가 필요하다. 1948년 영국의 팔머스톤 경은 "우리에게는 영원한 친구도 영원한 적도 없으며, 다만 당연히 추구해야 할 영원한 국가이익이 있을 뿐이다"[78]고 설파했다. 강한 자가 살아남고(強者存), 변화하는 환경과 상황에 적응하는 자만이 살아남는다(適者存)는 평범한 진리를 되새기며 미래의 불확실한 안보상황에 대한 철저한 대비태세가 절실한 시점이라고 하겠다.

---

78) We have no eternal allies and we have no perpetual enemies. Our interests are perpetual and eternal and those interest it is our duty to follow.

참고문헌

국방부, 『대량살상무기 문답백과』, 2004.
_____, 『북한 핵문제: 실상과 대응』, 2007.
권태영, "북핵실험, 그 후 한국의 안보개념 및 정책 방향," 「북한 핵문제와 위기의 한국안보」, 서울: 한국전략문제연구소, 2007.
길병옥, "북핵문제 국제해법과 한반도 평화체제 구축 로드맵,"『북핵문제 국제해법 모색과 남북관계 발전방안』, 충남 평화통일 포럼 제10차 학술세미나, 2007.
김강녕, "이명박 정부의 대북정책," 『이명박 정부의 대북정책 과제와 전망』, 2008.
남만권, "한반도 평화체제 논의의 접근방향," 『동북아 안보정세 분석』, 서울: KIDA, 2005.
노병천, 『기적의 손자병법』, 서울: 양서각, 2006.
라미경, "6자회담 후 2.13 공동성명이 갖는 정치적 함의," 『북핵문제 국제해법 모색과 남북관계 발전방안』, 충남평화통일포럼 제10차 학술세미나, 2007.
박양우, "북한 핵 위협에 따른 우리 군의 대책," 『군사평론』 제385호, 2007.
박영호, "북한 외교정책에서 핵·미사일(대량살상무기)의 의미와 한계," 『북한 핵실험이후 한반도 정세변화와 우리의 과제』, 통일문제연구협의회·충남대학교 평화연구소 공동 학술회의, 2006.
송인진, "2.13 이후 북한 핵폐기 전망," 『북핵문제 국제해법 모색과 남북관계 발전방안』, 충남 평화통일 포럼 제10차 학술세미나, 2007.
외교통상부, 『군축 비확산 편람』, 2007.
유병선, "북한의 WMD에 대한 주변 국가들의 입장: 변화와 지속," 「북한 핵실험 이후 한반도 정세변화와 우리의 과제」, 통일문제연구협의회·충남대학교 평화연구소 공동 학술회의, 2006.
이호재, 『핵의 세계와 한국의 핵 정책』, 서울: 법문사, 1981.
전성훈, "북핵 폐기 로드맵(2008~2012): 향후 5년간의 예상과 우리의 대응," 『북한 핵문제와 위기의 한국안보』, 서울: KRIS, 2007.

조찬래, "남북관계의 전망과 과제,"『북한 핵실험이후 한반도 정세변화와 우리의 과제』, 통일문제연구협의회·충남대학교 평화연구소 공동 학술회의, 2006.
최석철.『무기체계@현대·미래전』, 서울: 21세기군사연구소, 2003. 최진욱외, "북한체제의 안정성 평가: 시나리오 워크숍,"『KINU연구총서 08-01』, 서울: 통일연구원, 2008.
한국원자력연구소,『핵비확산 핸드북』. 2003.
한국전략문제연구소,『동북아 전략균형 2008』, 2008.
_____,『북한 핵문제와 위기의 한국안보』, KRIS 창립 20주년 기념논문집, 2007.
_____,『전략연구』, 2008년 제ⅩⅤ권 제3호(통권 제44호), 2008.
홍관희, "북한의 대량살상무기 개발과 한국의 대응," 서울: 통일연구원, 2003.
홍규덕, "대량살상무기 확산방지구상(PSI)의 진척상황 및 효과,"『한반도 군비통제 군비통제자료 40』, 서울: 국방부, 2006.
홍현익, "북한 핵실험의도 및 국제사회의 반응과 대응전략,"『북한 핵 어떻게 볼 것인가』, 시민사회단체 토론회, 2006.

Bin, Li, "China's Approaches in Solving North Korean Nuclear Issue,"『절대 포기하지 않을 북한 핵 어떻게 할 것인가?』, (제13회 국제 항공전략 심포지엄), 2007.
Evseev, Vladimir V., "강한 러시아가 한반도 안보에 미치는 전략적 함의," 「격동하는 동북아 전략균형과 한국안보의 새로운 접근」, KRIS 국제심포지엄, 2007.
Ji, You, "중국의 화평발전 전략과 군사적 측면과 한반도에서의 영향력 증대," 「격동하는 동북아 전략균형과 한국안보의 새로운 접근」, KRIS 국제심포지엄, 2007.
Joint chiefs of staff, *National Military Strategy to Combat Weapons of Mass Destruction*, Washington DC, 2006.
Kang, David C., "North Korea's Nuclear Capability and Strategy,"『절대 포기하지 않을 북한 핵 어떻게 할 것인가?』, 제13회 국제 항공전략 심포지엄, 2007.
Katahara, Eiichi, "일본의 보통국가화가 동아시아에 미치는 영향," 「격동하는 동북아 전략균형과 한국안보의 새로운 접근」, KRIS 국제심포지엄, 2007.
Mansourov, Alexandre T., "The Origin, Evelution, and Current Politic of the North Korean

Nuclear Program", *The Nonproliferation Review*/Spring-Summer, 1995.
Romberg, Alan, "동북아에서의 미국의 전략적 이해:2009년 그리고 그 이후," 「격동하는 동북아 전략균형과 한국안보의 새로운 접근」, KRIS 국제심포지엄, 2007.

http://www.segye.com/Articles/News/Politics/Article.asp?aid=20090202004820&subctg1=&subctg2 (검색일: 2009.02.03)
http://www.ytn.co.kr/_ln/0101_200902030234095154 (검색일: 2009.02.03)
http://kr.blog.yahoo.com/jungsung35/17 (검색일: 2009.02.04)

<국방일보>(2009.01.19)
<동아일보>(2008.12.03, 2009.01.31, 2009.03.27, 2009.03.29, 2009.04.02.)
『신동아』(2004년 12월호, "美 NRDC의 한반도 핵폭격 시뮬레이션")

■ 집필진 소개 (가나다순)

강현우
육사 50기
충남대학교 행정학 석사
충남대학교 군사학 박사과정 재학중
현) 육군대학 전쟁사 교관, 충남대 국방연구소 연구위원, 미래군사학회 연구이사
논문: "초급장교의 효과적 지휘통솔 유형에 관한 연구" 외 다수

박규백
해사 47기
국방대학교 대학원 석사(2000)
현) 해군본부 전략기획과 구조기획 담당관,
논문: "탈냉전기 중국 국방정책의 신기조와 현대화," "EBO 관점에서의 이라크전쟁 분석: 군사적 성공과 정치적 유용성 감소, 『해양전략』 133호(2007) 외 다수

박재필
해사 35기
국방대학교 국제관계학 석사
충남대 군사학 박사과정 수료
현) 해군 정훈병과장, 충남대 국방연구소 연구위원, 미래군사학회 부회장
논문: "남북한의 대화정책에 관한 연구: 실패원인 분석과 발전방향을 중심으로" 외 다수

이승렬
해사 37기 졸업
연세대학교 정치외교학과 졸업(1983)
영국 Univ. of Birmingham, Master of International Studies 정치학석사(1991)
미국해군사관학교 정치학과 교환교수(2002-2004)
영국Univ. of Hull 정치학박사(2000)
현) 해군사관학교 국제관계학과 교수
  해군사관학교 교수부 사회인문학처장(2007~2009)
  한국정치학회 이사
논문: "The Contradictions in China's Security Policy in a Bifurcated World and their Implications for Mulateral Security Cooperation in Post-Cold War Northeast Asia" (U.K.: Univ. of Hull, July 2000), "중국 해양 안보정책의 양면성이 한국 해양안보에 미치는 영향연구," 『해

양연구논총』 제38집(2007) 외 다수

이원희
육사 35기
한양대 경영학 석사
충남대 군사학 박사과정 수료
현) 육군대학 훈육관, 충남대 국방연구소 연구위원, 미래군사학회 섭외이사
논문: "군 초급간부의 리더십 유형과 직무만족에 관한 연구" 외 다수

이종호
육사 37기
고려대 정치학 석사
충남대 군사학과 박사과정 재학 중
현) 현 육군교육사 교리발전처장, 충남대 국방연구소 연구위원, 미래군사학회 부회장
논문: "일본의 대동아시아 정책 연구" 외 다수

이지경
동국대학교 정치학박사(1999)
한국정치학회 이사(2005-2009)
한국지방정치학회 부회장(2006~2009)
한국국제정치학회 섭외이사(2008)
한국시민윤리학회 연구이사(2008)
한국학중앙연구원 연구원
고려대학교 북한학연구소 연구조교수
현) 고려대학교, 충남대학교, 충북대학교 등 외래교수
저서: 『회재 이언적의 정치사상』(한국학술정보, 2006), 『세종의 국가경영』(지식산업사, 2006), 『한국정치사상사』(백산서당, 2006), 『한국정치사상사 제단면: 조선조 사림정치사상』(한국학술정보, 2008)

조찬래
미국 Univ. of Cincinnati 정치학박사(1986)
한국정치학회 충청지회장(2003)
한국정치학회 부회장(2006)
21세기 정치학회 부회장(2008)
한국국제정치학회 명예이사(2008)
한국정치외교사학회 부회장(2008)

국세계지역학회 부회장(2008)
현) 충남대학교 정치외교학과 교수
　　국제교류본부장
　　한국정치연구소 소장.
저서: 『근대국가의 관념』(조명출판사, 2008), 『한국정치 50년』(한울, 2001) 외 다수
논문: "소크라테스와 밀의 시민권개념 분석" 외 다수

허동욱
육군3사 20기
동아대학교 경영학 석사
충남대학교 군사학 박사과정 재학중
현) 육군대학 인행처장/교관, 국방연구소 연구위원, 미래군사학회 총무이사
논문: "신세대 병사의 가치관에 따른 초급지휘관의 리더십" 외 다수

전쟁철학

제1쇄 찍은날 : 2009. 6. 10

지은이 : 강현우・박규백・박재필・이승렬・이원희
　　　　이종호・이지경・조찬래・허동욱
펴낸이 : 김 철 미
펴낸곳 : 백산서당

등록 : 제10-42(1979.12.29)
주소 : 서울 은평구 대조동 185-71 강남빌딩 2층
전화 : 02)2268-0012(代)
팩스 : 02)2268-0048
이메일 : bshj@chol.com

※ 저작권자와의 협의 아래 인지는 생략합니다.

값 13,000원

ISBN 978-89-7327-439-0 93340